AF556401

प्रभात
सूक्ति-कोश

प्रभात सूक्ति-कोश

सं. महेश दत्त शर्मा

प्रकाशक • **प्रभात प्रकाशन प्रा. लि.**
4/19 आसफ अली रोड,
नई दिल्ली-110002

संस्करण • प्रथम, 2020
मूल्य • छह सौ रुपए
मुद्रक • आर-टेक ऑफसेट प्रिंटर्स, दिल्ली

PRABHAT SUKTI KOSH *(Dictionary of Quotations)*
Ed. Shri Mahesh Dutt Sharma ₹ 600.00
Published by Prabhat Prakashan Pvt. Ltd, 4/19 Asaf Ali Road, New Delhi-2
e-mail: prabhatbooks@gmail.com ISBN 978-93-89982-05-3

"मनुष्य अपनी क्षमताओं की कभी कद्र नहीं करता, वह हमेशा उस चीज की आस लगाए रहता है, जो उसके पास नहीं है।"

—**हेलेन केलर**

दो शब्द

सूक्तियाँ गागर में सागर भरे वे शब्द समूह हैं, जो सीधे मर्म पर चोट करते हैं। इन शब्दों में ऐसी शक्ति होती है कि ये इनसान को सोचने के लिए मजबूर कर देते हैं और कई बार वह क्षण जीवन का महत्त्वपूर्ण मोड़ साबित होता है, जो जीवन की दशा और दिशा को बदलकर रख देता है, यह व्यक्ति का मानो नया जन्म होता है; उसका चीजों को देखने का दृष्टिकोण पूरी तरह बदल जाता है। महात्मा बुद्ध के कुछ सूक्ति वाक्य ज्यों अंगुलिमाल का हृदय परिवर्तित कर देते हैं और वह डाकू से संत बन जाता है; सूक्तियाँ कुछ यों ही मन पर गहरा प्रभाव छोड़ती हैं।

प्रस्तुत पुस्तक में दुनिया भर के महान् विचारकों की सूक्तियों का संकलन किया गया है, जो प्रबुद्ध पाठकों के लिए निश्चित ही उपयोगी सिद्ध होगा।

—महेश दत्त शर्मा

अनुक्रम

सूक्तियाँ

सूक्तियाँ

अंत

- मार्ग का अंत नहीं है, परंतु चलने का अंत है। **—रवींद्रनाथ टैगोर**

अंतःकरण

- आदमी का अंतःकरण दो हिस्सों में बँटा है, एक हिस्सा अचेतन, वृहत्, गुप्त और निश्चेष्ट होता है और दूसरा सचेतन, सक्रिय, चंचल और परिवर्तनशील होता है। **—रवींद्रनाथ टैगोर**
- अंतःकरण की जड़ता से जो क्षति होती है, उसे पूरा करना संभव नहीं होता, जब हम क्षतिपूर्ति करना चाहते हैं तो मोह का सहारा लेते हैं।

  —रवींद्रनाथ टैगोर

अंतर

- गहन रात में पहली नींद से जागने पर मनुष्य अपनी संपूर्ण शक्ति का अनुभव नहीं कर पाता, इसलिए उसके दिन के चरित्र और रात के चरित्र में बड़ा अंतर पाया जाता है।

  —रवींद्रनाथ टैगोर

अज्ञान

- अज्ञान जैसा शत्रु दूसरा नहीं। **—चाणक्य**
- अपने शत्रु से प्रेम करो, जो तुम्हें सताए, उसके लिए प्रार्थना करो।

  —ईसा

- अज्ञानी होना मनुष्य का असाधारण अधिकार नहीं है, बल्कि स्वयं को अज्ञानी जानना ही उसका विशेषाधिकार है। **—राधाकृष्णन**
- अज्ञानी के लिए खामोशी से बढ़कर कोई चीज नहीं और यदि उसमें यह समझाने की बुद्धि हो तो वह अज्ञानी नहीं रहेगा। **—शेख सादी**

अज्ञात

- आपकी बुद्धि ही आपका गुरु है। **—अज्ञात**

अति

- अति से अमृत भी विष बन जाता है। **—लोकोक्ति**
- सभी वस्तुओं की अति दोष उत्पन्न करती है। **—भवभूति**
- अधिक खाने से मनुष्य श्मशान जाता है। **—लोकोक्ति**

अतिथि

- अतिथि जिसका अन्न खाता है, उसके पाप धुल जाते हैं। **—अथर्ववेद**
- यदि किसी को भी भूख-प्यास नहीं लगती तो अतिथि सत्कारका अवसर कैसे मिलता। **—विनोबा**
- आवत ही हरषे नहीं, नयनन नहीं सनेह। तुलसी वहाँ न जाइए, चाहे कंचन बरसे मेह॥ **—तुलसीदास**
- अतिथि का आतिथ्य करना श्रेष्ठ धर्म है। **—अश्वघोष**
- अतिथि सबके आदर का पात्र होता है। **—अज्ञात**
- दरिद्रों में दरिद्र वह है, जो अतिथि का सत्कार न करे। **—तिरुवल्लुवर**

अत्याचार

- अत्याचारी से बढ़कर अभागा कोई दूसरा नहीं, क्योंकि विपत्ति के समय उसका कोई मित्र नहीं होता। **—शेख सादी**
- अत्याचार सदा ही दुर्बलता है। **—जेम्स रसेल लावेल**

- गुलामों की अपेक्षा उन पर अत्याचार करनेवाले की हालत ज्यादा खराब होती है। **—महात्मा गांधी**
- अत्याचार करनेवाला उतना ही दोषी होता है, जितना उसे सहन करनेवाला। **—तिलक**

अधिक

- अधिक का अधिक फल होता है। **—अज्ञात**

अधिकार

- ईश्वर द्वारा निर्मित जल और वायु की तरह सभी चीजों पर सबका समान अधिकार होना चाहिए। **—महात्मा गांधी**
- अधिकार जताने से अधिकार सिद्ध नहीं होता। **—रवींद्रनाथ टैगोर**
- संसार में सबसे बड़ा अधिकार सेवा और त्याग से प्राप्त होता है। **—प्रेमचंद**
- अधिकार केवल एक है और वह है, सेवा का अधिकार, कर्तव्य-पालन का अधिकार। **—संपूर्णानंद**
- अधिकार पाने की जो मर्यादा है, उसे बचाना हो तो अधिकार के प्रयोग को संयत होना चाहिए। जितना मिलता है, उतने के लिए छीना-झपटी करना कँगले को शोभा देता है। **—रवींद्रनाथ टैगोर**
- मनुष्य को अधिकार माँगने नहीं होते, अधिकार की सृष्टि करनी होती है। **—रवींद्रनाथ टैगोर**
- अधिकार पाना और अधिकार होना, एक ही बात नहीं। **—रवींद्रनाथ टैगोर**
- अधिकार छोड़कर, अधिकार जमाए जाने जैसी विडंबना दूसरी नहीं। **—रवींद्रनाथ टैगोर**

अध्ययन

- अध्ययन उल्लास और योग्यता का कारण बनता है। **—बेकन**

- अध्ययन आनंद, अलंकार तथा योग्यता के लिए उपयोगी है। **—बेकन**
- सद्ग्रंथ इस लोक की चिंतामणि नहीं, उनके अध्ययन से सारी कुचिंताएँ मिट जाती हैं। संशय पिशाच भाग जाते हैं और मन में सद्भाव जाग्रत् होकर परम शांति प्राप्त होती है। **—अज्ञात**
- दिमाग के लिए अध्ययन की उतनी ही जरूरत है, जितनी शरीर को व्यायाम की। **—जोसफ एडिसन**
- इतिहास के अध्ययन से मनुष्य बुद्धिमान बनता है। **—बेकन**
- चरित्रहीन शिक्षा, मानवताविहीन विज्ञान और नैतिकताविहीन व्यापार खतरनाक होते हैं। **—सत्य साईंबाबा**
- अध्ययन से सरल कोई मनोरंजन नहीं, न कोई आनंद इतना चिरस्थायी है। **—लेडी मॉण्टेग्यू**
- सरस्वती से बढ़कर कोई वैद्य नहीं और उसकी साधना से बढ़कर कोई औषध नहीं। **—अज्ञात**
- जितना अध्ययन करते हैं, उतना ही हमें अपने अज्ञान का आभास होता जाता है। **—स्वामी विवेकानंद**
- प्रति की अपेक्षा अध्ययन के द्वारा अधिक मनुष्य महान् बने हैं। **—सिसरो**
- भविष्य का अनुमान लगाने के लिए अतीत का अध्ययन करो। **—कन्फ्यूशियस**
- हम जितना अध्ययन करते हैं, उतना हमें अज्ञान का आभास होता है। **—अज्ञात**

अनंत जीवन

- अनंत जीवन का एक मात्र पाथेय है धर्म। **—रवींद्रनाथ ठाकुर**

अनुभव

- बिना अनुभव कोरा शाब्दिक ज्ञान अंधा है। —**अज्ञात**
- अनुभव को खरीदने की तुलना में उसे दूसरों से माँग लेना अधिक अच्छा है। —**चार्ल्स कैलब काल्टन**
- बिना अनुभव के कोरा शाब्दिक ज्ञान अंधा है। —**स्वामी विवेकानंद**
- दूसरों के अनुभव से जान लेना भी मनुष्य के लिए एक अनुभव है। —**अज्ञात**
- यदि कोई केवल अनुभव से ही बुद्धिमान हो जाता तो लंदन के अजायबघर में रखे लोग इतने समय के बाद संसार के बड़े-से-बड़े बुद्धिमान से अधिक बुद्धिमान होते। —**बर्नार्ड**
- अच्छा निर्णय अनुभव से प्राप्त होता है, लेकिन दुर्भाग्यवश अनुभव का जन्म अकसर खराब निर्णयों से होता है। —**बिल गेट्स**
- दूसरों के अनुभव से जान लेना भी मनुष्य के लिए एक अनुभव है। बहादुर बनो, जोखिम उठाओ, अनुभव का कोई विकल्प नहीं है। —**बिल गेट्स**
- अनुभव की पाठशाला में जो पाठ सीखे जाते हैं, वे पुस्तकों और विश्वविद्यालयों में नहीं मिलते। —**बिल गेट्स**
- अनुभव महज एक नाम है, जो हम अपनी गलतियों को देते हैं। —**बिल गेट्स**
- अनुभव-प्राप्ति के लिए काफी मूल्य चुकाना पड़ सकता है, पर उससे जो शिक्षा मिलती है, वह और कहीं नहीं मिलती। —**बिल गेट्स**

अनुशासन

- अनुशासन परिष्कार की अग्नि है, जिससे प्रतिभा योग्यता बन जाती है। —**अज्ञात**

- अनुशासन के बिना न तो परिवार चल सकता है, न संस्था या राष्ट्र। वास्तव में अनुशासन ही संगठन की कुंजी और प्रगति की सीढ़ी है।

—महात्मा गांधी

- अनुशासन का पालन तभी संभव है, जब मनुष्य का उस काम में अनुराग हो, जिसमें वह लगा हुआ है, इसके बिना तो अनुशासन अनुकरण मात्र होगा।

—महात्मा गांधी

- किसी भी राष्ट्र का परिचय उसके अनुशासनबद्ध नागरिकों से मिल जाता है।

—महात्मा गांधी

- सारे अनुशासनों की जड़ व्यक्तिगत अनुशासन है। जब तक कोई भी व्यक्ति अपने आप अनुशासन और नियम-पालन में बँध नहीं जाता, तब तक उसे दूसरे से वैसा कराने की आशा करना व्यर्थ है। **—महात्मा गांधी**

अन्यमनस्कता

- जो अभी-अभी चाहिए, उस पर जो ध्यान केंद्रित नहीं कर पाते, जो किसी और काल की बाँसुरी सुनते रहते हैं, वे विरहिणी शकुंतला की तरह हैं, वे अपने पास खड़े अतिथि की आवाज नहीं सुन पाते और उसी के शाप से दूर से जिन अतिथि पर वे मुग्ध रहते हैं, उसे भी खो देते हैं।

—रवींद्रनाथ टैगोर

अन्याय

- अन्याय सहने से अन्याय करना अच्छा है, कोई भी इस सिद्धांत को स्वीकार नहीं करेगा। **—अरस्तू**

- अन्याय का राज्य बालू की भीत है। **—जयशंकर प्रसाद**

- अधर्म पर स्थापित राज्य कभी नहीं टिकता। **—सेनेका**

- अन्याय सहनेवाला भी उतना ही अपराधी होता है, जितना करनेवाला; क्योंकि अगर अन्याय न सहा जाए तो कोई भी अन्याय करने का साहस नहीं करेगा।

—रवींद्रनाथ टैगोर

- अन्याय को मिटाओ, लेकिन अपने आप को मिटाकर नहीं। **—प्रेमचंद**

अपमान

- धूल स्वयं अपमान सह लेती है और बदले में फूलों का उपहार देती है। **—रवींद्रनाथ टैगोर**
- अपमान का डर कानून के डर से किसी तरह कम क्रियाशील नहीं होता। **—प्रेमचंद**
- अपमानपूर्ण जीवन से मृत्यु अच्छी है। **—कहावत**
- तलवार का घाव भर जाता है, पर अपमान का नहीं। **—एक कहावत**
- धूल भी पैरों से रौंदी जाने पर ऊपर उठती है, तब जो मनुष्य अपमान को सहकर भी स्वस्थ रहे, उससे तो वह पैरों की धूल ही अच्छी। **—माघकाव्य**
- इतिहास इस बात का साक्षी है कि किसी भी व्यक्ति को केवल उसकी उपलब्धियों के लिए सम्मानित नहीं किया जाता। समाज तो उसी का सम्मान करता है, जिससे उसे कुछ प्राप्त होता है। **—कल्विन कूलिज**
- अपमानपूर्वक अमृत पीने से तो अच्छा है सम्मानपूर्वक विषपान। **—रहीम**

अपराध

- दूसरों के प्रति किए गए छोटे अपराध अपने प्रति किए गए बड़े अपराध हैं, जिनका फल हमें भुगतना ही होता है। **—अज्ञात**
- अपराध मनुष्य के मुख पर लिखा होता है। **—महात्मा गांधी**
- अपराधी-मन संदेह का अड्डा है। **—शेक्सपियर**

अभय

- अभय ही ब्रह्म है। **—बृहदारण्यक उपनिषद्**

अभाव

- अभावों में अभाव है—बुद्धि का अभाव। दूसरे अभावों को संसार अभाव नहीं मानता। **—तिरुवल्लुवर**

अभिमान

- जरा रूप को, आशा धैर्य को, मृत्यु प्राण को, क्रोध श्री को, काम लज्जा को हरता है, पर अभिमान सबको हरता है। **—विदुर नीति**
- अभिमान नरक का मूल है। **—महाभारत**
- कोयल दिव्य आमरस पीकर भी अभिमान नहीं करती, लेकिन मेढक कीचड़ का पानी पीकर भी टर्राने लगता है। **—प्रसंग रत्नावली**
- कबिरा गरब न कीजिए कबहूँ न हसिए कोए। अबहूँ नाव समुद्र में का जाने का होए॥ **—कबीर**
- समस्त महान् गलतियों की तह में अभिमान ही होता है। **—रस्किन**
- किसी भी हालत में अपनी शक्ति पर अभिमान मत कर, यह बहुरूपिया आसमान हर घड़ी हजारों रंग बदलता है। **—हाफिज**
- जिसे होश है, वह कभी घमंड नहीं करता। **—शेख सादी**
- अभिमान को जीतने से नम्रता जाग्रत् होती है। **—महावीर स्वामी**
- शुभार्थियों को अभिमान नहीं होता। **—कल्हण**
- अभिमान करना अज्ञानी का लक्षण है। **—सूत्रतांग**

अभिमानी

- बिना जाने हठपूर्वक कार्य करनेवाला अभिमानी विनाश को प्राप्त होता है। **—सोमदेव**

अभिलाषा

- हमारी अभिलाषा जीवनरूपी भाप को इंद्रधनुष के रंग देती है। **—रवींद्रनाथ टैगोर**
- अभिलाषा सब दुःखों का मूल है। **—महात्मा बुद्ध**

- अभिलाषाओं से ऊपर उठ जाओ, वे पूरी हो जाएँगी, माँगोगे तो उनकी पूर्ति तुमसे और दूर जा पड़ेगी। **—रामतीर्थ**
- कोई अभिलाषा यहाँ अपूर्ण नहीं रहती। **—खलील जिब्रान**
- अभिलाषा ही घोड़ा बन सकती तो प्रत्येक मनुष्य घुड़सवार हो जाता। **—शेक्सपियर**

अभ्यास

- कोई ऐसी वस्तु नहीं है, जो अभ्यास करने पर भी दुष्कर हो। **—बोधिचर्यावतार**

अमृत

- अमृत की सार्थकता उसके अंतर्निहित सामंजस्य में है। **—रवींद्रनाथ टैगोर**

अरण्य

- धराशायी अट्टालिका पर धीरे-धीरे अरण्य जन्म लेता है। **—रवींद्रनाथ टैगोर**

अर्थशास्त्र

- सच्चा अर्थशास्त्र तो न्यायबुद्धि पर आधारित अर्थशास्त्र है। **—महात्मा गांधी**

अलगाव

- अलगाव तो बाहर की चीज है, केवल आँखों से दिखाई पड़नेवाला अलगाव। अंदर के प्राणों के तो टुकड़े नहीं होते। **—रवींद्रनाथ टैगोर**

अवगुण

- अवगुण नाव की पेंदी के छेद के समान है, जो चाहे छोटा हो या बड़ा, एक दिन उसे डुबो देगा। **—कालिदास**

• पराये धन का अपहरण, परस्त्री के साथ संसर्ग, सुहृदों पर अति शंका—ये तीन दोष विनाशकारी हैं।

—वाल्मीकि

अवतार

• शास्त्र के मत से अवतार बदलते भी हैं। कच्छप अचानक वराह हो जाते हैं और हड्डी की मोटी खोल की जगह दाँत निकल आते हैं, सबर की जगह गुर्राहट पैदा हो जाती है। **—रवींद्रनाथ टैगोर**

अवतारी पुरुष

• जो अवतारी पुरुष स्वर्ग से उतरकर यहाँ भी वहाँ की भाषा बोलते हैं, उनकी बातें यथार्थ नहीं होतीं। **—रवींद्रनाथ टैगोर**

अवसर

• जो अवसर को समय पर पकड़ ले, वही सफल होता है। **—गेटे**

• अवसर उनकी मदद कभी नहीं करता, जो अपनी मदद स्वयं नहीं करते।

—कहावत

• अवसर तुम्हारा दरवाजा एक ही बार खटखटाता है। **—कहावत**

• मनुष्य के लिए जीवन में सफलता का रहस्य आनेवाले अवसर के लिए तैयार रहना है। **—डिजरैली**

• जो प्रमादी है, वह सुयोग गँवा देगा। **—श्रीराम शर्मा आचार्य**

• धरती पर कोई निश्चितता नहीं है, बस अवसर हैं। **—डगलस मैंकआर्थर**

• आशावादी को हर खतरे में अवसर दिखता है और निराशावादी को हर अवसर में खतरा। **—विंस्टन चर्चिल**

• अवसर के रहने की जगह कठिनाइयों के बीच है। **—अल्बर्ट आइंस्टीन**

• हमारा सामना हरदम बड़े-बड़े अवसरों से होता रहता है, जो चालाकीपूर्वक असाध्य समस्याओं के वेश में छिपे रहते हैं। **—ली लोकोक्का**

- अवसर पर दुश्मन को न लगाया हुआ थप्पड़ अपने मुँह पर लगता है।

—फारसी कहावत

- विद्वत्ता, परिश्रम और योग्यता दुनिया के सभी समुदायों में समान रूप से बँटी है, किंतु निवेश व अवसर नहीं। **—बिल क्लिंटन**

- जो हानि हो चुकी है, उसके लिए शोक करना अधिक हानि को आमंत्रित करना है।

- समय और सागर की लहर किसी की प्रतीक्षा नहीं करतीं।

—रिचर्ड ब्रेथकेट

- मनुष्य के लिए जीवन में सफलता पाने का रहस्य है, हर आनेवाले अवसर के लिए तैयार रहना। **—डीजराइली**

- ऐसा न सोचो कि अवसर तुम्हारा दरवाजा दोबारा खटखटाएगा। **—शैंफोर्ट**

- कोई महान् व्यक्ति अवसर की कमी की शिकायत कभी नहीं करता। मुझे रास्ता मिलेगा नहीं, तो मैं बना लूँगा। **—सर फिलिप सिडनी**

- यदि मनुष्य प्यास से मर जाए तो मर जाने के बाद उसे अमृत के सरोवर का भी क्या लाभ ? यदि कोई मनुष्य अवसर पर चूक जाए, तो उसका पछताना निष्फल है। **—सफोक्लिज**

- अवसर बुद्धिमान के पक्ष में लड़ता है। **—युरिपिडीज**

- बुद्धिमान व्यक्ति को जितने अवसर मिलते हैं, उनसे अधिक वह पैदा करता है। **—बेकन**

- अपना काम दूसरों पर छोड़ना भी एक तरह से दूसरे दिन काम टालने के समान ही है। ऐसे व्यक्ति का अवसर भी निकल जाता है और उसका काम भी पूरा नहीं होता। **—बिल गेट्स**

- अवसर उनकी सहायता कभी नहीं करता, जो अपनी सहायता नहीं करते।

—बिल गेट्स

• अवसर की प्रतीक्षा में मत बैठो। आज का अवसर ही सर्वोत्तम है।

—बिल गेट्स

• अवसर तुम्हारा दरवाजा एक ही बार खटखटाता है। **—बिल गेट्स**

• उतावला आदमी सफलता के अवसरों को बहुधा हाथ से गँवा देता है।

—बिल गेट्स

• अवसर सूर्योदय की तरह होते हैं, यदि आप ज्यादा देर तक प्रतीक्षा करते हैं तो आप उन्हें गँवा बैठते हैं। **—बिल गेट्स**

• आदर्श परिस्थितियों या सर्वश्रेष्ठ अवसरों की प्रतीक्षा न करें, वे कभी नहीं आनेवाले हैं। **—बिल गेट्स**

• उन्नति के किसी भी अवसर को खोना नहीं चाहिए। **—बिल गेट्स**

अविद्या

• अविद्या द्वारा मृत्यु को पार कर विद्या द्वारा अमृत प्राप्त करना चाहिए, यह चंचल संसार ही मृत्यु-निकेतन है, यही अविद्या है, इसको पार करने के लिए ही इसके भीतर से ही जाना पड़ता है। **—रवींद्रनाथ टैगोर**

असफलता

• असफलता यह बताती है कि सफलता का प्रयत्न पूरे मन से नहीं किया गया। **—श्रीराम शर्मा आचार्य**

• असफलता का मतलब यह नहीं कि आप असफल हैं, इसका मतलब सिर्फ इतना है कि आप अब तक सफल नहीं हो पाए हैं।

—बिल गेट्स

• जीवन के आरंभ में ही कुछ असफलताएँ मिल जाने का बहुत अधिक व्यावहारिक महत्त्व है। **—हक्स्ले**

• जो कभी भी कहीं असफल नहीं हुआ, वह आदमी महान् नहीं हो सकता।

—हर्मन मैलविल

• असफलता आपको महान् कार्यों के लिए तैयार करने की योजना है।

—नैपोलियन हिल

• असफलता का मौसम सफलता के बीज बोने के लिए सर्वश्रेष्ठ समय होता है।

—बिल गेट्स

• असफलता केवल यह सिद्ध करती है कि सफलता का प्रयास पूरे मन से नहीं हुआ।

—बिल गेट्स

• असफलता फिर से अधिक सूझ-बूझ के साथ कार्य आरंभ करने का एक मौका मात्र है।

—हेनरी फोर्ड

• दो ही प्रकार के व्यक्ति वस्तुतः जीवन में असफल होते हैं—एक तो वे, जो सोचते हैं, पर उसे कार्य का रूप नहीं देते और दूसरे वे, जो कार्य-रूप में परिणित तो कर देते हैं, पर सोचते कभी नहीं।

—थामस इलियट

• कल की असफलता वह बीज है, जिसे आज बोने पर आनेवाले कल में सफलता का फल मिलता है।

—बिल गेट्स

• असफलता मुझे स्वीकार्य है, किंतु प्रयास न करना स्वीकार्य नहीं है।

—बिल गेट्स

• दूसरों को असफल करने के प्रयत्न ही हमें असफल बनाते हैं।

—एमर्सन

• असफलता सफलता प्राप्त करने का एक महत्त्वपूर्ण हिस्सा है।

—बिल गेट्स

• असफलता से सफलता की शिक्षा मिलती है।

—बिल गेट्स

• जीवन में दो ही व्यक्ति असफल होते हैं। पहले वे जो सोचते हैं, पर करते नहीं, दूसरे वे जो करते हैं, पर सोचते नहीं।

—श्रीराम शर्मा आचार्य

• प्रत्येक व्यक्ति को सफलता प्रिय है, लेकिन सफल व्यक्तियों से सभी लोग घृणा करते हैं।

—जॉन मैंकनरो

- असफल होने पर आप को निराशा का सामना करना पड़ सकता है, परंतु प्रयास छोड़ देने पर आप की असफलता सुनिश्चित है।

—बेवेरली सिल्स

असंभव

- 'असंभव' एक शब्द है, जो मूर्खों के शब्दकोश में पाया जाता है।

—नेपोलियन

असमय

- असमय किया हुआ कार्य न किया हुआ जैसा ही है। **—अज्ञात**

असहयोग

- असहयोग अनुशासन और उत्सर्ग का कार्य है और उसमें विरोधी विचारों के प्रति धैर्य एवं आदर रखने की आवश्यकता पड़ती है। **—महात्मा गांधी**
- मैं काम करने के तरीकों, पद्धतियों और प्रणालियों से असहयोग करता हूँ, मनुष्यों से कदापि नहीं। **—महात्मा गांधी**
- असहयोग के हथियार से व्यक्तिगत, घरेलू, सामाजिक और राष्ट्रगत समस्याएँ अचूक रूप से हल हो सकती हैं, किंतु शर्त यह है कि उसका प्रयोग करने में गलती न हो। **—महात्मा गांधी**
- असहयोग में तो इतनी शक्ति है कि वह छोटी-से-छोटी इकाई परिवार को भंग कर देती है, फिर बड़ी इकाइयाँ, जिनमें असंख्य छोटी इकाइयाँ अंतर्भुक्त होती हैं, उसके सामने कैसे कायम रह सकती हैं। **—महात्मा गांधी**

अस्पृश्यता

- अस्पृश्यता हमारे राष्ट्र का अभिशाप है। **—महात्मा गांधी**
- अस्पृश्यता हिंदुत्व का कलंक है। **—महात्मा गांधी**
- अगर आत्मा एक है और ईश्वर एक है, तो फिर अछूत और अस्पृश्य कोई हो ही नहीं सकता। **—महात्मा गांधी**

- मेरी समझ में नहीं आता कि इनसान और इनसान के बीच अस्पृश्यता की भावना विवेक के सामने क्योंकर टिकी रह सकती है?

—महात्मा गांधी

- जहाँ अस्पृश्यता की भावना आ गई, मानवता वहाँ से विदा हो जाती है। कोई व्यक्ति मानवता का दंभ भरे और अस्पृश्यता भी कायम रखना चाहे तो वह ढोंगी है। **—महात्मा गांधी**

अहंकार

- वीर का असली दुश्मन उसका अहंकार है। **—अज्ञात**
- आदमी का सबसे बड़ा दुश्मन गरूर है। **—प्रेमचंद**
- जिसने गर्व किया, उसका पतन अवश्य हुआ है।

—स्वामी दयानंद सरस्वती

- मनुष्य जितना छोटा होता है, उसका अहंकार उतना ही बड़ा होता है।

—वाल्टेयर

- ज्यों-ज्यों अभिमान कम होता है, कीर्ति बढ़ती है। **—यंग**
- जो अहंकारपूर्वक प्रातः जलपान करता है, उसको सायंकाल का भोजन तिरस्कार से मिलता है। **—फ्रेंकलिन**
- अहंकार छोड़े बिना सच्चा प्रेम नहीं किया जा सकता।

—स्वामी विवेकानंद

- तलवार मारे एक बार, एहसान मारे बार-बार। **—लोकोक्ति**

अहिंसा

- अहिंसा परम श्रेष्ठ मानव-धर्म है, पशुबल से वह अनंत गुना महान् और उच्च है। **—महात्मा गांधी**
- उस जीवन को नष्ट करने का हमें कोई अधिकार नहीं, जिसके बनाने की शक्ति हममें न हो। **—महात्मा गांधी**

- जहाँ अहिंसा है, वहाँ अपार धीरज, भीतरी शांति, भले-बुरे का ज्ञान, आत्मत्याग और जानकारी भी है। **—महात्मा गांधी**
- अपने शत्रु से प्रेम करो, जो तुम्हें सताए, उसके लिए प्रार्थना करो। **—ईसा मसीह**
- संपूर्ण अहिंसा उच्चतम वीरता है। **—महात्मा गांधी**
- जब कोई व्यक्ति अहिंसा की कसौटी पर पूरा उतर जाता है तो अन्य व्यक्ति स्वयं ही उसके पास आकर बैरभाव भूल जाता है। **—पतंजलि**
- अहिंसा में इतनी ताकत है कि वह विरोधियों को मित्र बना लेती है, उनका प्रेम प्राप्त कर लेती है। **—महात्मा गांधी**
- जहाँ दया नहीं, वहाँ अहिंसा नहीं। जिसमें जितनी दया है, उतनी ही अहिंसा है। **—महात्मा गांधी**
- बिना अहिंसा के सत्य की खोज नामुमकिन है। **—महात्मा गांधी**
- सत्य के बाद असल में अहिंसा ही संसार में बड़ी-से-बड़ी सक्रिय शक्ति है। **—महात्मा गांधी**
- जो अहिंसा पर अंत तक डटा रहेगा, वह विजयी होकर रहेगा। **—महात्मा गांधी**
- अहिंसा का परिणाम देर से निकलता है, हिंसा का शीघ्र निकल आता है। **—महात्मा गांधी**
- हिंसा के मुकाबले में लाचारी का भाव आना अहिंसा नहीं कायरता है। अहिंसा को कायरता के साथ नहीं मिलाना चाहिए। **—महात्मा गांधी**

आँख

- अकेली आँख ही बता सकती है कि हृदय में प्रेम है अथवा घृणा। **—तिरुवल्लुवर**

आँसू

- जो औरों के लिए रोते हैं, उनके आँसू भी हीरों की चमक को हरा देते हैं।

—रांगेय राघव

- स्त्री! तूने अपने अथाह आँसुओं से संसार के हृदय को ऐसे घेर रखा है, जैसे समुद्र पृथ्वी को घेरे हुए है।

—रवींद्रनाथ टैगोर

- नारी के आँसू अपनी एक-एक बूँद में एक-एक बाढ़ लिये होते हैं।

—जयशंकर प्रसाद

- मेरी एक प्रबल कामना है कि मैं कम-से-कम एक आँख का आँसू पोंछ दूँ। **—महात्मा गांधी**

- सात सागरों में जल की अपेक्षा मानव के नेत्रों से कहीं अधिक आँसू बह चुके हैं। **—महात्मा बुद्ध**

आग्रह

- स्वयं पर आग्रह करो, अनुकरण मत करो। **—एमर्सन**

आचरण

- छोटी नदियाँ शोर करती हैं और बड़ी नदियाँ शांत, चुपचाप बहती हैं।

—सुत्तनिपात

- आचरण दर्पण के समान है, जिसमें हर मनुष्य अपना प्रतिबिंब दिखाता है।

—गेटे

- जैसा देश, वैसा भेष। **—कहावत**

- माता, पिता, गुरु, स्वामी, भ्राता, पुत्र और मित्र का कभी क्षण भर के लिए विरोध या अपकार नहीं करना चाहिए। **—शुक्रनीति**

- मनुष्य जिस समय पशु तुल्य आचरण करता है, उस समय वह पशुओं से भी नीचे गिर जाता है। **—रवींद्रनाथ टैगोर**

- शास्त्र पढ़कर भी लोग मूर्ख होते हैं, किंतु जो उसके अनुसार आचरण करता है, वह ही वस्तुतः विद्वान् है। **—अज्ञात**
- रोगियों के लिए भलीभाँति सोचकर निश्चित की गई औषधि नाम उच्चारण करने मात्र से किसी को निरोगी नहीं कर सकती। **—हितोपदेश**

आडंबर

- चिड़ियों की तरह हवा में उड़ना और मछलियों की तरह पानी में तैरना सीखने के बाद अब हमें इनसानों की तरह जमीन पर चलना सीखना है।

  —सर्वपल्ली राधाकृष्णन
- हिंदुस्तान का आदमी बैल तो पाना चाहता है, लेकिन गाय की सेवा करना नहीं चाहता। वह धार्मिक दृष्टि से पूजन का स्वाँग रचता है; लेकिन दूध के लिए तो भैंस की ही कद्र करता है। हिंदुस्तान के लोग चाहते हैं कि उनकी माता तो रहे भैंस और पिता हो बैल। योजना तो ठीक है, लेकिन वह भगवान् को मंजूर नहीं है। **—विनोबा**
- भारतीय संस्कृति और धर्म के नाम पर लोगों को जो परोसा जा रहा है, वह हमें धर्म के अपराधीकरण की ओर ले जा रहा है, इसके लिए पंडे, पुजारी, पादरी, महंत, मौलवी, राजनेता आदि सभी जिम्मेदार हैं। ये लोग धर्म के नाम पर नफरत की दुकानें चलाकर समाज को बाँटने का काम कर रहे हैं।

  —स्वामी रामदेव
- बकरियों की लड़ाई, मुनि के श्राद्ध, प्रातःकाल की घनघटा तथा पति-पत्नी के बीच कलह में प्रदर्शन अधिक और वास्तविकता कम होती है।

  —नीतिशास्त्र
- भूलना प्रायः प्रातिक है, जबकि याद रखना प्रायः कृत्रिम है।

  —रत्वान रोमैन खिमैनेस
- जो व्यक्ति सोने का बहाना कर रहा है, उसे आप उठा नहीं सकते।

  —नवाजोजब

- तुम्हारे खुद के दरवाजे की सीढ़ियाँ गंदी हैं तो पड़ोसी की छत पर पड़ी गंदगी का उलाहना मत दीजिए। **—कन्फ्यूशियस**

आत्मनिर्भरता

- आत्मनिर्भरता सद् व्यवहार की आधारशिला है। **—एमर्सन**

आत्मविश्वास

- आत्मविश्वास सफलता का मुख्य रहस्य है। **—एमर्सन**
- आत्मविश्वास किसी भी कार्य के लिए आवश्यक तत्त्व है, क्योंकि एक बड़ी खाई को दो छोटी छलाँगों में पार नहीं किया जा सकता। **—बिल गेट्स**
- आत्मविश्वास वीरता का सार है। **—एमर्सन**
- यह आत्मविश्वास रखो कि तुम पृथ्वी के सबसे आवश्यक मनुष्य हो। **—गोर्की**
- आत्मविश्वास के साथ आप गगन चूम सकते हैं और आत्मविश्वास के बिना मामूली सी उपलिब्धयाँ भी पकड़ से परे हैं। **—बिल गेट्स**
- जिसमें आत्मविश्वास नहीं, उसमें अन्य चीजों के प्रति विश्वास कैसे उत्पन्न हो सकता है। **—स्वामी विवेकानंद**
- आत्मविश्वास, आत्मज्ञान और आत्मसंयम केवल यही तीन जीवन को परम शांति संपन्न बना देते हैं। **—टेनीसन**
- आत्मविश्वास के साथ आप गगन चूम सकते हैं और आत्मविश्वास के बिना मामूली सी उपलब्धियाँ भी आपकी पकड़ से परे हैं। **—बिल गेट्स**
- आत्मविश्वास किसी भी कार्य के लिए आवश्यक तत्त्व है, क्योंकि एक बड़ी खाई को दो छोटी छलाँगों में पार नहीं किया जा सकता। **—अज्ञात**
- आत्मविश्वास के साथ आप गगन चूम सकते हैं और आत्मविश्वास के बिना मामूली सी उपलिब्धयाँ भी पकड़ से परे हैं। **—जिम लोहर**

- पेड़ की शाखा पर बैठा पंछी कभी भी इसलिए नहीं डरता कि डाल हिल रही है, क्योंकि पंछी डाली पर नहीं, अपने पँखों पर भरोसा करता है। **—अज्ञात**
- आत्मविश्वास वह संबल है, जो रास्ते की हर बाधा को धराशायी कर सकता है।

  —बिल गेट्स
- आत्मविश्वासी कभी हारता नहीं, कभी थकता नहीं, कभी गिरता नहीं और कभी मरता नहीं। **—बिल गेट्स**
- अनुभूतियों के सरोवर में आत्मविश्वास के कमल खिलते हैं।

  —अमृतलाल नागर
- आत्मविश्वासी व्यक्ति अपने कार्य को पूरा करके ही छोड़ता है।

  —स्वेट मार्डेन
- महान् वह है, जो दृढ़तम निश्चय के साथ सत्य का अनुसरण करता है।

  —सेनेका

आत्मसम्मान

- आत्मसम्मान रखना सफलता की सीढ़ी पर पग रखना है। **—अज्ञात**

आत्मा

- यह आत्मा ब्रह्म है। **—बृहदारण्यकोपनिषद्**
- मनुष्य की आत्मा उसके भाग्य से अधिक बड़ी होती है।

  —श्री अरविंद
- आत्मा को न शास्त्र काट सकता है, न आग जला सकती है, न जल भिगो सकता है और न हवा सुखा सकती है।

  —भगवद्गीता
- क्या तुम नहीं जानते, तुम ही ईश्वर का मंदिर हो और ईश्वर की आत्मा तुममें रहती है। **—इंजील**

• सबकी आत्मा एक जैसी है, सबकी आत्मा की शक्ति एक सामान है। कुछ की शक्ति प्रकट हो गई है और दूसरों की प्रकट होनी बाकी है।

—महात्मा गांधी

• आत्मा ही अपना स्वर्ग और नरक है। **—उमर खैयाम**

• आत्मा एक चेतन का तत्त्व है, जो अपने रहने के लिए उपयुक्त शक्ति का आश्रय लेता है और एक शरीर से दूसरे शरीर में जाता है। भौतिक शरीर इस आत्मा को धारण करने के लिए विवश होता है। **—गेटे**

• अहं की मृत्यु द्वारा आत्मा का वर्जन करते-करते अपने रूपांतरित स्वरूप को आत्मा प्रकाशित करती है। **—रवींद्रनाथ टैगोर**

• सबसे खतरनाक वह दिशा होती है, जिसमें आत्मा का सूरज डूब जाए।

—अवतार सिंह पाश

• अंतरात्मा हमें न्यायाधीश के समान दंड देने से पूर्व मित्र की भाँति चेतावनी देती है। **—अज्ञात**

• आवेश कोई भावनात्मक ऊर्जा नहीं, बल्कि आत्मा और बाहरी दुनिया का टकराव है। **—आंद्रेई तारकोव्स्की**

• हमेशा अपनी आत्मा की आवाज सुनो। शरीर के मामले में, जो स्थान साबुन का है, वही आत्मा के संदर्भ में आँसू का है।

—यहूदी कहावत

• जो अवगुण तुम्हें दूसरों में दृष्टिगत होते हैं, उन्हें अपने भीतर न रहने दो।

—स्प्रैट

• कोई अभियोक्ता इतना शक्तिशाली नहीं है, जितना कि अपना अंत:करण।

—सोफोक्लीज

• अंत:करण आत्मा की वाणी है। **—जे.जे. रूसो**

- सबसे उत्तम तीर्थ निश्चल मन है। —**शंकराचार्य**
- हमें लोहे के पुट्ठे और इस्पात के स्नायु चाहिए, जिनमें वज्र सा मन निवास करे। —**स्वामी विवेकानंद**

आत्मिक शक्ति

- आत्मिक शक्ति ही वास्तविक शक्ति है। —**स्वामी शिवानंद**

आदत

- मन की आदत है अपने साथ लड़ना। —**रवींद्रनाथ टैगोर**
- अच्छी आदतों से शक्ति की बचत होती है, अवगुण से बरबादी। —**बिल गेट्स**

आदमी

- आदमी में जो सबसे बड़ी चीज है, जो तपस्वी भाव है, जो सुंदरता है, उसे ही लोग रुला मारना चाहते हैं। —**रवींद्रनाथ टैगोर**
- आदमी का मन भी कितना अजीब होता है। एक पल में ही उसके पालों में उल्टी हवा भर जाती है। —**रवींद्रनाथ टैगोर**

आदमीयत

- भले आदमी की भी एक सीमा होती है, उसे पार करने से जाने कैसा आघात लगता है पौरुष पर। —**रवींद्रनाथ टैगोर**

आदर्श

- आदर्श कभी नहीं मरते। —**भगिनी निवेदिता**
- गुस्सा कहो, डर कहो, लज्जा कहो या नफरत कहो, ये सब जलानेवाली लकड़ी की तरह उनके दिल की आग को और बढ़ाकर खुद जलकर राख हो जाते हैं, जो चीज इन्हें काबू में रख सकती है, वह है आदर्श। —**रवींद्रनाथ टैगोर**

• बाहुबल और धनबल में तत्काल संतुष्टि के अवसर रहते हैं, परंतु आदर्श के बल को तो अनंत धैर्य रखना ही चाहिए। **—रवींद्रनाथ टैगोर**

• बहुत दिनों तक प्रयत्न करते-करते मनुष्य अपने मन की शक्ति से अपने आदर्श का गठन करता है, प्राण-शक्ति का अंधापन उसे तोड़ता है।
—रवींद्रनाथ टैगोर

• आदर्श की रक्षा यथार्थ भाव से करना राष्ट्रीय कर्तव्य की अपेक्षा कठिन और अधिक महत्त्वपूर्ण है।
—रवींद्रनाथ टैगोर

• जो आदर्श दूसरे आदर्श के प्रति विद्वेष का भाव रखता है, वह आदर्श ही नहीं है। **—रवींद्रनाथ टैगोर**

आनंद

• आनंद किस रूप में अपने को प्रकाशित करता है—प्राचुर्य में, ऐश्वर्य में, सौंदर्य में? **—रवींद्रनाथ टैगोर**

• जगत् में हमारा आनंद और हमारा प्रेम ही सत्य के प्रकाश की उपलब्धि है।
—रवींद्रनाथ टैगोर

• आनंद वह खुशी है, जिसके भोगने पर पछतावा नहीं होता। **—सुकरात**

• पढ़कर आनंद के अतिरेक से आँखें यदि नीली न हो जाएँ तो वह कहानी कैसी? **—शरतचंद्र**

• मनुष्य का स्थायी आनंद किसी वस्तु के ग्रहण में नहीं, वरन् अपने को उसके प्रति समर्पित करने में है, जो अपनी अपेक्षा अधिक महान् है तथा अपने को उन विचारों के प्रति समर्पित करने में है, जो वैयक्तिक आत्मा की अपेक्षा अधिक विशाल है, जैसे अपने देश का विचार, मानवता का विचार, परमात्मा का विचार। **—रवींद्रनाथ टैगोर**

• आनंद की लहर में बाहर की अपेक्षा भीतर का आयोजन ही अधिक बड़ा है।
—रवींद्रनाथ टैगोर

- आनंद अपने आप में बंदी होकर संपूर्ण नहीं होता, अपने त्याग से ही संपूर्ण होता है। **—रवींद्रनाथ टैगोर**
- आनंद का मूल है—संतोष। **—मनुस्मृति**
- आनंद वह खुशी है, जिसके भोगने पर पछताना नहीं पड़ता। **—सुकरात**
- केवल आत्मज्ञान ही आत्मा-हृदय को सच्चा आनंद प्रदान करता है।

  —स्वामी रामतीर्थ
- क्षण भर भी काम के बिना रहना ईश्वर की चोरी समझो, दूसरा कोई रास्ता भीतरी या बाहरी आनंद का नहीं जानता। **—महात्मा गांधी**
- हम स्वयं आनंद की अनुभूति लेने की बजाय दूसरों को यह विश्वास दिलाने की कोशिश करते हैं कि हम आनंद में हैं।

  —कन्फ्यूशियस
- जो वस्तु आनंद प्रदान नहीं कर सकती, वह सुंदर हो ही नहीं सकती।

  —प्रेमचंद
- आयु में आनंद है, समग्र शरीर के मंगल में, स्वास्थ्य में आनंद है। इसी आनंद का भाग करने पर दो वस्तुएँ प्राप्त होती हैं—एक ज्ञान और दूसरा प्रेम।

  —रवींद्रनाथ टैगोर

आपत्ति

- ईश्वर आपत्तियों का भला करे, क्योंकि इन्हीं से मित्र और शत्रु की पहचान होती है। **—अज्ञात**
- मनुष्य को आपत्ति का सामना करने में सहायता देने के लिए मुसकान से बड़ी कोई चीज नहीं है। **—तिरुवल्लुवर**
- आपत्ति मनुष्य बनाती है और संपत्ति राक्षस। **—विक्टर ह्यूगो**
- धीरज, धर्म, मित्र अरु नारी। आपत् काल परखिए चारी॥

  —तुलसीदास

- आपत्ति काल में हमारी अजीब-अजीब लोगों से पहचान हो जाती है, जो अन्यथा संभव नहीं। **—शेक्सपियर**
- रंज से खूगर (अभ्यस्त) हुआ इनसान तो मिट जाता है रंज! **—अज्ञात**

आपदा

- आपदा एक ऐसी वस्तु है, जो हमें अपने जीवन की गहराइयों में अंतर्दृष्टि प्रदान करती है। **—विवेकानंद**

आभूषण

- नारी का आभूषण शील और लज्जा है। बाह्य आभूषण उसकी शोभा नहीं बढ़ा सकते हैं। **—बृहत्कल्पभाष्य**

आय

- विद्वत्ता, चतुराई और बुद्धिमानी की बात यही है कि मनुष्य अपनी आय से कम व्यय करे। **—अज्ञात**

आयु

- बुढ़ापा मेरी तुलना में 15 साल बड़ा है। **—ओलिवर वेंडेल होम्स**
- बुढ़ापा तूफान में उड़ रहे एक विमान की तरह है। एक बार आप बैठ गए तो फिर कुछ नहीं कर सकते। **—गोल्डा मीर**
- बुढ़ापा बाकी सभी चीजों की तरह ही है। इसे सफल बनाने के लिए जवानी में ही शुरुआत करनी पड़ती है। **—थिओडोर रूजवेल्ट**
- जब तक किसी को खुद का और अपने काम का साथ मिल रहा है, वह बूढ़ा नहीं महसूस कर सकता, चाहे उसकी उम्र कितनी भी हो। **—एमोस ब्रोंसन एल्कोट**
- झुर्रियों से बस यह संकेत मिलना चाहिए कि मुसकराहटें कहाँ-कहाँ थीं। **—मार्क ट्वैन**

- आप उम्र का बढ़ना नहीं रोक सकते, पर आपको बूढ़ा नहीं होना है।
—जॉर्ज बर्न्स

- जब आपकी काली पुस्तक में हर एक नाम के बाद एमडी लगा होता है, तब आप जान जाते हैं कि आप बूढ़े हो रहे हैं। **—हैरिसन फोर्ड**

- किसी स्त्री के लिए एक पुरातत्त्वविद् ही सबसे अच्छा पति हो सकता है। जितनी उसकी उम्र बढ़ेगी, उतनी उसके पति की उसमें जिज्ञासा।
—अगाथा क्रिस्टी

- जो सीखना छोड़ देता है, वह बूढ़ा है, चाहे बीस का हो या अस्सी का। जो सीखता रहता है, वह जवान रहता है। जिंदगी की सबसे बड़ी चीज है अपने दिमाग को जवान रखना। **—हेनरी फोर्ड**

- मध्य वय वह होता है, जब आपकी उम्र आपके बीच के हिस्से में दिखाई देने लगती है। **—बॉब होप**

- जैसे-जैसे आदमी की उम्र बढ़ती है, खिलौने और महँगे होते जाते हैं।
—मार्विन डेविस

- लज्जा युवाओं के लिए एक आभूषण, लेकिन बुढ़ापे के लिए एक तिरस्कार है। **—अरस्तू**

- चालीस के ऊपर के सभी व्यक्ति बदमाश हैं। **—जॉर्ज बर्नार्ड शा**

- चालीस जवानी का बुढ़ापा है, पचास बुढ़ापे की जवानी है।**—विक्टर ह्यूगो**

- मेरा सोचना है कि आपकी पूरी जिंदगी आपके चेहरे में दिखाई देती है और आपको उसपर गर्व होना चाहिए। **—लौरेल बैकाल**

- मैं कभी बुड्ढ़ा नहीं होऊँगा। मेरे लिए बुढ़ापा हमेशा मुझसे 15 साल बड़ा है। **—फ्रांसिस बेकन**

- जवानी में हम मुसीबतों के पीछे भागते हैं, बुढ़ापे में मुसीबतें हमारे पीछे।
—बेवेरली सिल्स

• बूढ़ा होना दु:ख की बात है, पर परिपक्व होना अच्छा है।

—ब्रिगिटते बैर्दोट

• जवान होने में बहुत वक्त लगता है। **—पाब्लो पिकासो**

• मध्य वय बिना छिछोरापन के जवानी है और बिना बीमारी के बुढ़ापा।

—डोरिस डे

• कभी किसी की उम्र इतनी नहीं होती कि वह और बेहतर न जान सके।

—होल्ब्रुक जैक्सन

• कोई उम्र का बढ़ना नहीं रोक सकता, पर अपनी उत्पादकता बढ़ाते हुए उम्रदराज होना कुछ और ही है। **—कैथरीन ग्रेहम**

• जिनका उत्साह खत्म हो चुका है, उनसे वृद्ध कोई नहीं है।

—हेनरी डेविड थोरीओ

• बुढ़ापा अचानक ही आ जाता है, न कि धीरे-धीरे, जैसा कि सोचा जाता है।

—एमिली डिकिंसन

• जवानी धनवान होने के लिए सबसे अच्छा समय है और गरीब होने के लिए भी। **—युरिपाइड्स**

• जवानी प्रकृति का उपहार है, पर उम्र कला का एक काम है।

—स्तैंसला लेस

• युवावस्था वह है, जब आपको नए साल पर देर रात तक जागने की अनुमति दी जाती है। प्रौढ़ावस्था वह है, जब आपको जागने के लिए मजबूर किया जाता है। **—बिल वौगेन**

• बुढ़ापे में कायरता के लिए कोई जगह नहीं है। **—बेट्टे डेविस**

• जो कुछ भी इनसान को हो सकता है, उसमें बुढ़ापा सबसे अचानक होनेवाली चीज है। **—जेम्स थर्बर**

• बुढ़ापे की तैयारी किशोरावस्था से ही शुरू हो जानी चाहिए। ऐसी जिंदगी, जिसका 65 साल तक कोई उद्देश्य न रहा हो, वह अचानक सेवानिवृत्ति के समय सार्थक नहीं हो जाएगी।

—ड्वाइट एल. मूडी

• उम्र न बढ़ने की एक संभावना है, लेकिन वह आपके अंदर से आनी होगी।

—सुजैन एंटन

• बुढ़ापे जैसी कोई चीज नहीं है, है तो बस दुःख है। **—फेवेल्डन**

• जवानी में की गई ज्यादतियों को हम बुढ़ापे में भोगते हैं। **—जे.बी. प्रिस्तले**

• भले ही कवि, वक्ता या ज्ञानी कुछ भी कहें, बुढ़ापा तो बुढ़ापा ही है।

—सिंक्लेयर लुईस

आरोग्य

• आरोग्य परम लाभ है, संतोष परम धन है, विश्वास परम बंधु है, निर्वाण परम सुख है। **—धम्मपद**

• धर्म, अर्थ, काम और मोक्ष का प्रधान कारण आरोग्य है।

—चरक संहिता

आराम

• फोड़ा चीरने से पहले रोगी के डर और घबराहट की कोई सीमा नहीं होती, लेकिन नश्तर लगने पर रोगी देखता है कि दर्द तो है, पर आराम भी है और मामला कल्पना में जितना सांघातिक जान पड़ता था, वास्तव में उतना नहीं है। **—रवींद्रनाथ टैगोर**

• आदमी की जिंदगी में बहुत कम आराम लिखा है और कुछ नहीं तो पेट की चिंता ही उसे हमेशा सताया करती है। **—रवींद्रनाथ टैगोर**

आलस्य

• आलस्य जीवित मनुष्य की कब्र है। **—कूपर**

- आलस्य दरिद्रता की कुंजी और सारे अवगुणों की जड़ है।

—कार्लाइल

- जो बार-बार की ठोकरों से नहीं चेतता, वह अनिष्ट को आमंत्रण देता है।
- आलस्य में जीवन बिताना आत्महत्या के समान है। **—सुकरात**
- आलस्य मनुष्यों के शरीर में रहनेवाला घोर शत्रु है। **—भर्तृहरि**
- आलस्य दरिद्रता का मूल है। **—यजुर्वेद**

आलोचना

- समाज की आलोचना का अधिक मूल्य नहीं है, आज जिसे लेकर इतनी हलचल है, दो दिन बाद वह किसी को याद भी न रहेगा।

—रवींद्रनाथ टैगोर

- एक दूसरा नशा है भर्त्सना! शिष्ट भाषा में उसे आलोचना कह सकते हैं।

—रवींद्रनाथ टैगोर

- पराए के दोषों की आलोचना करने से मन छोटा हो जाता है, स्वभाव संदिग्ध हो जाता है और हृदय में सरलता नहीं रह जाती।

—रवींद्रनाथ टैगोर

आवश्यकता

- ज्ञानवृक्ष का फल खाने के बाद से जब तक कि उस फल को पूरी तरह हज्म नहीं कर लेता, मनुष्य की साज-सज्जा की आवश्कताएँ बढ़ती ही जा रही हैं।

—रवींद्रनाथ टैगोर

- आवश्यकता आविष्कार की जननी है। **—लोकोक्ति**
- आवश्यकता से अधिक बोलना व्यर्थ है। **—तुकाराम**
- असीम आवश्यकता नहीं, तृष्णा होती है। **—जैनेंद्र**
- आवश्यकता अत्याचारी होती है। **—रवींद्रनाथ टैगोर**

आवेग

- जिसे थ्रिल–सनसनी कहते हैं या जिसे आवेग कहते हैं, वह है पहले नंबर की चीज, जो बड़े भाग्य से कदाचित् ही नसीब होती है। **—रवींद्रनाथ टैगोर**

आविष्कार

- आविष्कार से आविष्कार का जन्म होता है। **—एमर्सन**

आशा

- आशा और आत्मविश्वास ही वे वस्तुएँ हैं, जो हमारी शक्तियों को जाग्रत् करती हैं। **—स्वेट मार्डेन**
- प्रयत्नशील मनुष्य के लिए सदा आशा है। **—गेटे**

आशा

- फल मिलना निश्चित होता तो देरी भी सही जाती। भोग की आशा अनिश्चित है। **—रवींद्रनाथ टैगोर**
- आशा के साथ तैयार की गई सड़क पर यात्रा करना, उस सड़क पर यात्रा करने से कहीं अधिक आनंददायक होता है, जिसे निराशा के साथ तैयार किया जाता है, चाहे आशा एक नदी है, उसमें इच्छा रूपी जल है, तृष्णा उस नदी की तरंगें हैं, आसक्ति उसके मगर हैं; तर्क–वितर्क उसके पक्षी हैं, उन दोनों की मंजिल एक ही क्यों न हो। **—बिल गेट्स**
- मोह रूपी भँवरों के कारण वह सुकुमार तथा गहरी है। चिंता ही उसके ऊँचे-नीचे किनारे हैं, जो धैर्य के वृक्षों को नष्ट करते हैं।
- जो शुचित्त उसके पास चले जाते हैं, वे बड़ा आनंद पाते हैं। **—कहावत**
- आशा प्रयत्नशील मनुष्य का साथ कभी नहीं छोड़ती। **—बिल गेट्स**
- आशा अमर है, उसकी आराधना कभी निष्फल नहीं होती। **—महात्मा गांधी**
- आशा प्रयत्नशील मनुष्य का साथ कभी नहीं छोड़ती। **—गेटे**

- आशा कभी आपको छोड़कर नहीं जाती है, आप इसे छोड़ते हैं। **—बिल गेट्स**
- जितनी अधिक आशा रखोगे, उतनी अधिक निराशा होगी। **—कहावत**
- स्मृति पीछे दृष्टि डालती है और आशा आगे। **—रामचंद्र टंडन**
- मेरी मानो अपनी नाक से आगे न देखा करो। तुम्हें हमेशा मालूम होता रहेगा, उसके आगे भी कुछ है, और यह ज्ञान तुम्हें आशा और आनंद से मस्त रखेगा। **—बर्नार्ड शा**
- आशाएँ जितनी बड़ी होती हैं, भीतर-बाहर उतनी ही बड़ी बाधाएँ ले आती हैं। **—रवींद्रनाथ टैगोर**

आश्रय

- संसार में ज्यादा साधनहीन व्यक्ति को आश्रय देना ही सबसे कठिन है। उसे आश्रय की आवश्यकता जितनी अधिक होती है, आश्रय की बाधाएँ भी उसके लिए उतनी ही विषम होती हैं। **—रवींद्रनाथ टैगोर**
- विपत्ति स्वयं आकर आश्रय माँगे तो उसे लौटाया नहीं जा सकता। **—रवींद्रनाथ टैगोर**
- पेड़ की अपनी डाल टूटकर पराई हो जाए तो पेड़ उसे किसी तरह से अपनी नहीं बना सकता, लेकिन बाहर से जो लता बढ़ आती है, उसे आश्रय दे सकता है, यहाँ तक कि ऊँचे में उसके गिराने पर भी उसे फिर उठा देने में कोई दिक्कत नहीं होती। **—रवींद्रनाथ टैगोर**

आसक्ति

- विषयों के प्रति आसक्ति मोह उत्पन्न करती है। **—भारवि**
- वह (आसक्ति) शुभ नहीं है, शांत नहीं है, वह मन की तरह लाल है, मद की तरह तीव्र है, वह बुद्धि को स्थिर नहीं रहने देती, वह एक वस्तु को दूसरी ही वस्तु करके दिखाती है। **—रवींद्रनाथ टैगोर**

आह्वान

• अपनी सृष्टि-शक्ति से देश को अपना बनाने का आह्वान बहुत बड़ा है।

—रवींद्रनाथ टैगोर

आहार

• आहार शरीर के लिए है, न कि शरीर आहार के लिए। **—महात्मा गांधी**

• संसार में भूख से पीड़ित होकर उतने व्यक्ति नहीं मरते, जितने अधिक भोजन करने के कुपरिणाम से मरते हैं। **—महात्मा गांधी**

• हम लोग अधिक भोजन करने के थोड़े-बहुत अपराधी हैं, इसलिए धार्मिक दृष्टि से कभी-कभी व्रत रखने के नियम बनाए हैं। सचमुच स्वास्थ्य की दृष्टि से पक्ष में एक दिन व्रत-उपवास करना जरूरी है। **—महात्मा गांधी**

• आहार मानव-जीवन की दैनिक आवश्यकताओं में से है, पर उसका नियंत्रण अनिवार्य है। **—महात्मा गांधी**

• आहार संतुलित और विवेकपूर्ण हो, तो शरीर में कोई रोग हो ही नहीं सकता। **—महात्मा गांधी**

• जब तक आहार में स्वाद की प्रधानता है, तब तक उसमें सात्त्विकता आ ही नहीं सकती। **—महात्मा गांधी**

इंटरनेट

• इंटरनेट के उपयोक्ता वांछित डाटा को शीघ्रता से और तेजी से प्राप्त करना चाहते हैं। उन्हें आकर्षक डिजाइनों तथा सुंदर साइटों से बहुधा कोई मतलब नहीं होता है।

—टिम बर्नर्स ली

• शाम वर्ल्ड वाइड वेब पर बिताना ऐसा ही है, जैसा कि आप दो घंटे से कुरकुरे खा रहे हों और आपकी उँगली मसाले से पीली पड़ गई हो, आपकी भूख खत्म हो गई हो, परंतु आपको पोषण तो मिला ही नहीं।

—क्लिफोर्ड स्टॉल

इंद्रियाँ

- जिसने इंद्रियों को अपने वश मैं कर लिया है, उसे स्त्री तिनके के समान जान पड़ती है।

—चाणक्य

- अविवेकी और चंचल आदमी की इंद्रियाँ बेखबर सारथी के दुष्ट घोड़ों की तरह बेकाबू हो जाती हैं।

—कठोपनिषद्

- जब मनुष्य अपनी इंद्रियों को विषयों से खींच लेता है, तभी उसकी बुद्धि स्थिर होती है।

—महाभारत

- सब इंद्रियों को वश में रखकर सर्वत्र समत्व का पालन करके, जो दृढ़, अचल और अचिंत्य, सर्वव्यापी, स्वर्णीय, अविनाशी स्वरूप की उपसना करते हैं, वे सब प्राणियों के हित में लगे हुए मुझे ही पाते हैं।

—भगवान् कृष्ण

इच्छा

- इच्छा मन की एक मात्र चाल (गति) है और उसी के अनुसार चलने को मूर्ख लोग आजादी कहते हैं, किंतु हमारे देश में विद्वान् लोग समझते हैं कि इच्छा ही हमारे सभी कामों और गतिविधि का एक नामकरण है, वही सारे बंधनों की जड़ है। अतः मुक्ति पाने के लिए वे लोग सलाह देते हैं कि इच्छा को जड़ से काट दो।

—रवींद्रनाथ टैगोर

- इच्छा ही सृष्टि का मूल है और इच्छा के पीछे शक्ति-ऐश्वर्य रहता है, जो अदमनीय है, जो उदारता से अपने आपको व्यक्त करना चाहता है।

—रवींद्रनाथ टैगोर

- कार्य, विशेषतः अच्छा कार्य, तभी सरल हो पाता है, जब इच्छा आत्मानुशासन सीख लेती है।

इच्छाशक्ति

- इच्छाशक्ति न रहने पर भी छोटे-मोटे काम तो जैसे-तैसे उधार पर चलाए जा सकते हैं, लेकिन असली जरूरत के समय दूसरे का हवाला देकर काम नहीं चलाया जा सकता। **—रवींद्रनाथ टैगोर**

इज्जत

- मन की इज्जत चली गई तो आदमी जिंदा रहते हुए भी मरे के समान है। **—रवींद्रनाथ टैगोर**

इतिहास

- पूरे यत्न से इतिहास की रक्षा करनी चाहिए। इतिहास और अपना प्राचीन गौरव नष्ट कर देने से विनाश निश्चित है। **—महाभारत**
- इतिहास के तजुर्बों से हम सबक नहीं लेते, इसीलिए इतिहास अपने आपको दोहराता है। **—विनोबा**
- इतिहास का कोई वाहन नहीं होता, पुष्पक विमान की तरह वह स्वयंचालित होता है। कम-से-कम उसके चालक को कोई वेतन नहीं देना होता। **—रवींद्रनाथ टैगोर**
- इतिहास सदा विजेता द्वारा ही लिखा जाता है। **—बिल गेट्स**
- इतिहास से हम सीखते हैं कि हमने उससे कुछ नहीं सीखा। **—बिल गेट्स**
- उचित रूप से देखें तो कुछ भी इतिहास नहीं है, सबकुछ मात्र आत्मकथा है। **—एमर्सन**
- इतिहास असत्यों पर एकत्र की गई सहमति है। **—नेपोलियन बोनापार्ट**
- इंजीनियर इतिहास का निर्माता रहा है और आज भी है। **—जेम्स के. फिंक**

- ज्ञानी लोगों का कहना है कि जो भी भविष्य को देखने की इच्छा रखता हो, भूत (इतिहास) से सीख ले। —**मैक्यावेली द प्रिंस**
- इतिहास स्वयं को दोहराता है, इतिहास के बारे में यही एक बुरी बात है। —**सी डैरो**
- शक्तिशाली लोगों द्वारा उनके धन और बल की रक्षा के लिए लिखा जाता है। —**अज्ञात**
- संक्षेप में, मानव इतिहास सुविचारों का इतिहास है। —**एच.जी. वेल्स**
- जो इतिहास को याद नहीं रखते, उनको इतिहास को दुहराने का दंड मिलता है। —**जॉर्ज संतायन**
- सभ्यता की कहानी सार रूप में इंजीनियरिंग की कहानी है—वह लंबा और विकट संघर्ष, जो प्रकृति की शक्तियों को मनुष्य के भले के लिए काम कराने के लिए किया गया। —**एस डीकैंप**

इनसान

- इनसान को उसके काम से आँका जाता है। —**बिल गेट्स**
- इनसान जितनी सहजता से सलाह देता है, उतनी सहजता से और कुछ नहीं देता। —**बिल गेट्स**

इनसाफ

- इनसाफ के लिए डटकर खड़े हो जाने से ही अन्याय का प्रतिकार होता है। —**रवींद्रनाथ टैगोर**
- राजा के सामने इनसाफ के लिए दौड़ने पर चाहे वादी हो, चाहे प्रतिवादी, चाहे दोषी हो, चाहे निर्दोष, प्रजा को रोना ही पड़ता है।

ईर्ष्या

- मनुष्य की जितनी ईर्ष्या मनुष्य पर होती है, उतनी यम पर नहीं। —**रवींद्रनाथ टैगोर**

- ईर्ष्या करनेवालों का सबसे बड़ा शत्रु उसकी ईर्ष्या ही है। **—तिरुवल्लुवर**
- ईर्ष्यालु को मृत्यु के समान दुःख भोगना पड़ता है। **—वेदव्यास**

ईमानदारी

- मनुष्य की प्रतिष्ठा ईमानदारी पर ही निर्भर है। **—अज्ञात**
- ईमानदार मनुष्य ईश्वर की सर्वोत्कृष्ट कृति है। **—अज्ञात**
- ईमानदारी किसी कायदे-कानून की मोहताज नहीं होती। **—आल्बेर काम**

ईश्वर

- मैं ईश्वर से डरता हूँ और ईश्वर के बाद उससे डरता हूँ, जो ईश्वर से नहीं डरता। **—शेख सादी**
- ईश्वर सभी अच्छी-बुरी बातों का हिसाब रखता है। दुनिया में इससे बड़ा हिसाबी दूसरा कोई नहीं है। **—महात्मा गांधी**
- पैसे में परमेश्वर को देखना परमेश्वर को भूलने जैसा है। **—महात्मा गांधी**
- ईश्वर अपनी सृष्टि को किसी अवस्था में साँकल से बाँधकर नहीं रखते, उसे नए-नए परिवर्तनों के बीच निरंतर नवीन करते हुए सजग रखते हैं। **—रवींद्रनाथ टैगोर**
- ईश्वर एक है और वह एकता को पसंद करता है। **—हजरत मोहम्मद**
- जबान से ईश्वर, खुदा, सत्श्री अकाल, कुछ भी नाम लो, वह झूठा है, अगर दिल में यह नाम नहीं है। **—महात्मा गांधी**
- जो ईश्वर के न्याय के बारे में शंका करते हैं, उनका हृदय कभी प्रफुल्लित नहीं रहता। **—महात्मा गांधी**
- हे प्रभु! तुम्हारी वाणी सरल है, परंतु उनकी नहीं, जो तुम्हारे विषय में बताते हैं। **—रवींद्रनाथ टैगोर**

- ईश्वर के अस्तित्व के लिए बुद्धि से प्रमाण नहीं मिल सकता, क्योंकि ईश्वर सिद्ध से परे है। **—महात्मा गांधी**
- यदि ईश्वर नहीं है तो उसका आविष्कार कर लेना जरूरी है। **—वाल्टेयर**
- जो ईश्वर को अपने पास समझता है, वह कभी नहीं हारता। **—महात्मा गांधी**
- पूजा की विधि या शब्दों की तरफ ईश्वर नहीं देखता, वह तो हमारे हठित और वाणी के आर-पार भी देख सकता है। **—महात्मा गांधी**
- अशुद्ध मस्तिष्क और अशुद्ध शरीर से हम प्रभु का आशीर्वाद नहीं पा सकते। **—महात्मा गांधी**
- ईश्वर एक शाश्वत बालक है, जो शाश्वत बाग में शाश्वत खेल खेल रहा है। **—श्री अरविंद**
- तैयार न हों और जब हम तैयार हों, तो वह न आए। **—रवींद्रनाथ टैगोर**
- ईश्वर की महाशक्ति मंद झोंके में है, तूफान में नहीं। **—रवींद्रनाथ टैगोर**
- ईश्वर बड़े साम्राज्यों से विमुख हो सकता है, पर छोटे-छोटे फूलों से कभी खिन्न नहीं होता। **—रवींद्रनाथ टैगोर**
- ईश्वर को देखा नहीं जा सकता, इसीलिए तो वह हर जगह मौजूद है। **—यासुनारी कावाबाता**
- यदि ईश्वर का अस्तित्व न होता, तो उसके आविष्कार की आवश्यकता पड़ती। **—वाल्टेयर**
- ईश्वर यदि है, तो मेरी बुद्धि उन्हीं की देन है। वही बुद्धि कहती है कि ईश्वर नहीं है, अतएव ईश्वर कहता है कि ईश्वर नहीं है। **—रवींद्रनाथ टैगोर**

- तुम्हें जान लेने पर कोई पराया नहीं रहेगा। न कोई टोकेगा और न ही किसी का भय रहेगा। —**रवींद्रनाथ टैगोर**

उत्तेजना

- निषिद्ध कर्म में उत्तेजना अधिक रहती है। —**रवींद्रनाथ टैगोर**

उत्थान-पतन

- कभी किसी शत्रु की आँधी से जिनका अकस्मात् पतन होता है, वे किसी दूसरे हृदयावेग से फिर उठ सकते हैं। —**रवींद्रनाथ टैगोर**

उद्दंडता

- जो लोग बुद्धि-विचार को तिलांजलि देकर समाज के कर्णधारों के मतानुसार स्वधर्म का पालन करते हैं, उनकी उद्दंडता अतिशय दुस्सह, साथ ही निरर्थक होती है।

  —**रवींद्रनाथ टैगोर**

उत्साह

- उत्साह मनुष्य के भाग्य का पैमाना है। —**तिरुवल्लुवर**

- उत्साह से बढ़कर कोई दूसरा बल नहीं है, उत्साही मनुष्य के लिए संसार में कोई भी वस्तु दुर्लभ नहीं है।

  —**वाल्मीकि**

- विश्व इतिहास में प्रत्येक महान् और महत्त्वपूर्ण आंदोलन उत्साह द्वारा ही सफल हो पाया है। —**एमर्सन**

उदारता

- यह मेरा है, यह तेरा है, ऐसा संकीर्ण हृदयवाले मानते हैं। उदार चित्तवाले तो सारे संसार को एक कुटुंब समझते हैं।

  —**हितोपदेश**

- उदार व्यक्ति दे-देकर अमीर बनता है, लोभी जोड़-जोड़कर गरीब होता है।

  —**जर्मन कहावत**

- चार तरह के लोग होते हैं, मक्खीचूस—जो न आप खाए, न दूसरों को खाने दे। कंजूस—जो आप खाए, पर दूसरों को न दे। उदार—जो आप भी खाए और दूसरों को भी दें। दाता—जो आप न खाए, पर दूसरों को दे।
- सब लोग दाता नहीं तो कम-से-कम उदार तो बन ही सकते हैं।

—अफलातून

उधार

- न उधार दो, न लो; क्योंकि उधार देने से अकसर पैसा और मित्र दोनों ही खो जाते हैं।

—शेक्सपियर

- उधार माँगना भीख माँगने जैसा है। **—अज्ञात**
- उधार वह मेहमान है, जो एक बार आने के बाद जाने का नाम नहीं लेता।

—प्रेमचंद

उन्नति

- हृदय की विशालता ही उन्नति की नींव है। **—जवाहरलाल नेहरू**
- यदि एक मनुष्य की उन्नति होती है तो सारे संसार की उन्नति होती है और अगर एक व्यक्ति का पतन होता है तो सारे संसार का पतन होता है।

—महात्मा गांधी

- मनुष्य स्वभाव के भीतर विश्वास, ज्ञान और काम में विचित्रता का होना उन्नति की अत्यंत निम्न सीढ़ी है। तीनों का अटूट संबंध मनुष्य की चरम उन्नति है, परंतु जिस जगह विश्वास, ज्ञान और काम में विचित्रता एवं विभिन्नता नहीं होती, वहाँ अविलंब मेल हो जाता है।

—रवींद्रनाथ टैगोर

- हम परोपकार करेंगे, यह सोच लेने से ही उपकार नहीं कर सकते। उपकार करने का अधिकार रहना चाहिए।

—रवींद्रनाथ टैगोर

- मनुष्य के भीतर सारे उपद्रवकारी पदार्थ रहते हैं। ऐसी दुर्दांत दुरंत शक्तियाँ सारा हिसाब और शृंखला-सामंजस्य नष्ट-भ्रष्ट कर देती हैं।

—रवींद्रनाथ टैगोर

- वही उन्नति कर सकता है, जो अपने आप को उपदेश देता है।

—रामतीर्थ

- त्रुटियों के संशोधन का नाम ही उन्नति है। **—लाला लाजपत राय**

उपकार

- वृक्ष खुद गरमी सहन कर शरण में आए राहगीर को गरमी से बचाता है।

—कालिदास

- जो दूसरों पर उपकार जताने का इच्छुक है, वह द्वार खटखटाता है। जिसके हृदय में प्रेम है, उसके लिए द्वार खुले हैं। **—रवींद्रनाथ टैगोर**
- उपकार के लिए अगर कुछ जाल भी करना पड़े तो उससे आत्मा की हत्या नहीं होती। **—प्रेमचंद**
- उपकार करके जताना इस बात का प्रतीक है कि किया गया समर्थन या कार्य उपकार नहीं है। **—अज्ञात**

उपदेश

- बिना माँगे किसी को उपदेश न दो। **—जर्मन कहावत**
- जो नसीहत नहीं सुनता, उसे लानत-मलामत सुनने का शौक है।

—शेख सादी

- पेट भरे पर उपवास का उपदेश देना सरल है। **—कहावत**
- जिसने स्वयं को समझ लिया हो, वह दूसरों सो समझाने नहीं जाएगा।

—धम्मपद

- लोगों की समझ-शक्ति के मुताबिक उपदेश देना चाहिए। **—हदीस**
- उपदेश देना सरल है, उपाय बताना कठिन है। **—रवींद्रनाथ टैगोर**

उपयुक्त आसन

- अपने घर में बैठकर हम अपने लिए चाहे जितना बड़ा आसन बनाएँ, दूसरों के बीच आते ही अपने आप हमारे लिए उपयुक्त आसन मिल जाता है।

—रवींद्रनाथ टैगोर

उपहार

- जिन उपहारों की बड़ी आस लगी रहती है, वे भेंट नहीं किए जाते, अदा किए जाते हैं। **—फ्रेंकलिन**
- शत्रु को क्षमा, विरोधी को सहनशीलता, मित्र को अपना हृदय, बालक को उत्तम, पिता को आदर, माता को ऐसा आचरण, जिससे वह तुम पर गर्व कर सके, अपने को प्रतिष्ठा और सबको उपहार।

—बालफोर

उपाय

- उपाय चीज ही हीन है। सीढ़ी हो या रास्ता हो, वह पैरों के नीचे ही रहता है। उपाय अगर उच्च श्रेणी का हो तो उसे काम में लाते भी बहुत सोचना पड़ता है। **—रवींद्रनाथ टैगोर**

उपेक्षा

- प्रेम सबकुछ सह लेता है, लेकिन उपेक्षा नहीं सह सकता। **—अज्ञात**
- रोग, सर्प, आग और शत्रु को तुच्छ समझकर कभी उसकी उपेक्षा नहीं करनी चाहिए। **—सुभाषित**

एक

- एक को आँख मूँदकर आसानी से निगलकर ही एक दो बनता है, वरना एक तो एक सरल रेखा की तरह सपाट होकर चलता रहता है, कभी दो नहीं बन पाता। **—रवींद्रनाथ टैगोर**

एकता

- सभी देशों के सभी समाजों में दोष और अपूर्णता है, किंतु देश के लोग जब

तक जाति-प्रेम के बंधन से एकता में बँधे रहते हैं, तब तक उनका कोई कुछ बिगाड़ नहीं सकता है। **—रवींद्रनाथ टैगोर**

- एकता चापलूसी से कायम नहीं की जा सकती। **—महात्मा गांधी**
- यदि चिड़ियाँ एकता कर लें तो शेर की खाल खींच सकती हैं। **—शेख सादी**
- मनुष्य के स्वभाव के विभिन्न अंशों के अंदर एक अटूट एकता का होना ही मनुष्यता का असली लक्ष्य है। **—रवींद्रनाथ टैगोर**

एकांत

- जो एकांत में खुश रहता है, वह या तो पशु है या देवता। **—अज्ञात**
- एकांत मूर्ख के लिए कैदखाना है और ज्ञानी के लिए स्वर्ग। **—अज्ञात**
- मुझे एकांत से बढ़कर योग्य साथी कभी नहीं मिला। **—थोरो**

एकांतवास

- समाज से बहुत दिनों तक दूर और अकेले रहना आदमी के मन को दुर्बल बना डालता है तथा आदिम संस्कार प्रकृति के प्रभाव से गहन हो उठते हैं। **—रवींद्रनाथ टैगोर**
- एकांतवास शोकवाले के लिए समीर के समान है। **—प्रेमचंद**

एकाग्रचित्त

- चाहे आप में कितनी भी योग्यता क्यों न हो, केवल एकाग्रचित्त होकर ही आप महान् कार्य कर सकते हैं। **—बिल गेट्स**

एकाग्रता

- जब तक आशा लगी है, तब तक एकाग्रता नहीं हो सकती। **—रामतीर्थ**
- झूठ, कपट, चोरी, व्यभिचार आदि दुराचारों की वृत्तियों के नष्ट हुए बिना

एकाग्र होना कठिन है और एकाग्र हुए बिना ध्यान और समाधि नहीं हो सकती। —**मनु**

- मन की एकाग्रता मनुष्य की विजय शक्ति है, यह मनुष्य जीवन की समस्त शक्तियों को समेटकर मानसिक क्रांति उत्पन्न करती है। —**अज्ञात**
- ज्ञान-प्राप्ति का एक ही मार्ग है, जिसका नाम है एकाग्रता। शिक्षा का सार है, मन को एकाग्र करना, तथ्यों का संग्रह करना नहीं। —**श्रीमाँ**
- एकाग्रता ही सभी नश्वर सिद्धियों का शाश्वत रहस्य है। —**स्टीफन जेविग**

ऐश्वर्य

- भोग के दमन में ही ऐश्वर्य का गर्व है। —**रवींद्रनाथ टैगोर**
- कदम पीछे न हटानेवाला ही ऐश्वर्य को जीतता है। —**ऋग्वेद**
- स्वयं को हीन माननेवाले को उत्तम प्रकार के ऐश्वर्य प्राप्त नहीं होते। —**महाभारत**
- धन न भी हो तो आरोग्य, विद्वत्ता सज्जन-मैत्री तथा स्वाधीनता मनुष्य के महान् ऐश्वर्य हैं। —**अज्ञात**
- ऐश्वर्य उपाधि में नहीं, बल्कि इस चेतना मैं है कि हम उसके योग्य हैं। —**अरस्तू**
- दुनिया में जो शासक लोग हैं, उनका सबसे बड़ा हथियार है ऐश्वर्य का सम्मोहन। गरीबी को स्वीकार करना, उनके लिए दु:ख को स्वीकार करना नहीं, बल्कि आत्महत्या है। —**रवींद्रनाथ टैगोर**

कंजूस

- अकसर हम विचारहीनता को ही उदारता कहते हैं और जो आदमी दृढ़ संकल्प के साथ युक्ति का दीया लेकर टेढ़े-मेढ़े रास्ते को छोड़कर नियम की पगडंडी पर चलता है, उसे दुनिया कंजूस आदि नाम से पुकारती है। —**रवींद्रनाथ टैगोर**

कंजूसी

- जब मन हर चीज को नितांत दुर्लभ मानकर ग्रहण करता है, तभी वह अपनी कंजूसी को अलग करके पूरा मूल्य देता है।

  —रवींद्रनाथ टैगोर

- कंजूसी मैं तुझे जानता हूँ! तू विनाश करनेवाली और व्यथा देनेवाली है।

  —अथर्ववेद

- संसार में सबसे दयनीय कौन है ? जो धनवान होकर भी कंजूस है।

  —विद्यापति

कर्तव्य

- मेरे दाएँ हाथ में कर्म है और बाएँ हाथ में जय। **—अथर्ववेद**

- कर्तव्य एक चुंबक है, जिसकी ओर आकर्षित हुआ अधिकार दौड़ा आता है। **—बिल गेट्स**

- कर्तव्य-पालन ही जीवन का सच्चा मूल्य है। **—बिल गेट्स**

- कर्तव्यों के विषय में आनेवाले कल की कल्पना एक अंधविश्वास है।

  —बिल गेट्स

- फल की इच्छा छोड़कर निरंतर कर्तव्य करो। जो फल की अभिलाषा छोड़कर कर्तव्य करते हैं, उन्हें अवश्य मोक्ष प्राप्त होता है। **—अज्ञात**

- सौभाग्य उन्हीं को प्राप्त होता है, जो अपने कर्तव्य-पथ पर अविचल रहते हैं। **—प्रेमचंद**

- कर्तव्य कभी आग और पानी की परवाह नहीं करता। कर्तव्य-पालन में ही चित्त की शांति है। **—प्रेमचंद**

- तज्ञता एक कर्तव्य है, जिसे पूरा करना चाहिए। **—रूसो**

- विदेश में विद्या, घर में पत्नी, रोगी के लिए औषधि और मृतक का मित्र धर्म है। **—अज्ञात**

- कर्तव्य एक चुंबक है, जिसकी ओर आकर्षित हुआ अधिकार दौड़ा आता है। —**अज्ञात**

कर्म

- कर्मों की आवाज शब्दों से ऊँची होती है। —**कहावत**
- कर्म वह आईना है, जो हमारा स्वरूप हमें दिखा देता है, इसलिए हमें कर्म का एहसानमंद होना चाहिए। —**विनोबा**
- मनुष्य का कर्तव्य है कि वह उदार बनने से पहले त्यागी बने। —**डिकेंस**
- मैंने कर्म से ही अपने को बहुगुणित किया है। —**नेपोलियन**
- हमारी आनंदपूर्ण बदकारियाँ ही हमारी उत्पीड़क चाबुक बन जाती हैं। —**शेक्सपियर**
- अपनी करनी कभी-कभी निष्फल नहीं जाती। —**कबीर**
- समस्त कर्म का लक्ष्य आनंद की ओर है। —**रवींद्रनाथ टैगोर**

कला

- जो कला आत्मा को आत्मदर्शन करने की शिक्षा नहीं देती, वह कला नहीं है। —**महात्मा गांधी**
- कला ईश्वर की परपौत्री है। —**दान्ते**
- प्रकृति ईश्वर का प्रकट रूप है, कला मानुष का। —**लॉन्गफेलो**
- कला का अंतिम और सर्वोच्च ध्येय सौंदर्य है। —**गेटे**
- मानव की बहुमुखी भावनाओं का प्रबल प्रवाह जब रोके नहीं रुकता, तभी वह कला के रूप में फूट पड़ता है। —**रस्किन**
- कलाकार प्रकृति का प्रेमी होता है, अर्थात् वह उसका दास भी है और स्वामी भी। —**अज्ञात**

- कला–सृष्टि में रस–सत्य के प्रकाश की जो समस्या है, वह है रूप द्वारा ही अरूप को आच्छन्न करके देखना।

—रवींद्रनाथ टैगोर

- रचनात्मक अभिव्यक्तियाँ नियंत्रित मनोवेगों के द्वारा अपना परिपूर्ण स्वरूप प्राप्त करती हैं। **—रवींद्रनाथ टैगोर**

कल्पना

- अपनी याददाश्त के सहारे जीने की बजाय अपनी कल्पना के सहारे जिओ।

—लेस ब्राउन

- व्यावहारिक जीवन की उलझनों का समाधान किन्हीं नई कल्पनाओं में मिलेगा, उन्हें ढूँढ़ो। **—श्रीराम शर्मा आचार्य**
- शिल्प में, साहित्य में, यहाँ तक कि विज्ञान और इतिहास में भी मनुष्य की कल्पना–वृत्ति की जगह है, एक अकेले धर्म में ही उसका कोई स्थान नहीं है ?

—रवींद्रनाथ टैगोर

- कल्पना ही इस संसार पर शासन करती है। **—नेपोलियन**
- मन जिस रूप की कल्पना करता है, वैसा हो जाता है, आज जैसा वह है, वैसी उसने कल कल्पना की थी। **—योगवसिष्ठ**
- कल्पना विश्व पर शासन करती है। **—नेपोलियन**
- पागल, प्रेमी और कवि की कल्पनाएँ एक सी होती हैं। **—शेक्सपियर**
- कल्पना ज्ञान से अधिक महत्त्वपूर्ण है। ज्ञान तो सीमित है, कल्पना संसार को घेर लेती है। **—अल्बर्ट आइंस्टीन**
- तर्क आपको किसी एक बिंदु से दूसरे बिंदु तक पहुँचा सकते हैं, लेकिन कल्पना आप को सर्वत्र ले जा सकती है।

—अल्बर्ट आइंस्टीन

कवि

- कवि लिखने के लिए तब तक तैयार नहीं होता, जब तक उसकी स्याही प्रेम की आहों से सराबोर नहीं हो जाती। **—शेक्सपियर**
- कवि की कीर्ति स्तंभ की तरह नहीं, नौका की तरह होती है। भँवरों को पार करते हुए काल-स्रोत की सभी परीक्षाओं और संकटों से यदि वह नौका उत्तीर्ण हो सके और अंत में यदि उसे लंगर डालने के लिए अच्छा सा घाट मिल जाए, तभी साहित्य के स्थायी इतिहास ग्रंथ के किसी पृष्ठ पर उसका नाम अंकित होता है। **—रवींद्रनाथ टैगोर**
- जो कवि भाव-स्वातंत्र्य और भाषा-स्वातंत्र्य के अनिवार्य द्वंद्व को दबाकर सौंदर्य की रक्षा कर सकते हैं, वे ही धन्य हैं। **—रवींद्रनाथ टैगोर**
- इतिहास की अपेक्षा कविता सत्य के अधिक निकट होती है। **—प्लेटो**
- कवि वह सपेरा है, जिसकी पिटारी में साँपों के स्थान पर हृदय बंद होते हैं। **—प्रेमचंद**

कष्ट

- आज के कष्ट का सामना करनेवाले के पास आगामी कल के कष्ट आने से घबराते हैं। **—अज्ञात**

काम-1

- अगर कोई कर सकता है, तुम भी कर सकते हो, अगर कोई नहीं कर सकता तो तुम्हें जरूर करना है। **—बिल गेट्स**
- अगर कोई भी काम कोई व्यक्ति अच्छे से कर सकता है, तो मैं कहूँगा, उसे करने दीजिए, उसे एक मौका दीजिए। **—बिल गेट्स**
- काम के आदमी के साथ आपकी बात संक्षिप्त और व्यापक होनी चाहिए। **—बिल गेट्स**

- काम छोटा हो या बड़ा, उसकी उत्कृष्टता ही करनेवाले का गौरव है।

—बिल गेट्स

- काम से ज्यादा काम के पीछे निहित भावना का महत्त्व होता है।

—बिल गेट्स

- किसी काम को करने का अधिकार आपको है, पर इस बात का मतलब यह नहीं होता कि वह करना सही भी है। **—बिल गेट्स**

- यदि हम अपने काम में लगे रहें तो हम जो चाहें, कर सकते हैं।

—बिल गेट्स

- किसी काम को करने से पहले इसे करने की दृढ़ इच्छा अपने मन में कर लें और सारी मानसिक शक्तियों को उस ओर झुका दें। इससे आपको अधिक सफलता प्राप्त होगी। **—बिल गेट्स**

- अगर आप काम खराब करते हैं, तो आपको कारोबार से बाहर जाना होगा।

—बिल गेट्स

काम-2

- काम से शोक उत्पन्न होता है। **—धम्मपद**

- काम, क्रोध और लोभ, ये तीनों नरक के द्वार हैं। **—गीता**

कारोबार

- एक कारोबार का मुख्य उद्देश्य लाभ को बढ़ाते रहना होता है।

—बिल गेट्स

- कारोबार का प्रबंधन तय करता है कि कैसे ग्राहक संतुष्टि को सुधारा जाए या नए उत्पाद की क्षमताओं को सुधारा जाए—इस तरह से लाभ बढ़ेगा और यह एक ऐसी व्यवस्था को विकसित करेगा, जो कि नियमित आधार पर पूर्वोक्त बातों का मापन करे। **—बिल गेट्स**

कार्य

- दौड़ना काफी नहीं है, समय पर चल पड़ना चाहिए। **—फ्रांसीसी कहावत**
- जिसने निश्चय कर लिया, उसके लिए बस करना बाकी रह जाता है। **—इटैलियन कहावत**
- अपने कार्यों में व्यवस्था, नियमितता, सुंदरता, मनोयोग तथा जिम्मेदारी का ध्यान रखें। **—बिल गेट्स**
- कार्य उद्यम से सिद्ध होते हैं, मनोरथों से नहीं। **—हितोपदेश**
- वही काम करना ठीक है, जिसके लिए बाद में पछताना न पड़े और जिसके फल को प्रसन्न मन से भोग सकें। **—महात्मा बुद्ध**
- यदि कोई काम नहीं करता तो उसे खाना भी नहीं चाहिए। **—बाइबिल**
- किसी भी काम को खूबसूरती से करने के लिए उसे मन से करना चाहिए। **—नेपोलियन**
- बिना काम के सिद्धांत दिमागी अय्याशी है, बिना सिद्धांत के कार्य अंधे की टटोल है। **—जवाहरलाल नेहरू**
- सोच-विचार करने में समय लगाएँ, लेकिन जब काम का समय आए, तो सोचना बंद करें और आगे बढ़ें। **—नेपोलियन बोनापार्ट**
- कार्य उसी का सिद्ध होता है, जो समय को विचार कर कार्य करता है, वह खिलाड़ी कभी नहीं हारता, जो दाँव पर विचार कर खेलता है। **—बिल गेट्स**
- कार्य ही सफलता की बुनियाद है। **—बिल गेट्स**
- अच्छी शुरुआत से आधा काम हो जाता है। **—अरस्तू**
- कर्म के बिना दूरदर्शिता एक दिवास्वप्न है। दूरदर्शिता के बिना कर्म दुःस्वप्न है। **—जापानी कहावत**

- किसी काम को करने के बारे में जरूरत से ज्यादा सोचना अकसर उसके बिगड़ जाने का कारण बनता है। **—ईवा यंग**
- किसी कार्य के लिए कला एवं विज्ञान ही पर्याप्त नहीं हैं, उसमें धैर्य की भी आवश्यकता पड़ती है। **—बिल गेट्स**
- कार्य कुशल व्यक्ति की सभी जगह जरूरत पड़ती है। **—बिल गेट्स**
- परिश्रम वह चाबी है, जो किस्मत का दरवाजा खोल देती है। **—चाणक्य**
- किसी कार्य को खूबसूरती से करने के लिए मनुष्य को उसे स्वयं करना चाहिए। **—नेपोलियन**
- ईमानदारी और बुद्धिमानी के साथ किया हुआ काम कभी व्यर्थ नहीं जाता। **—हजारी प्रसाद द्विवेदी**
- मनुष्य जन्म से नहीं, बल्कि कर्म से शूद्र या ब्राह्मण होता है। **—गौतम बुद्ध**
- जो श्रम से लजाता है, वह सदैव परतंत्र रहता है। **—शरण**
- कार्य की अधिकता से उकताने वाला व्यक्ति कभी कोई बड़ा कार्य नहीं कर सकता। **—अब्राहम लिंकन**
- कोई भी कार्य करने से पहले सोचो, समझो, फिर करो। **—बिल गेट्स**
- कोई भी कार्य सही या गलत नहीं होता, हमारी सोच उसे सही या गलत बनाती है। **—बिल गेट्स**
- अपने से हो सके, वह काम दूसरे से न कराओ। **—महात्मा गांधी**
- सच्चा काम अहंकार और स्वार्थ को छोड़े बिना नहीं होता। **—स्वामी रामतीर्थ**
- काम की अधिकता नहीं, अनियमितता आदमी को मार डालती है। **—महात्मा गांधी**

- महान् कार्य शक्ति से नहीं, अपितु उद्यम से संपन्न होते हैं। —जॉनसन
- पहले कहना और बाद में करना, इसकी अपेक्षा पहले करना और फिर कहना अधिक श्रेयस्कर है। —अज्ञात
- कमजोर आदमी हर काम को असंभव समझता है, जबकि वीर साधारण। —मदनमोहन मालवीय
- अच्छे कार्य करने के लिए कभी शुभ मुहूर्त मत पूछो। —अज्ञात
- बड़े कार्य, छोटे कार्यों से आरंभ करने चाहिए। —शेक्सपियर
- स्वतंत्र वही है, जो अपना काम स्वयं कर लेता है। —विनोबा भावे
- योग्यता से बिताए हुए जीवन को, हमें वर्षों से नहीं, बल्कि कर्मों के पैमाने से तौलना चाहिए। —शेरिडेन
- जो काम आ पड़े, साधना समझकर पूरा करो। —स्वामी रामदास
- कहने की प्रकृति छोड़ो, करने का अभ्यास करो। —अज्ञात
- प्रत्येक अच्छा कार्य पहले असंभव नजर आता है। —अज्ञात
- जो अपने योग्य कर्म में जी-जान से लगा रहता है, वही संसार में प्रशंसा का पात्र होता है। —ब्राह्मण ग्रंथ
- गलत काम करने का कोई सही तरीका नहीं है। —अज्ञात
- जीवन में सबसे ज्यादा आनंद उसी काम को करने में है, जिसके बारे में लोग कहते हैं कि तुम नहीं कर सकते हो। —अज्ञात
- कीर्ति वीरोचित कार्यों की सुगंध है। —अज्ञात
- जीवन में ऐसा काम करो कि परिवार, गुरु और परमात्मा तीनों तुमसे खुश रहें। —स्वामी ज्योतिनंद
- कर्म करने में ही अधिकार है, फल में नहीं। —अज्ञात
- कर्म सरल है, विचार कठिन। —अज्ञात

- अपने काम में सुंदरता तलाशो। उससे सुंदर और कुछ हो ही नहीं सकता।

—रूमी

- हमारे लिए चींटी से बढ़कर और कोई उपदेशक नहीं है, वह काम करती है और खामोश रहती है।
- अगर कुछ महत्त्व रखता है तो वह है कर्म और प्रेम। **—सिगमंड फ्रायड**

कायर

कायर तभी धमकी देता है, जब सुरक्षित होता है। **—गेटे**

जो दूसरों की स्वाधीनता छीनते हैं, वास्तव में कायर हैं। **—अब्राहम लिंकन**

कायरता से कहीं ज्यादा अच्छा है, लड़ते-लड़ते मर जाना। **—महात्मा गांधी**

- कुरीति के अधीन होना कायरता है, उसका विरोध करना पुरुषार्थ है।

—महात्मा गांधी

- कायर अपने जीवन काल में ही अनेक बार मरते हैं, परंतु वीर पुरुष केवल एक ही बार मरते हैं। **—अज्ञात**

कायरता

- अत्याचार और भय दोनों कायरता के दो पहलू हैं। **—अज्ञात**
- घर का मोह कायरता का दूसरा नाम है। **—अज्ञात**
- मैं कायरता तो किसी हाल में सहन नहीं कर सकता। आप कायरता से मरें, इसकी बजाय बहादुरी से प्रहार करते हुए और प्रहार सहते हुए मरना कहीं बेहतर समझूँगा। **—महात्मा गांधी**

काव्य

- इन गीतों ने मुझे अनेक शिक्षाएँ दी हैं, कई गुप्त मार्ग दिखाए हैं तथा हृदय-गगन में अनेक नक्षत्रों से परिचित कराया है। **—रवींद्रनाथ टैगोर**
- काव्य मात्र भावना या अभिव्यक्ति नहीं है, यह तो रूप की रचना है। कवि के

अंदर छिपे सूक्ष्म क्रियात्मक कौशल के कारण विचार आकार ग्रहण करते हैं, यह सर्जनात्मक शक्ति काव्य का उद्‌गम है। इंद्रियानुभूति, भावनाएँ और भाषा तो इसके केवल उपादान के रूप हैं। **—रवींद्रनाथ टैगोर**

- काव्य का एक गुण यह है कि कवि की रचना-शक्ति पाठकों की रचना-शक्ति को उद्विग्न कर देती है, तब अपनी प्रतिभा के अनुसार कोई सुंदरता की, कोई नीति की और कोई तत्त्व की सृष्टि करने लगता है और ऐसा प्रतीत होता है, मानो यह आतिशबाजी का तमाशा हो। काव्य वही अग्नि शिखा है। **—रवींद्रनाथ टैगोर**

कुरूपता

- मेरे दोस्त किसी चीज को कुरूप न कहो, सिवाय उस भय के, जिसकी मारी कोई आत्मा स्वयं अपनी स्मृतियों से डरने लगे। **—खलील जिब्रान**
- कुरूपता मनुष्य की सौंदर्य विद्या है। **—चाणक्य**

कौशल

- नैतिक बल के द्वारा ही मनुष्य दूसरों पर अधिकार कर सकता है। **—स्वामी रामदास**
- मनुष्य धन अथवा कुल से नहीं, दिव्य स्वभाव और भव्य आचरण से महान् बनता है। **—आविद**
- ज्ञानी वह है, जो वर्तमान को ठीक प्रकार समझे और परिस्थिति के अनुसार आचरण करे। **—विनोबा भावे**
- केवल बुद्धि के द्वारा ही मानव का मनुष्यत्व प्रकट होता है। **—प्रेमचंद**
- कार्यकुशल व्यक्ति की सभी जगह जरूरत पड़ती है। **—प्रेमचंद**
- गुण छोटे लोगों में द्वेष और महान् व्यक्तियों में स्पर्धा पैदा करता है। **—फील्डिंग**
- कार्य कुशल व्यक्ति के लिए यश और धन की कमी नहीं है। **—अज्ञात**

- यदि तुम अपने आपको योग्य बना लो, तो सहायता स्वयमेव तुम्हें आ मिलेगी।
—स्वामी रामतीर्थ

क्रांति

- क्रांति का उदय सदा पीड़ितों के हृदय एवं त्रस्त व्यक्तियों के अंत:करण में हुआ करता है। **—अज्ञात**
- क्रांति का अर्थ होता है अतीत और भविष्य के बीच एक जबरदस्त संघर्ष।
—फिदेल कास्त्रो
- कुशासन के प्रति विद्रोह करना, ईश्वर की आज्ञा मानना है।
—फ्रेंकलिन
- जहाँ कहीं अन्याय के चरण पड़ते हैं, वहाँ अंतत: विद्रोह का ज्वालामुखी फूटता है। **—अज्ञात**

क्रोध

- क्रोध से मूढ़ता उत्पन्न होती है, मूढ़ता से स्मृति भ्रांत हो जाती है, स्मृति भ्रांत हो जाने से बुद्धि का नाश हो जाता है और बुद्धि नष्ट होने पर प्राणी स्वयं नष्ट हो जाता है। **—श्रीकृष्ण**
- क्रोध से बदले की भावना बढ़ती है और उसके भयंकर परिणाम होते हैं।
—महात्मा गांधी
- क्रोध यमराज है। **—चाणक्य**
- क्रोध एक प्रकार का क्षणिक पागलपन है। **—महात्मा गांधी**
- क्रोध में की गई बातें अकसर अंत में उल्टी निकलती हैं। **—मीनेंदर**
- जो मनुष्य क्रोधी पर क्रोध नहीं करता और क्षमा करता है, वह अपनी और क्रोध करनेवाले की महासंकट से रक्षा करता है। **—वेदव्यास**
- क्रोध ऐसा दावानल है, जो उस व्यक्ति को ही जलाता है, जिसमें वह उत्पन्न होता है। **—महात्मा गांधी**

- क्रोध खुद को तो जलाता है, आस-पास के और संबद्ध लोगों को भी पीड़ित कर डालता है। **—महात्मा गांधी**
- सुबह से शाम तक काम करके आदमी उतना नहीं थकता, जितना क्रोध या चिंता से पल भर में थक जाता है। **—जेम्स एलन**
- क्रोध में हो तो बोलने से पहले दस तक गिनो, अगर ज्यादा क्रोध में हो तो सौ तक। **—जेफरसन**
- ईर्ष्या और क्रोध से जीवन क्षय होता है। **—बाइबिल**
- क्रोध को जीतने में मौन सबसे अधिक सहायक है। **—महात्मा गांधी**
- मूर्ख मनुष्य क्रोध को जोर-शोर से प्रकट करता है, किंतु बुद्धिमान शांति से उसे वश में करता है। **—बाइबिल**
- क्रोध करने का मतलब है, दूसरों की गलतियों की सजा स्वयं को देना।
- जब क्रोध आए तो उसके परिणाम पर विचार करो। **—कन्फ्यूशियस**
- क्रोध से धनी व्यक्ति घृणा और निर्धन तिरस्कार का पात्र होता है। **—कहावत**
- क्रोध मूर्खता से प्रारंभ और पश्चात्ताप पर खत्म होता है। **—पाइथागोरस**

क्रोध के सिंहासनासीन होने पर बुद्धि वहाँ से खिसक जाती है। **—एम हेनरी**

- क्रोध से मनुष्य उसकी ही बेइज्जती नहीं करता, जिस पर क्रोध करता है, स्वयं अपनी प्रतिष्ठा भी गँवाता है। **—महात्मा गांधी**
- क्रोधहीन मनुष्य देवता है। **—महात्मा गांधी**
- क्रोध एक तरह का रोग है, जिसे क्षणिक पागलपन भी कह सकते हैं। **—महात्मा गांधी**
- जो मन की पीड़ा को स्पष्ट रूप में नहीं कह सकता, उसी को क्रोध अधिक आता है। **—रवींद्रनाथ ठाकुर**

- क्रोध मस्तिष्क के दीपक को बुझा देता है। अत: हमें सदैव शांत व स्थिरचित्त रहना चाहिए। **—इंगरसोल**

खुशी

- खुशी ही जीवन का अर्थ और उद्देश्य है और मानव अस्तित्व का लक्ष्य और मनोरथ। **—अरस्तू**
- हँसी के क्षणों के बिना बीता दिन सबसे खराब दिन है। **—ई.ई. कमिंग्स**
- इनसान जितना अपने मन को मना सके, उतना खुश रह सकता है। **—अब्राहम लिंकन**
- जो व्यक्ति सभी को खुश रखना चाहेगा, वह किसी को खुश नहीं रख सकता।

ख्याति

- ख्याति की अभिलाषा वह पोशाक है, जिसे ज्ञानी भी सबसे अंत में उतारते हैं। **—कहावत**
- ख्याति वह प्यास है, जो कभी नहीं बुझती। अगस्त्य ऋषि की तरह वह सागर को पीकर भी शांत नहीं होती। **—प्रेमचंद**

गणतंत्र

- किसी गणतंत्र में इस नियम का ध्यान रखना चाहिए कि बहुमत के पास प्रबल शक्ति न हो। **—मार्कस टूलियस सिसेरो**
- दुनिया सामान्यता का एक गणराज्य है और हमेशा थी। **—थॉमस कार्लाइल**
- सहिष्णुता और स्वतंत्रता एक महान् गणतंत्र की नींव हैं। **—फ्रैंक लॉयड राइट**
- सोसाइटी एक रिपब्लिक है। जब कोई खुद को औरों से ऊपर उठाना चाहता है तो उन्हें उपहास या बदनामी के द्वारा लोग नीचे खींच लेते हैं। **—विक्टर ह्यूगो**

- बाइबिल वह चट्टान है, जिस पर यह गणतंत्र टिका है। **—एंड्रू जैक्सन**
- गणतंत्र का भाग्य बदलने की शक्ति भावी पीढ़ी के पत्रकारों के हाथों में होगी। **—जोसेफ पुलित्जर**
- हमारा गणतंत्र और उसकी प्रेस एक साथ उठेंगे या गिर जाएँगे। **—जोसेफ पुलित्जर**
- नया गणतंत्र विविधता, सम्मान और सभी के लिए समान अधिकार पर आधारित होना चाहिए। **—एवो मोरालेस**
- कानून और व्यवस्था राजनीतिक शरीर की दवा है और जब राजनीतिक शरीर बीमार पड़े तो दवा जरूर दी जानी चाहिए। **—बी.आर. आंबेडकर**
- एक बात स्पष्ट है, हमारे संस्थापक कभी ऐसा देश नहीं चाहते थे, जहाँ नागरिकों को लगभग अपनी पूरी कमाई का आधा हिस्सा सरकार को देना पड़े। **—रॉन पॉल**
- मैं अपने देश से प्रेम करता हूँ, अपनी सरकार से नहीं। **—जेसी वेंचुरा**
- मृत को जीवित पर शासन नहीं करना चाहिए। **—थॉमस जेफरसन**
- सामान्यता के गणराज्य में प्रतिभा खतरनाक है। **—रॉबर्ट ग्रीन इंगरसोल**
- मैंने हमेशा यह माना है कि किसी आदमी के गुण को उसे धोखा देने का साधन बनाना मानव प्रति के महान् गणतंत्र के खिलाफ राजद्रोह के सामान है। **—सैमुअल जानसन**
- सच्चा गणराज्य आदमी, उनके अधिकार और कुछ नहीं, औरत, उनके अधिकार और उससे कम कुछ नहीं। **—फ्रेंकलिन पी. एडम्स**
- गणतंत्र की उम्मीद किस पर टिकी हुई है—एक देश, एक भाषा, एक झंडा? **—अलेक्जेंडर हेनरी**

- हमारा संविधान काम करता है। हमारा महान् गणतंत्र कानूनों की सरकार है, पुरुषों की नहीं। **—गेराल्ड आर फोर्ड**

गणित

- ज्यामिति की रेखाओं और चित्रों में हम वे अक्षर सीखते हैं, जिनसे यह संसार रूपी महान् पुस्तक लिखी गई है। **—गैलीलियो**
- गणित एक ऐसा उपकरण है, जिसकी शक्ति अतुल्य है और जिसका उपयोग सर्वत्र है, यह एक ऐसी भाषा, जिसकी ध्वनि अवश्य सुनेगी और जिसका सदा वह उत्तर देगी। **—प्रो. हाल**
- गणित एक भाषा है। **—जे.डब्ल्यू. गिब्स**

गरीब

- गरीब वह है, जिसकी अभिलाषाएँ बढ़ी हुई हैं। **—डेनियल**
- गरीबों के बहुत से बच्चे होते हैं, अमीरों के संबंधी। **—एनॉन**

गरीबी

- गरीबी लज्जा नहीं है, लेकिन गरीबी से लज्जित होना लज्जा की बात है। **—कहावत**
- गरीबी मेरा अभिमान है। **—हजरत मोहम्मद**
- जो गरीबों पर दया करता है, वह अपने कार्य से ईश्वर को ऋणी बनाता है। **—बाइबिल**
- गरीबी दैवीय अभिशाप नहीं, मानवीय सृष्टि है। **—महात्मा गांधी**
- उस मनुष्य से गरीब कोई नहीं, जिसके पास केवल धन है। **—कहावत**
- कुबेर भी यदि आय से अधिक व्यय करे तो निर्धन हो जाता है। **—चाणक्य**
- गरीबों की सेवा ही ईश्वर की सेवा है। **—सरदार वल्लभभाई पटेल**

• गरीबी दैवी अभिशाप नहीं, बल्कि मानवरचित षड्यंत्र है।

—महात्मा गांधी

• निर्धनता से मनुष्य में लज्जा आती है। लज्जा से आदमी तेजहीन हो जाता है। निस्तेज मनुष्य का समाज तिरस्कार करता है। तिरस्कृत मनुष्य में वैराग्य भाव उत्पन्न हो जाते हैं और तब मनुष्य को शोक होने लगता है। जब मनुष्य शोकातुर होता है तो उसकी बुद्धि क्षीण होने लगती है और बुद्धिहीन मनुष्य का सर्वनाश हो जाता है। **—मृच्छकटिकम्**

गलती

• गलती करना मनुष्य का स्वभाव है। की हुई गलती को मान लेना और इस प्रकार आचरण करना कि फिर गलती न हो, मर्दानगी है। **—महात्मा गांधी**

• जो मान गया कि उससे गलती हुई और उसे ठीक नहीं करता, वह एक और गलती कर रहा है। **—कन्फ्यूशियस**

• बहुत सी तथा बड़ी गलती किए बिना कोई व्यक्ति बड़ा और महान् नहीं बनता। **—ग्लेडस्टोन**

• गलती मान लेना झाड़ू लगाने का सा काम है। यह गंदगी को बुहारकर सतह को साफ कर देता है। **—महात्मा गांधी**

• अगर तुम गलतियों को रोकने के लिए दरवाजे बंद कर दोगे तो सत्य भी बाहर आ जाएगा। **—रवींद्रनाथ टैगोर**

• हम यह सोचने की गलती न करें कि हम कभी भूल कर ही नहीं सकते।

—महात्मा गांधी

• गलती करने से डरना सबसे बड़ी गलती है। **—एल्बर्ट हब्बार्ड**

• मैं इसलिए आगे निकल पाया कि मैंने उन लोगों से ज्यादा गलतियाँ कीं, जिनका मानना था कि गलती करना बुरा है, या गलती करने का मतलब था कि वे मूर्ख थे। **—राबर्ट कियोसाकी**

• गलती मान लेने से हमको बहुत लाभ होता है, उसमें शुद्ध व्यवहार है।

—महात्मा गांधी

• गलती हर इनसान से होती है, लेकिन जब इनसान अपनी गलती को छिपाता है या उस पर मुलम्मा चढ़ाने के लिए और झूठ बोलता है, तो यह खतरनाक बन जाती है। **—महात्मा गांधी**

• सीधे तौर पर अपनी गलतियों को ही हम अनुभव का नाम दे देते हैं।

—आस्कर वाइल्ड

• गलती तो हर मनुष्य कर सकता है, पर केवल मूर्ख ही उस पर बने रहते हैं।

—सिसरो

• अपनी गलती स्वीकार कर लेने में लज्जा की कोई बात नहीं है। इससे दूसरे शब्दों में यही प्रमाणित होता है कि कल की अपेक्षा आज आप अधिक समझदार हैं। **—अलेक्जेंडर पोप**

• भूल करके आदमी सीखता तो है, पर इसका यह मतलब नहीं कि जीवन भर भूल ही करता जाए और कहे कि हम सीख रहे हैं। **—महात्मा गांधी**

• सच्चा मनुष्य वही है, जो अपनी गलती को मान ले और फिर उसे त्यागकर अपने-आप में सुधार कर ले। **—महात्मा गांधी**

• दोष निकालना सुगम है, उसे ठीक करना कठिन। **—प्लूटार्क**

• त्रुटियों के बीच में से ही संपूर्ण सत्य को ढूँढ़ा जा सकता है।

—सिगमंड फ्रायड

गुण

• गुणों से ही मनुष्य महान् होता है, ऊँचे आसन पर बैठने से नहीं। महल के ऊँचे शिखर पर बैठने मात्र से कौवा गरुड़ नहीं हो सकता। **—चाणक्य**

• सद्गुणशील, मुंसिफ मिजाज और अक्लमंद आदमी तब तक नहीं बोलता, जब तक खामोशी नहीं हो जाती। **—शेख सादी**

- कस्तूरी को अपनी मौजूदगी कसम खाकर सिद्ध नहीं करनी पड़ती, गुण स्वयं ही सामने आ जाते हैं। **—अज्ञात**
- रूप की पहुँच आँखों तक है, गुण आत्मा को जीतते हैं। **—पोप**
- बड़े बड़ाई न करें, बड़े न बोलें बोल।
रहिमन हीरा कब कहै, लाख टका मेरो मोल॥ **—रहीम**
- मनुष्य अपने गुणों से आगे बढ़ता है, न कि दूसरों की कृपा से। **—लाला लाजपतराय**

गुरु

- शिष्य के ज्ञान पर सही करना यही गुरु का काम है, बाकी के लिए शिष्य स्वावलंबी है। **—विनोबा**
- अगर शुद्ध गुरुभक्ति न हो, तो चरित्र-गठन नहीं हो सकता। **—महात्मा गांधी**
- गुरु ऐसा होना चाहिए, जो शिष्य को सद्ज्ञान दे, उसका आध्यात्मिक कल्याण चाहे और उससे धन ऐंठने की वृत्ति न रखे। **—महात्मा गांधी**
- गुरु के बिना किसी भी क्षेत्र का समुचित ज्ञान प्राप्त करना कठिन होता है। **—महात्मा गांधी**
- सच्चा गुरु अनुभव है। **—स्वामी विवेकानंद**
- गुरु से ज्ञान तभी मिल सकता है, जब शिष्य में गुरु के प्रति श्रद्धा हो और उसकी सेवा करने की भावना। **—महात्मा गांधी**
- मैं गुरु-परंपरा को माननेवाला हूँ, किंतु प्रत्येक शिक्षक गुरु नहीं होता, गुरु शिष्य का संबंध आध्यात्मिक और स्वयं स्फुरित है। **—महात्मा गांधी**
- बुद्धिमान लोग गुरु का गुण बहुत बड़ा मानते हैं, क्योंकि और गुण तो आसानी

से लौटाए जा सकते हैं, ज्ञान दान का गुण सबके लिए लौटाना संभव ही नहीं है। —**महात्मा गांधी**

- कबिरा ते नर अंध हैं, गुरु को मानत और।
हरि रूठै गुरु ठौर है, गुरु रूठै नहिं ठौर॥ —**कबीर**

ज्ञान

- जो आपके अंदर है, उसे अपने दिल में बनाए रखिए, क्योंकि केवल वह ही वास्तविक और शाश्वत ज्ञान का स्रोत है। —**उपनिषद्**
- सुख मानव जीवन का उद्देश्य नहीं है, बल्कि यह तो अपने सच्चे स्वरूप का ज्ञान है। —**आदि शंकराचार्य**
- सच्चा ज्ञान अपनी अज्ञानता की सीमा को जानने मैं है। आप क्या जानते हैं और क्या नहीं जानते हैं, इसे जानने में ही सच्चा ज्ञान निहित है। —**कन्फ्यूशियस**
- ज्ञान प्राप्ति की इच्छा धन पाने की चाहत की तरह हमेशा इसे पाने के साथ बढ़ती है। —**लॉरेंस स्टर्न**
- जानना यह जानना है कि आप कुछ भी नहीं जानते हैं, यह ही सच्चे ज्ञान का तात्पर्य है। —**सुकरात**
- सच्चे ज्ञान के प्रकाश में सारे संदेह मिट जाते हैं। —**गौतम बुद्ध**
- संसार के विरुद्ध एक मात्र बचाव इसका संपूर्ण ज्ञान ही है। —**जॉन लॉक**
- ज्ञान का आरंभ किसी ऐसी वस्तु की खोज है, जिसे हम नहीं समझते हैं। —**फ्रैंक हर्बर्ट**
- चाहे बादल हमें पद और अधिकार दे दें, चाहे समृद्धि हमें खोजती फिरे, लेकिन आखिर में हमें ही ज्ञान को खोजना पड़ेगा। —**अर्नहेम यॉन्ग**
- विवशता में जो ज्ञान हासिल किया जाता है, वह मन पर कोई संस्कार नहीं डाल पाता। —**प्लेटो**

- इस बारे में सचेत होना कि आप अज्ञानी हैं, ज्ञान की ओर बढ़ाया गया एक बड़ा कदम है। **—बेंजामिन डिजरायली**

- ज्ञान को प्राप्त करने के लिए साहसी बनिए। सत्य और कारण का अनुसरण करने में कभी भी मत डरिए, फिर चाहे वे कैसा भी परिणाम प्रस्तुत करें। **—थॉमस जेफरसन**

- सभी पुरुष स्वभाववश ज्ञान चाहते हैं। **—अरस्तू**

- ज्ञान एक दौलत है, लेकिन अभ्यास ही इसकी कुंजी है। **—लाओत्जू**

- ज्ञान के समान कोई दौलत नहीं है और अज्ञान के समान कोई गरीबी नहीं। **—महात्मा बुद्ध**

- ज्ञान पर अधिकार आश्चर्य और रहस्य की समझ को समाप्त नहीं कर देता है। यहाँ सदैव और ज्यादा रहस्य हैं। **—अनीस निन**

- मैं किसी को कुछ भी नहीं सिखा सकता हूँ। मैं केवल उन्हें सोचने को तैयार कर सकता हूँ। **—सुकरात**

- अपने ज्ञान को बाँटना अमरता को हासिल करने का एक रास्ता है। **—दलाई लामा**

- अगर आप पैसे से आजादी की उम्मीद करते हैं तो आप इसे कभी हासिल नहीं कर सकेंगे। इस दुनिया में सच्ची सुरक्षा केवल ज्ञान, अनुभव और योग्यता की उपलब्धि में है। **—हेनरी फोर्ड**

- मैं उस तथ्य से बिल्कुल चिंतित नहीं होता, जिससे मैं अनजान हूँ। मैं तब चिंतित होता हूँ, जब मैं दूसरों को नहीं जानता। **—कन्फ्यूशियस**

- यदि ज्ञान मुसीबतें पैदा कर सकता है तो यह अज्ञान नहीं है, जिसके जरिए हम उन्हें सुलझा सकते हैं। **—इसाक असिमोव**

- निरर्थक ज्ञान से भी बहुत खुशी हासिल होती है। **—बर्ट्रेंड रसेल**

• आपने ज्ञान व्यर्थ ही हासिल किया है, अगर आप इसे दूसरों को नहीं बाँटते हैं।
—पुरानी कहावत

• कोई भी व्यक्ति आपके लिए उसे छोड़कर कुछ भी प्रकट नहीं कर सकता, जो पहले से ही आपके ज्ञान के उषाकाल के अंदर अर्ध-निद्रित पड़ा हुआ है।
—खलील जिब्रान

• पंडित होना एक बात है और उस ज्ञान के अनुसार होना दूसरी बात।
—महात्मा गांधी

• ज्ञान ही सच्चा मत है। ज्ञान आत्मा का भोजन है। **—प्लेटो**

• अज्ञानता ईश्वर का शाप है, ज्ञान वह पंख है, जिससे हम स्वर्ग तक उड़ सकते हैं।
—विलियम शेक्सपियर

• ज्ञान तब तक केवल जानकारी है, जब तक इसे सही आचरण में न परिवर्तित कर दिया जाए।
—पंडित श्रीराम शर्मा आचार्य

• लोग इस बात को महत्त्व नहीं देते कि आप कितना जानते हैं, जब तक कि वे यह नहीं जान जाते कि आप कितना ध्यान रखते हैं। **—जॉन सी मैक्सवेल**

• किसी भी व्यक्ति का ज्ञान उसके अनुभव से बढ़कर नहीं हो सकता।
—जॉन लॉक

• ज्ञान प्रेम, प्रकाश और दृष्टि है। **—हेलेन केलर**

• स्वयं का ज्ञान प्राप्त किए बिना, अपनी मशीन की कार्यविधि और उसके कार्यों की समझ के बिना, मनुष्य स्वतंत्र नहीं हो सकता, वह खुद पर शासन नहीं कर सकता और हमेशा एक गुलाम ही बना रहेगा। **—जॉर्ज गुरजिएफ**

• जानिए या फिर उन्हें सुनिए, जो जानते हैं। **—बलस्टर ग्रेसियन**

• विश्वास के लिए जगह बनाने के लिए आपको अपना अधूरा ज्ञान हटाना पड़ेगा।
—इम्मानुएल कांट

• विश्वव्यापी मन समस्त ज्ञान को समाहित किए हुए है, यह सभी चीजों की

संभावित अंतिम अवस्था है, इसके लिए सब चीजें संभव हैं।

—अर्नेस्ट होम्स

घटना

- सच्ची घटना के गवाहों की संख्या सीमित होती है, कभी-कभी तो कोई गवाह नहीं होता, पर अगर आदमी जुगाड़ू हो तो जो घटना घटी ही नहीं, उसके गवाहों की कोई कमी नहीं होती। **—रवींद्रनाथ टैगोर**
- दुनिया में कुछ भी हमारी सुविधा के अनुसार आराम से नहीं होता। घटनाएँ भी पहले शिकारी बाघ की तरह दबे पाँव बढ़ती रहती हैं और फिर हठात् एक ही छलाँग में गला धर दबाती हैं। फिर उनकी खबर भी आग की तरह पहले दबी-ही-दबी सुलगती है और फिर सहसा धधककर जल उठती है, तब उसे सँभालना मुश्किल हो जाता है।

—रवींद्रनाथ टैगोर

घर

- घर के समान कोई स्कूल नहीं, न ईमानदारी व सदाचारी माता-पिता के समान कोई अध्यापक है। **—अज्ञात**
- जब घर में अतिथि हो, तब चाहे अमृत ही क्यों न हो, अकेले नहीं पीना चाहिए। **—तिरुवल्लुवर**
- दृश्य की दृष्टि से टूटे पुराने घर का भी अपना एक सौंदर्य है, लेकिन उस घर को केवल चित्र की दृष्टि से देखने से नहीं चलता, उसमें रहना पड़ता है। इसलिए उसकी मरम्मत की आवश्यकता होती है। **—रवींद्रनाथ टैगोर**

घिनौनापन

- चोरी-चुपके में एक घिनौनापन होता है। **—रवींद्रनाथ टैगोर**

घुन

- कच्ची लकड़ी के तख्ते में बहुत जल्दी घुन लगता है।

—रवींद्रनाथ टैगोर

घृणा

- घृणा पाप से करो, पापी से नहीं। **—महात्मा गांधी**
- गुस्सा सह लिया जा सकता है, लेकिन घृणा सहना व्यक्ति के लिए बड़ा कठिन होता है। **—रवींद्रनाथ टैगोर**
- घृणा द्वारा मनुष्य को केवल दूर हटाकर ही नहीं रखा जाता, बल्कि जिसके साथ घृणा की जाती है, उसका मन भी छोटा हो जाता है। वह भी अपनी हीनता के संकोच से समाज में कुंठित होकर रहता है, जहाँ रहता है, वहाँ कोई अधिकार नहीं जताता।

  —रवींद्रनाथ टैगोर
- घृणा की अंधता अज्ञान की अंधता से अधिक बुरी है, क्योंकि अज्ञान जिस प्रकाश को जगाए बिना छोड़ देता है, घृणा उसे बुझा देती है।
- जिनके भीतर नफरत होती है, वे दरअसल हारे हुए लोग होते हैं, जो अपने जीते हुए होने का स्वाँग कर रहे होते हैं। **—पॉलो कोएल्हो**
- जो सच्चाई पर निर्भर है, वह किसी से घृणा नहीं करता। **—नेपोलियन**
- घृणा और प्रेम दोनों अंधे हैं। **—कहावत**
- घृणा हृदय का पागलपन है। **—बायरन**
- घृणा घृणा से कभी कम नहीं होती, प्रेम से ही होती है। **—महात्मा बुद्ध**

चतुराई

- चतुराई दरबारियों के लिए गुण है, साधुओं के लिए दोष। **—शेख सादी**
- सबसे बड़ी चतुराई यह है कि कोई चतुराई न की जाए।

  —फ्रांसीसी कहावत

चरित्र

- चरित्र वृक्ष है और प्रतिष्ठा उसकी छाया। **—अब्राहम लिंकन**
- चरित्र के बिना ज्ञान बुराई की ताकत बन जाता है, जैसे कि दुनिया के कितने

ही चालाक चोरों और भले मानुष बदमाशों के उदाहरण से स्पष्ट है।

—महात्मा गांधी

- दुर्बल चरित्र का व्यक्ति उस सरकंडे जैसा है, जो हवा के हर झोंके पर झुक जाता है। **—माघ**
- चरित्र मनुष्य के अंदर रहता है, यश उसके बाहर। **—अज्ञात**
- श्वास की क्रिया के सामन हमारे चरित्र में एक ऐसी सहज क्षमता होनी चाहिए, जिसके बल पर जो कुछ प्राप्य है, वह अनायास ग्रहण कर लें और जो त्याज्य है, वह बिना क्षोभ के त्याग सकें।

  —रवींद्रनाथ टैगोर
- समाज के प्रचलित विधि-विधानों का उल्लंघन केवल चरित्र-बल पर ही सहन किया जा सकता है। **—शरतचंद्र**
- कठिनाइयों को जीतने, वासनाओं का दमन करने और दुःखों को सहन करने से चरित्र उच्च, सुदृढ़ और निर्मल होता है। **—अज्ञात**
- विचार से कर्म की उत्पत्ति होती है, कर्म से आदत की उत्पत्ति होती है, आदत से चरित्र की उत्पत्ति होती है और चरित्र से आपके प्रारब्ध की उत्पत्ति होती है। **—बौद्ध कहावत**
- बुद्धिमान व्यक्तियों की प्रशंसा की जाती है, धनवान व्यक्तियों से ईर्ष्या की जाती है, बलशाली व्यक्तियों से डरा जाता है, लेकिन विश्वास केवल चरित्रवान व्यक्तियों पर ही किया जाता है। **—अल्फ्रेड एडलर**
- तुम बर्फ के समान विशुद्ध रहो और हिम के समान स्थिर तो भी लोकनिंदा से नहीं बच पाओगे।
- अच्छी आदतों से शक्ति की बचत होती है, अवगुण से बरबादी।

  —जेम्स एलन
- हमारी दुनिया को सबसे ज्यादा एक नए नैतिक ढाँचे की दरकार है।

  —ह्यूगो शावेज

- चरित्र एक वृक्ष है, मान एक छाया। हम हमेशा छाया की सोचते हैं, लेकिन असलियत तो वृक्ष ही है। **—अब्राहम लिंकन**
- किसी व्यक्ति के चरित्र को उसके द्वारा प्रयुक्त विशेषणों से जाना जा सकता है। **—मार्क ट्वेन**
- बुद्धि के साथ सरलता, नम्रता तथा विनय के योग से ही सच्चा चरित्र बनता है। **—अज्ञात**
- आचरण अच्छा हो तो मन में अच्छे विचार ही आते हैं। **—अज्ञात**
- सुंदर आचरण, सुंदर देह से अच्छा है। **—एमर्सन**
- जैसे आचरण की तुम दूसरों से अपेक्षा रखते हो, वैसा ही आचरण तुम दूसरों के प्रति करो। **—ल्यूक**
- अपकीर्ति दंड में नहीं, अपितु अपराध में है। **—एलफिरी**
- दूसरों को क्षति पहुँचाकर अपनी भलाई की आशा नहीं करनी चाहिए। **—अज्ञात**
- चरित्रवान व्यक्ति अपने पद और शक्ति का अनुचित लाभ नहीं उठाते। **—अज्ञात**
- चरित्र आत्म-सम्मान की नींव है। **—अज्ञात**
- अपने चारित्रिक सुधार का आर्किटेक्ट खुद को बनना होगा। **—अज्ञात**
- जैसा अन्न, वैसा मन। **—अज्ञात**
- अपकीर्ति अमर है, जब कोई उसे मृतक समझता है, तब भी वह जीवित रहती है। **—प्ल्यूटस**
- जो मानव अपने अवगुण और दूसरों के गुण देखता है, वही महान् व्यक्ति बन सकता है। **—सुकरात**
- बहता पानी और रमता जोगी ही शुद्ध रहते हैं। **—स्वामी विवेकानंद**

- वृक्ष, सरोवर, सज्जन और मेघ, ये चारों परमार्थ हेतु देह धारण करते हैं।

—महात्मा कबीर

- चरित्र की शुद्धि ही सारे ज्ञान का ध्येय होनी चाहिए। **—महात्मा गांधी**
- संयम और श्रम मानव के दो सर्वोत्तम चिकित्सक हैं। **—रूसो**
- अच्छा स्वभाव, सौंदर्य के अभाव को पूरा कर देता है। **—एडीसन**
- व्यवहार वह दर्पण है, जिसमें प्रत्येक का प्रतिबिंब देखा जा सकता है।

—गेटे

- चरित्र वृक्ष है और प्रतिष्ठा उसकी छाया। **—अब्राहम लिंकन**
- समाज के प्रचलित विधि-विधानों का उल्लंघन केवल चरित्र-बल पर ही सहन किया जा सकता है। शरतचंद्र चरित्र मनुष्य के अंदर रहता है, यश उसके बाहर। **—अज्ञात**
- चरित्र के बिना ज्ञान बुराई की ताकत बन जाता है, जैसे कि दुनिया के कितने ही 'चालाक चोरों' और 'भले मानुष बदमाशों' के उदाहरण से स्पष्ट है।

—महात्मा गांधी

- कठिनाइयों को जीतने, वासनाओं का दमन करने और दुःखों को सहन करने से चरित्र उच्च, सुदृढ़ और निर्मल होता है। **—अज्ञात**
- दुर्बल चरित्र का व्यक्ति उस सरकंडे जैसा है, जो हवा के हर झोंके पर झुक जाता है। **—माघ**

चरित्र-निर्माण

- व्यक्ति के चरित्र से ही राष्ट्र का अंदाजा लगाया जाता है।

—महात्मा गांधी

- चरित्र-निर्माण का काम कुछ कम महत्त्वपूर्ण नहीं, इसके बिना आजादी पाकर भी भारतीय मनुष्य का मूल्य नहीं बढ़ सकता। **—महात्मा गांधी**

- चरित्र की संपत्ति दुनिया की तमाम दौलतों से बढ़कर है।

—महात्मा गांधी

- चरित्र की रक्षा किसी भी मूल्य पर होनी चाहिए। **—महात्मा गांधी**
- शिक्षा का उद्‌देश्य चरित्र-निर्माण होना चाहिए। शिक्षा वही है, जिसके द्वारा साहस का विकास हो, गुणों में वृद्धि हो और ऊँचे उद्‌देश्यों के प्रति लगन जागे। **—महात्मा गांधी**
- यदि चरित्र-निर्माण न हुआ, तो सारे रचनात्मक कार्यक्रम व्यर्थ हैं।

—महात्मा गांधी

चापलूसी

- चापलूस आपको हानि पहुँचाकर अपना स्वार्थ सिद्ध करना चाहता है।

—हरिऔध

- चापलूसी तीन घृणित दुर्गुणों से भरी है—असत्य, दासत्व और विश्वासघात।

—अज्ञात

- चापलूस आपकी चापलूसी इसीलिए करता है, क्योंकि वह खुद को अयोग्य समझता है, लेकिन आप उसके मुँह से अपनी प्रशंसा सुनकर फूले नहीं समाते। **—टलस्टॉय**

चिंता

- चिंता चिता समान है। **—अज्ञात**
- चिंता एक प्रकार की कायरता है और वह जीवन को विषमय बना देती है।

—चैनिंग

- निश्चिंत मन भरी थैली से अच्छा है। **—अरबी कहावत**
- अगर इनसान सुख-दुःख की चिंताओं से ऊपर उठ जाए तो आसमान की ऊँचाई भी उसके पैरों तले आ जाए। **—शेख सादी**

• कुटुंब की चिंता से परेशान व्यक्ति की कुलीनता, शील और गुण कच्चे घड़े में रखे पानी की तरह हैं। **—संस्कृत सूक्ति**

• चिंता वहाँ तक तो वांछनीय है, जहाँ तक वह रचनात्मक ध्येय की पूर्ति के लिए विविध उपायों का मनन करने तक सीमित हो, परंतु जब चिंता इतनी बढ़ जाए कि वह शरीर को खाने लगे तो वह अवांछनीय हो जाती है, क्योंकि फिर तो वह अपने ध्येय को ही हरा बैठती है। **—महात्मा गांधी**

• चिंता के समान शरीर का क्षय और कुछ नहीं करता और जिसे ईश्वर में जरा भी विश्वास है, उसे किसी भी विषय में चिंता करने में ग्लानि होनी चाहिए।

—महात्मा गांधी

• कार्य की अधिकता मनुष्य को नहीं मारती, बल्कि चिंता मारती है।

—स्वेट मार्डेन

• अगर इनसान सुख-दुःख की चिंता से ऊपर उठ जाए, तो आसमान की ऊँचाई भी उसके पैरों तले आ जाए। **—शेख सादी**

• चिंताएँ, परेशानियाँ, दुःख और तकलीफें परिस्थितियों से लड़ने से नहीं दूर हो सकतीं, वे दूर होंगी अपनी अंदरूनी कमजोरी दूर करने से, जिसके कारण ही वे सचमुच पैदा हुई हैं। **—स्वामी रामतीर्थ**

• प्राणियों के लिए चिंता ही ज्वर है। **—शंकराचार्य**

• बिस्तर पर चिंताओं को ले जाना पीठ पर गट्‌ठर बाँधकर सोना है।

—हैली बर्टन

• चिंता रोग का मूल है। **—प्रेमचंद**

• चिंता करता हूँ मैं जितनी उस अतीत की, उस सुख की, उतनी ही अनंत में बनती जाती रेखाएँ दुःख कीं। **—जयशंकर प्रसाद**

• चिंता एक काली दीवार की भाँति चारों ओर से घेर लेती है, जिसमें से निकलने की फिर कोई गली नहीं सूझती। **—प्रेमचंद**

चुनौतियाँ

- चुनौतियाँ जीवन को अधिक रुचिकर बनाती हैं और उन्हें दूर करना जीवन को अर्थपूर्ण बनाता है। **—बिल गेट्स**
- चुनौतियों को स्वीकार करनेवाले ही असली बहादुर होते हैं। **—बिल गेट्स**
- चुनौतियों को स्वीकार करें, ताकि आप विजय के हर्ष का आनंद महसूस कर सकें। **—बिल गेट्स**
- चुनौतियों से घबराइए मत, सामना कीजिए। आग तो हर व्यक्ति के भीतर छिपी है, बस उसे जगाने की जरूरत है। **—बिल गेट्स**
- जो चुनौतियों का सामना करने से डरता है, उसका असफल होना तय है। **—बिल गेट्स**

चेहरा

- चेहरा मस्तिष्क का प्रतिबिंब है और आँखें बिना कहे दिल के राज खोल देती हैं। **—सैंट जेरोम**
- भोली-भाली सूरतवाले होते हैं जल्लाद भी। **—उर्दू कहावत**
- सुंदर चेहरा सबसे अच्छा प्रशंसा पात्र है। **—रानी एलिजाबेथ**

चिकित्सा

- संयम और परिश्रम मनुष्य के दो सर्वोत्तम चिकित्सक हैं। परिश्रम की भूख तेज होती है और संयम अतिभोग से रोकता है। **—रूसो**
- समय सबसे बड़ा चिकित्सक है। **—अज्ञात**
- वक्त हर घाव का मरहम है। **—कहावत**
- मन की प्रसन्नता से समस्त मानसिक और शारीरिक रोग दूर हो जाते हैं। **—रामदास**

चोर

- आवश्यकता से अधिक एकत्र करनेवाला प्रत्येक व्यक्ति चोर है। **—भगवद् गीता**

• ईश्वर ने आदमी को मेहनत करके खाने के लिए बनाया है और कहा है कि जो मेहनत किए बगैर खाते हैं, वे चोर हैं।

—महात्मा गांधी

• जो मेरा धन चुराता है, वह मेरी सबसे तुच्छ वस्तु ले जाता है।

—शेक्सपियर

छटपटाना

• जब मरने का वक्त होगा, तब हम भी बड़े हो लेंगे, पर जब जलने की उम्र हो तो छटपटाना ही शोभा देता है। **—रवींद्रनाथ टैगोर**

छल

• छल करने में कोई कम कौशल नहीं लगाता, लड़ाई के कला-कौशल के समान ही है, बात इतनी ही है कि उसमें कुछ मधु भी खर्च करना पड़ता है।

—रवींद्रनाथ टैगोर

छाहर

• छाहर जब मन में फैलता है तो मौत की पीड़ा तो होती है, किंतु मौत नहीं होती। **—रवींद्रनाथ टैगोर**

जगत्

• जगत् यंत्र का कल-कारखाना अत्यंत जटिल और लौह-कठिन दुःख-सुख, विपद-संपद, संकट-संशय और नैराश्य-परिताप से मिश्रित है।

—रवींद्रनाथ टैगोर

जड़-चेतन

• जड़ और चेतन के संबंध में ही संसार का असली संबंध है। अतः वस्तु-विज्ञान की जानकारी चाहे कितनी ही हासिल क्यों न करो, वह लोक-व्यवहार की शिक्षा में जरा भी मदद नहीं कर सकती, परंतु जो जीवन का आभूषण है, जिनमें सौंदर्य, काव्य और मिठास की उत्पत्ति है, वे वास्तव में मनुष्य के बीच ठीक संबंध जोड़ते हैं, एक-दूसरे की राह का काँटा दूर कर, स्पर्धा को

समाप्त कर उसके ज्ञानचक्षु खोल देते हैं और जीवन को मर्त्य से स्वर्ग तक प्रसारित कर देते हैं।

—रवींद्रनाथ टैगोर

जनता

- जनता की आवाज ईश्वर की आवाज है। **—कहावत**
- राजमहलों की चालबाजियाँ, सभा भवनों की राजनीति, समझौते और लेन-देन का जमाना उसी दिन खत्म हो जाता है, जब जनता राजनीति में प्रवेश करती है। **—जवाहरलाल नेहरू**

जननी

- जननी और जन्मभूमि स्वर्ग से बढ़कर है। **—वाल्मीकि रामायण**
- माता का हृदय शिशु की पाठशाला है। **—बीचर**

जन्म और मृत्यु

- जन्म और मृत्यु दो स्थितियाँ नहीं हैं, अपितु वे एक ही स्थिति के दो पहलू हैं। **—महात्मा गांधी**

जरूरत

- सारी जरूरतें जब घेरती हैं तो परिणाम को कुएँ में डाल आना होता है। **—रवींद्रनाथ टैगोर**
- जरूरत नाम की चीज का कोई अंत है? खाने की जरूरत नहीं है, पेट भरने पर उसका अंत मिल जाता है, नशे की जरूरत नहीं है, इस कारण उसका अंत भी नहीं है। **—रवींद्रनाथ टैगोर**

जहाज

- जहाज जब डूबता है तो उसके चारों तरफ जो लोग अपने प्राण बचाने के लिए तैयार रहे होते हैं, उन्हें भी पानी के अंदर खींच ले जाता है। **—रवींद्रनाथ टैगोर**

जागरण

- जागरण का अर्थ है कर्म में अवतीर्ण करना। **—जयशंकर प्रसाद**

जाति

- मनुष्य जब मर जाता है, तब उसकी जात-पाँत कहाँ रहती है? भगवान् का बनाया हुआ आदमी जब आदमी का चेहरा चाहता है, तब जाति का सवाल कहाँ उठता है? **—रवींद्रनाथ टैगोर**
- प्रत्येक जाति का, जिस तरह एक जाति-धर्म है, उसी प्रकार जाति-धर्म के अतीत एक श्रेष्ठ धर्म है, जो सर्वसाधारण मानव मात्र के लिए है। **—रवींद्रनाथ टैगोर**
- साधारण आदमी के साथ आदमी जैसा व्यवहार कर सकता है, उसके हजार तरीके हैं, पर आग की जात अलग है, वह एक पल में आँखों को बाँध लेती है, प्रलय को सुंदर बना देती है। **—रवींद्रनाथ टैगोर**

जाति-भेद

- एक प्रकार का जाति भेद ऐसा भी होता है, जो समाज का नहीं, रक्त का होता है। किसी तरह उस जाति को वहीं तोड़ा जा सकता, यह जो रक्तगत जाति का असामंजस्य है, उसकी मार स्त्री पर जैसे मार्मिक रूप में पड़ती है, वैसी पुरुष पर नहीं। **—रवींद्रनाथ टैगोर**
- जिस जाति-भेद से मनुष्य के प्रति मनुष्य में ऐसा अपमान और घृणा का भाव पैदा हो, उसे अधीन न कहा जाए तो क्या कहा जाए? **—रवींद्रनाथ टैगोर**

जिंदगी

- जिंदगी एक उबाऊ कहानी की तरह है, जिसे दो बार सुना गया हो, लेकिन एक ऊँघते हुए इनसान के कानों की सफाई कर देने के लिए यह बेहतरीन साधन है। **—बिल गेट्स**
- जिंदगी का हर पल कुछ-न-कुछ सिखाता है। **—बिल गेट्स**
- जिंदगी में खुश रहना है तो हँसने का बहाना तलाशें। **—बिल गेट्स**

जिम्मेदारी

- हालाँकि मुझे दूसरों को क्या करना चाहिए, के बारे में बात करने का कोई अधिकार नहीं है, मुझे लगता है कि मैं बहुत भाग्यशाली रहा हूँ और एक बहुत ही महत्त्वपूर्ण जिम्मेदारी जब तक हाथों में नहीं आती, तब तक उसे निभाने की योग्यता भी पैदा नहीं होती।

  —रवींद्रनाथ टैगोर

- मनुष्य को एक जोड़ा हाथ मिले हैं। इसी से वह मनुष्य है। अगर एक जोड़ा खुर भी मिला होता हो, इनके साथ ऐंठने लायक एक पूँछ भी अपने आप ही उठ आती। **—रवींद्रनाथ टैगोर**

- तरीके से समाज को वापस देने के लिए एक जिम्मेदारी महसूस की है।

  —बिल गेट्स

जीव

- जीव स्वर्ग से इस संसार में आया है, वह यहाँ सुख-दुःख के सबक सीखता है। **—रवींद्रनाथ टैगोर**

जीवन

- मनुष्य के जीवन की गति एक महान्दी सी है, वह अपने वेग से अकल्पनीय ढंग से ऐसी नई-नई दिशाओं में रास्ता बना लेती है, जिधर को पहले उसका प्रवाह नहीं था। **—रवींद्रनाथ टैगोर**

- कहानी जहाँ खत्म होती है, जीवन वहीं से शुरू होता है।

  —बिल गेट्स

- आप अपने जीवनकाल के लिए कुछ नहीं कर सकते हैं, लेकिन आप इसे मूल्यवान बनाने के लिए कुछ अवश्य ही कर सकते हैं। **—बिल गेट्स**

- अपने आदर्शों के साथ जीवन बिताओ। जब भी दुनिया को आभास होगा कि आप क्या हैं, आप नजरों में आएँगे और इन्हीं मूल्यों के कारण लोग आपकी ओर आकर्षित हो सकेंगे। **—बिल गेट्स**

• जीवन की गति संभवत: रहस्यपूर्ण है, उसमें आत्म-खंडन और पूर्वापर के असामंजस्य रहते हैं। **—रवींद्रनाथ टैगोर**

• जीवन-शक्ति का धर्म यह है कि वह अपना प्रयोग वहीं करती है, जहाँ जीवन का आभास मिले।

• जीवन को गतिशील रखने के लिए कुछ इच्छाएँ आवश्यक हैं। **—समुएल जोहंसन**

• जीने के लिए तो एक पल ही काफी है, बशर्ते आपने उसे किस तरह जिया। **—बिल गेट्स**

• जीवन एक नाटक है, यदि हम इसके कथानक को समझ लें तो सदैव प्रसन्न रह सकते हैं। **—बिल गेट्स**

• जीवन एक पाठशाला है, जिसमें अनुभवों के आधार पर हम शिक्षा प्राप्त करते हैं। **—बिल गेट्स**

• जीवन का हर क्षण उज्ज्वल भविष्य की संभावना लेकर आता है। **—बिल गेट्स**

• जीवन की त्रासदी इस बात में नहीं है कि आप अपने लक्ष्य तक नहीं पहुँचते हैं, त्रासदी तो इस बात की है कि आपके पास प्राप्त करने के लिए कोई लक्ष्य नहीं है। **—बिल गेट्स**

• जीवन-निर्वाह के लिए कमाने में इतने व्यस्त न हो जाएँ कि जीवन जीना भूल जाएँ। **—बिल गेट्स**

• जीवन में महत्त्वपूर्ण चीज विजय नहीं, संघर्ष है। मुख्य बात जीतना नहीं, बल्कि अच्छी तरह जूझना है। **—बिल गेट्स**

• जीवन में सफलता इतना अधिक प्रतिभा अथवा अवसर का विषय नहीं है, जितना वह लक्ष्य के प्रति प्रतिबद्धता और डटे रहने का है। **—बिल गेट्स**

• जीवन विकास का सिद्धांत है, स्थिर रहने का नहीं। **—बिल गेट्स**

• जिंदगी वैसी नहीं है, जैसी आप इसके लिए कामना करते हैं, यह तो वैसी बन जाती है, जैसा आप इसे बनाते हैं। —**एंथनी रयान**

• मेरी समझ में मनुष्य का व्यक्तिगत अस्तित्व एक नदी की तरह का होना चाहिए। नदी प्रारंभ में बहुत पतली होती है। पत्थरों, चट्टानों, झरनों को पार करके मैदान में आती है, एक क्रम से उसका विस्तार होता है, फिर भी बड़ी मंथर गति से बहती है और बिना क्रम भंग किए अंत में समुद्र में विलीन हो जाती है। समुद्र में अपने अस्तित्व को समाप्त करते समय वह किसी भी प्रकार की पीड़ा का अनुभव नहीं करती, जो वृद्ध पुरुष जीवन को इस रूप में देखता है, मृत्यु के भय से मुक्त रहता है।

—**बर्टेंड रसेल**

• जीवन की दुर्घटनाओं में अकसर बड़े महत्त्व के नैतिक पहलू छिपे हुए होते हैं।

—**बिल गेट्स**

• जीवन के आरंभ में ही कुछ असफलताएँ मिल जाने का बहुत अधिक व्यावहारिक महत्त्व है। —**बिल गेट्स**

• जीवन के प्रति आपका रुख निश्चित करता है, जीवन का आपके प्रति रुख।

—**बिल गेट्स**

• यह जीवन न दीर्घता के हिसाब से बड़ा है, न गुण के हिसाब से, तो भी इसका एक विशेष मूल्य है, यह उस फूल के समान है, जिसके वक्ष पर भ्रमर आ बैठा हो और उसी पटाक्षेप के इतिहास ने उसके जीवन के फल में गुठली का सा रूप धारण कर लिया है। —**रवींद्रनाथ टैगोर**

• सृष्टिकर्ता आग में तपाकर हथौड़ी से ठोंककर जीवन की प्रतिमा तैयार करते हैं। —**रवींद्रनाथ टैगोर**

• जीवन की कहानी सुख-दुःख के बीच से विलंबित गति से आगे बढ़ती चलती है। अंतिम अध्याय में अचानक टक्कर होती है, तब सबकुछ नष्ट-भ्रष्ट

होकर स्तब्ध हो जाता है। विधाता अपनी कहानी को बड़े धीरे-धीरे ही गढ़ते हैं, मगर तोड़ते एक ही चोट में हैं। **—रवींद्रनाथ टैगोर**

- जीवन छोटा ही क्यों न हो, समय की बरबादी से वह और भी छोटा हो जाता है। **—बिल गेट्स**
- जीवन न्याययुक्त नहीं है, इसकी आदत डाल लीजिए। **—बिल गेट्स**
- जीवन छोटा है, पर सुंदर है। **—बिल गेट्स**
- जीवन दिन काटने के लिए नहीं, कुछ महान् कार्य करने के लिए है। **—बिल गेट्स**
- जैसे नदी बह जाती है और लौटकर नहीं आती, उसी तरह रात-दिन मनुष्य की आयु लेकर चले जाते हैं, फिर नहीं आते। **—महाभारत**
- बीस वर्ष की आयु में व्यक्ति का जो चेहरा रहता है, वह प्रकृति की देन है, तीस वर्ष की आयु का चेहरा जिंदगी के उतार-चढ़ाव की देन है; लेकिन पचास वर्ष की आयु का चेहरा व्यक्ति की अपनी कमाई है। **—अष्टावक्र**
- जीवन को रोकर बहा देने से अच्छा है, हँसकर उड़ा देना। **—रवींद्रनाथ टैगोर**
- जीवन कोई पानी की सतह पर तैरता केले का खंभा नहीं है कि जहाँ-तहाँ ठोकर खाता, अटकता चले। **—रवींद्रनाथ टैगोर**
- आदर्श के साँचे में जब भी जीवन को फिट करना चाहता हूँ, जीवन उसे तोड़कर निकल जाता है। **—रवींद्रनाथ टैगोर**
- यह जीवन तो एक जाल की तरह है, पर उसमें बीच-बीच में सुराख रह गया है। **—रवींद्रनाथ टैगोर**
- जोर लगाकर बंधन तोड़ने की कोशिश में देह लहूलुहान हो जाती है। **—रवींद्रनाथ टैगोर**

• जीवन किसी चारदीवारी या दल की सीमा में बँधा नहीं है।

—रवींद्रनाथ टैगोर

• दिखावा, आक्रामकता सिर्फ एक मुखौटा है, जिसके पीछे मनुष्य अपनी कमजोरियों को, अपने से और संसार से छिपाकर चलता है। असली और स्थायी शक्ति सहनशीलता में है। त्वरित और कठोर प्रतिक्रिया सिर्फ कमजोर लोग करते हैं और इसमें वे अपनी मनुष्यता को खो देते हैं।

—फ्रांत्स काफ्का

• जीवन भर ज्ञानार्जन के बाद में केवल इतना ही जान पाया हूँ कि मैं कुछ भी नहीं जान पाया हूँ। **—सुकरात**

• लंबी जिंदगी सब चाहते हैं, बूढ़ा होना कोई नहीं चाहता।

• किसी भी व्यक्ति के पास स्वयं को अभिव्यक्त करने का केवल एक ही माध्यम होता है, उसका जीवन। **—एमरे कर्तेश**

• आदर्श, अनुशासन, मर्यादा, परिश्रम, ईमानदारी तथा उच्च मानवीय मूल्यों के बिना किसी का जीवन महान् नहीं बन सकता है। **—स्वामी विवेकानंद**

• हम जीवन से वही सीखते हैं, जो उससे वास्तव में सीखना चाहते हैं।

—जैक्सन ब्राउन

• आत्मज्ञान, आत्मसम्मान, आत्मसंयम, ये तीनों ही जीवन को परम संपन्न बनाते हैं। **—टेनीसन**

• साझा की गई खुशी दुगनी होती है, साझा किया गया दु:ख आधा होता है।

—स्वीडन की कहावत

• जिंदगी जीने के दो तरीके होते हैं—पहला, जो पसंद है, उसे हासिल करना सीख लो। दूसरा, जो हासिल है, उसे पसंद करना सीख लो।

• जिंदगी की जड़ें, जब स्पष्ट जीवन-मूल्यों, उद्देश्य और समर्पण में होती हैं, वे दृढ़ और अडिग होती हैं।

- जब से मैंने जाना कि जीवन क्षणभंगुर है, मैं करुणा में डूब गया।

—जेरेक्स

- मरते तो सभी हैं, लेकिन महत्त्वपूर्ण यह है कि आपने अपनी जिंदगी किस प्रकार गुजारी है। **—अज्ञात**

- जीवन में आनंद को कर्तव्य बनाने की अपेक्षा कर्तव्य को आनंद बनाना अधिक महत्त्वपूर्ण है। **—अज्ञात**

- जीवन में कभी समझौता करना पड़े तो कोई बड़ी बात नहीं है, क्योंकि झुकता वही है, जिसमें जान होती है, अकड़ तो मुरदे की पहचान होती है।

—अज्ञात

- जीवन का सबसे बड़ा उपयोग इसे किसी ऐसी चीज में लगाने में है, जो इसके बाद भी रहे। **—विलियम जेम्स**

- जीवन एक आग है, जो खुद को भी झुलसा देती है, लेकिन जब एक शिशु जन्म लेता है, यह आग फिर भड़क उठती है। **—जॉर्ज बर्नार्ड शॉ**

- किसी चीज की कीमत यह है कि आप उसके बदले में अपनी कितनी जिंदगी लगा देते हैं। **—हेनरी डेविड थोर**

- जिंदगी लोगों से प्रेम करने, उनकी सेवा करने, उन्हें सशक्त बनाने और उन्हें प्रोत्साहित करने का नाम है।

- सार्थक जीवन में समस्याएँ हो सकती हैं, परंतु उसमें कोई पश्चात्ताप नहीं होना चाहिए।

- जीवन छोटा है, पर सुंदर है। **—सोफोक्लेस**

- जिंदगी एक उबाऊ कहानी की तरह है, जिसे दो बार सुना गया हो, लेकिन एक ऊँघते हुए इनसान के कानों की सफाई कर देने के लिए यह बेहतरीन साधन है। **—विलियम शेक्सपियर**

- जीवन विकास का सिद्धांत है, स्थिर रहने का नहीं।

—जवाहरलाल नेहरू

- जिंदगी में खुश रहना है तो हँसने का बहाना तलाशें। —**अज्ञात**
- जिंदगी का हर पल कुछ-न-कुछ सिखाता है। —**अज्ञात**
- जीवन एक नाटक है, यदि हम इसके कथानक को समझ लें तो सदैव प्रसन्न रह सकते हैं। —**अज्ञात**
- जीने के लिए तो एक पल ही काफी है, बशर्ते आपने उसे किस तरह जिया। —**अज्ञात**
- जिस जीवन की समीक्षा व परख न की गई हो, वह जीने योग्य ही नहीं है। —**अज्ञात**
- जिसने जीवन में संघर्ष नहीं किया, उसका जीवन व्यर्थ है। —**अज्ञात**
- जीवन का एक क्षण करोड़ स्वर्ण मुद्राएँ देने पर भी नहीं मिलता। —**चाणक्य**
- मूर्ति के समान मनुष्य का जीवन सभी ओर से सुंदर होना चाहिए। —**सुकरात**
- यदि तुम्हारे पास दो पैसे हों तो एक से रोटी और दूसरे से फूल लो, रोटी तुम्हें जीवन देगी और फूल तुम्हें जीवन जीने की कला सिखाएगा। —**चीनी कहावत**
- जियो और जीने दो। —**स्काच कहावत**
- जो अच्छी तरह जीता है, वह दो बार जीता है। —**लैटिन कहावत**
- मैं ही आग हूँ, मैं ही कूड़ा-करकट। अगर मेरी आग कूड़ा-करकट जलाकर भस्म कर दे तो मैं अच्छा जीवन पाऊँगा। —**खलील जिब्रान**
- अपना जीवन लेने के लिए नहीं, देने के लिए है। —**स्वामी विवेकानंद**

- जीवन किसी को स्थायी संपत्ति के रूप में नहीं मिला है, वह तो केवल प्रयोग के लिए है। **—लुकीटस**

- मनुष्य जीवन अनुभव का शास्त्र है। **—विनोबा**

- जीवन एक फूल है और प्रेम उसका मधु। **—ह्यूगो**

जीवन का सत्य

- जीवन के सत्य का देर से ही आविष्कार किया है, किंतु इसीलिए उसे अस्वीकार तो नहीं कर सकते। **—रवींद्रनाथ टैगोर**

जीवन-नाट्य

- संसार में अधिकांश बड़े-बड़े जीवन-नाट्य परदे के पीछे ही जमा होते रहते हैं, पंचमांक के अंत में वह परदा अचानक ही उठ जाता है। **—रवींद्रनाथ टैगोर**

जीवन-प्रवाह

- जीवन-प्रवाह की जो गंभीरतम तलहटी बहुत दिनों की गति बन गई है, वह इच्छा की आँधी कहीं तो तोड़ती है, पर कहीं जाकर ठिठक जाती है। **—रवींद्रनाथ टैगोर**

जीवन-मरण

- जीवन बसंत के पुष्पों की तरह सुंदर हो और मृत्यु पतझर में पत्तों जैसी। **—रवींद्रनाथ टैगोर**

- मृत्यु में अनेक एक हो जाता है और जीवन में एक अनेक हो जाता है। **—रवींद्रनाथ टैगोर**

- मृत्यु की मोहर जीवन के सिक्के को मूल्य प्रदान करती है, जिससे जीवन के द्वारा वस्तुतः बहुमूल्य वस्तु का क्रय संभव हो जाता है। **—रवींद्रनाथ टैगोर**

जीवात्मा-परमात्मा

- है दूर से दूर और समीप से समीप! जहाँ तुम निकट हो, वहाँ तुम मेरे हो और जहाँ तुम सुदूर हो, वहाँ मैं तुम्हारा हूँ। **—रवींद्रनाथ टैगोर**

जीवित और मृत

- जिसका रोग अच्छा होने की कोई संभावना नहीं है, उसका मरना ही भला है; क्योंकि जीवित रहने से स्वयं भी सुख नहीं मिलता और दूसरों को भी दु:ख होता है। **—रवींद्रनाथ टैगोर**

जीविका

- व्यवसाय समय का यंत्र है। **—नेपोलियन**
- व्यस्त मनुष्य को आँसू बहाने का अवकाश नहीं। **—बायरन**
- वह जीविका श्रेष्ठ है, जिसमें अपने धर्म की नहीं, जिससे कुटुंब का पालन हो। **—शुक्रनीति**

जोखिम

- यदि आपके जीवन में असफलताएँ नहीं हैं, तो आप पर्याप्त जोखिम नहीं उठा रहे हैं। **—बिल गेट्स**
- यह संकल्प कर लें कि यह जोखिम लेने योग्य है, तो आपको तत्काल कर्म करने का साहस जुटा लेना चाहिए। **—बिल गेट्स**
- जोखिम उठाइए! पूरी जिंदगी एक जोखिम है। सबसे आगे निकलनेवाला व्यक्ति सामान्यतया वह होता है, जो कर्म और दुस्साहस के लिए इच्छुक रहता है। **—बिल गेट्स**
- जोखिम उठाएँ, यदि आप जीत जाते हैं तो आप प्रसन्न होंगे, यदि आप हार जाते हैं, तो आप समझदार बन जाएँगे। **—बिल गेट्स**

ज्वार-भाटा

- सहसा किसी पूर्णिमा को जीवन में जब ज्वार आता है, तब दोनों किनारे प्लावित कर मनुष्य सोचता है, मेरी कहीं सीमा नहीं। उस समय जो एक

विराट् प्रतिज्ञा कर बैठता है, जीवन के सुदीर्घ भाटे के समय, उस प्रतिज्ञा की रक्षा के लिए उसके संपूर्ण प्राणों में खिंचाव पड़ता है। —**रवींद्रनाथ टैगोर**

- जिस चाँद के आकर्षण से ज्वार आता है, उसी के आकर्षण से भाटा भी आता है। —**रवींद्रनाथ टैगोर**

झगड़ा

- लोग फल के बजाय छिलके पर अधिक झगड़ते हैं। —**अज्ञात**
- झगड़े में शामिल दोनों पक्ष गलत होते हैं। —**अज्ञात**

झूठ

- थोड़ा सा झूठ भी मनुष्य का नाश कर सकता है। —**महात्मा गांधी**
- झूठ की सजा यह नहीं कि उसका विश्वास नहीं किया जाता, बल्कि वह किसी का विश्वास नहीं कर सकता। —**शेक्सपियर**
- एक झूठ को झूठ के रूप में पहचान गया हूँ, इसीलिए जीवन के सभी सच आज उजाड़ हो गए हैं। —**रवींद्रनाथ टैगोर**
- जहाँ झूठ सच के समान हो, वहाँ झूठ ही सच हो जाता है। —**रवींद्रनाथ टैगोर**
- स्पष्ट शब्दों में बोले गए झूठ से कही बुरा है। —**रस्किन**
- एक झूठ को छिपाने के लिए अनेक झूठ बोलने पड़ते हैं। —**कहावत**
- यदि झूठ बोलने से किसी की जान बचती है तो वह झूठ पाप नहीं, पुण्य है। —**प्रेमचंद**

टीस

- संबंध का बंधन जब प्रकट हो जाता है, तब उसकी टीस बहुत लोगों के भीतर होने लगती है, बहुत जगह से तनाव-खिंचाव पड़ने लगता है, भला किसको दोष देंगे? —**रवींद्रनाथ टैगोर**

ठगी

- दुनिया के साढ़े-पंद्रह आना लोग आदमी को झूठ द्वारा ठगते हैं।

—रवींद्रनाथ टैगोर

ठोकर

- ठोकर लगे और दर्द हो, तभी मैं सीख पाता हूँ। **—महात्मा गांधी**
- दूसरों के अनुभव से होशियारी सीखने की मनुष्य को इच्छा नहीं होती, उसको स्वतंत्र ठोकर चाहिए। **—विनोबा**
- ठोकरें केवल धूल ही उड़ाती हैं, फसलें नहीं उगातीं।

—रवींद्रनाथ टैगोर

डर

- अपने मन में डर हो, तभी इस अगर-मगर और किंतु-परंतु का बल और बढ़ जाता है। **—रवींद्रनाथ टैगोर**
- अज्ञानी के लिए झूठ ही सच होता है। अगर वह इस मिथ्या से हट जाए तो वह सत्य से हट जाने जैसा ही होगा। **—रवींद्रनाथ टैगोर**
- कल्पना मूर्ति से डरने का कोई कारण नहीं है, केवल वास्तविक चीजों से ही डरने का कारण हो सकता है। **—रवींद्रनाथ टैगोर**
- देश की हवा में जैसे मलेरिया होता है, वैसे ही डर भी होता है, उससे ऊपर नहीं उठा जा सकता। **—रवींद्रनाथ टैगोर**

डरावना अनुभव

- जो चिर-परिचित है, वह जब एक पल में अपरिचित हो जाता है तो वह एक डरावना अनुभव बन जाता है। **—रवींद्रनाथ टैगोर**

डॉक्टरी

- डॉक्टरी विद्या सिर्फ पुस्तकों की ही नहीं होती, किसी-किसी में उसका दुर्लभ दैव संस्कार होता है। **—रवींद्रनाथ टैगोर**

डायरी

- डायरी एक बनावटी जीवन है, लेकिन जब हम उसे लिखते हैं, तब वह हमारे प्राकृतिक जीवन पर अपना आधिपत्य जमा लेती है। **—रवींद्रनाथ टैगोर**

डायरी लेखन

- डायरी लिखने से जीवन-गठन का बोझ दो मनुष्यों पर डाल देना पड़ता है। बहुत अंशों में डायरी के अनुसार जीवन होता है और कितने ही अंशों में तो डायरी जीवन के अनुसार। **—रवींद्रनाथ टैगोर**

ढोंग

- धर्म के नाम पर जो लोग ढोंग करते हैं, ऐसे धर्मव्यय साथियों के समान संकीर्ण चित्त और विश्व निंदक संसार में और कोई नहीं है।

  —रवींद्रनाथ टैगोर

तत्त्व

- तत्त्व पर बिगड़ना फिजूल है, वह अच्छा भी नहीं होता, बुरा भी नहीं होता, जो होता है, सो होता है, उसके विरुद्ध जाओ तो होने के ही विरुद्ध जाओगे।

  —रवींद्रनाथ टैगोर

तपस्या

- नवयौवन के नवजाग्रत् प्रेम में एक-एकांत तपस्या होती है।

  —रवींद्रनाथ टैगोर

- तपस्या की सिद्धि आसान नहीं होती, उसका रास्ता बहुत लंबा है, उसकी गति बड़ी धीमी है। **—रवींद्रनाथ टैगोर**

- तपस्या आनंद का ही एक अंग है। **—रवींद्रनाथ टैगोर**

तर्क

- जो तर्क नहीं सुने, वह कट्टर है, जो तर्क न कर सके, वह मूर्ख है और जो तर्क करने का प्रयत्न न करे, वह गुलाम है।

  —ड्रमंड

• तर्क केवल बुद्धि का विषय है, हृदय की सिद्धि तक बुद्धि नहीं पहुँच सकती। जिसे बुद्धि माने, मगर हृदय न माने, वह तजने योग्य है।

—महात्मा गांधी

तलवार

• निपुण शस्त्रकार ऐसी तेज तलवार का निर्माण कर सकता है कि उससे आदमी के दो टुकड़े करने पर भी उसे पता न चले, अंत में हिलाने पर ही आधे-आधे भाग अलग हो जाते हैं। विधाता की तलवार ऐसी ही है।

—रवींद्रनाथ टैगोर

ताकत

• जिसके पास ताकत है, अगर सेंध भी लगा रहा हो तो बहादुरी दिखाकर उसे पकड़वाए जाने पर वह झेंपकर सिर नहीं झुकाता, बल्कि उल्टे चिमटा उठाकर परम साधु की भाँति हुँकार कर मारने आता है। **—रवींद्रनाथ टैगोर**

तुच्छ

• इस संसार में जो सबसे अधिक तुच्छ है, वही सबसे अधिक कठिन क्यों है?

—रवींद्रनाथ टैगोर

• आदमी किसी चीज को अपनी जिंदगी का चरम लक्ष्य मानकर उसको हासिल करने के लिए लगातार कठिन परिश्रम करता है और आखिर में सफल हो, उन चीजों को हाथ में लेकर देखता है तो उसे तुच्छ मायाजाल पाता है।

—रवींद्रनाथ टैगोर

तीन बातें

• तीन बातें कभी न भूलें—प्रतिज्ञा करके, कर्ज लेकर और विश्वास देकर।

—महावीर

• तीन बातें करो—उत्तम के साथ संगीत, विद्वान् के साथ वार्त्तालाप और सहृदय के साथ मैत्री। **—विनोबा**

• तीन अनमोल वचन—धन गया तो कुछ नहीं गया, स्वास्थ्य गया तो कुछ गया और चरित्र गया तो सब गया। **—अंग्रेजी कहावत**

• तीन से घृणा न करो—रोगी से, दुःखी से और निम्न जाति से।

—मुहम्मद साहब

• तीन के आँसू पवित्र होते हैं—प्रेम के, करुणा के और सहानुभूति के।

—बुद्ध

• तीन बातें सुखी जीवन के लिए—अतीत की चिंता मत करो, भविष्य का विश्वास न करो और वर्तमान को व्यर्थ मत जाने दो।

• तीन चीजें किसी का इंतजार नहीं करतीं—समय, मौत, ग्राहक।

• तीन चीजें जीवन में एक बार मिलती हैं—माँ, बाप और जवानी।

• तीन चीजें परदे योग्य हैं—धन, स्त्री और भोजन।

• तीन चीजों से सदा सावधान रहिए—बुरी संगत, परस्त्री और निंदा।

• तीन चीजों में मन लगाने से उन्नति होती है—ईश्वर, परिश्रम और विद्या।

• तीन चीजों को कभी छोटी न समझें—बीमारी, कर्जा, शत्रु।

• तीनों चीजों को हमेशा वश में रखो—मन, काम और लोभ।

• तीन चीजें निकलने पर वापस नहीं आतीं—तीर कमान से, बात जुबान से और प्राण शरीर से।

• तीन चीजें कमजोर बना देती है—बदचलनी, क्रोध और लालच।

• तीन चीजें असल उद्देश्य से रोकती हैं—बदचलनी, क्रोध और लालच।

• तीन चीजें कोई चुरा नहीं सकता—अकल, चरित्र, हुनर।

• तीन व्यक्ति वक्त पर पहचाने जाते हैं—स्त्री, भाई, दोस्त।

• तीनों व्यक्ति का सम्मान करो—माता, पिता और गुरु।

• तीनों व्यक्ति पर सदा दया करो—बालक, भूखे और पागल।

- तीन चीजें कभी नहीं भूलनी चाहिए—कर्ज, मर्ज और फर्ज।
- तीन बातें कभी मत भूलें—उपकार, उपदेश और उदारता।
- तीन चीजें याद रखना जरूरी हैं—सच्चाई, कर्तव्य और मृत्यु।
- तीन बातें चरित्र को गिरा देती हैं—चोरी, निंदा और झूठ।
- तीन चीजें हमेशा दिल में रखनी चाहिए—नम्रता, दया और माफी।
- तीन चीजों पर कब्जा करो—जबान, आदत और गुस्सा।
- तीन चीजों से दूर भागो—आलस्य, खुशामद और बकवास।
- तीन चीजों के लिए मर मिटो—धैर्य, देश और मित्र।
- तीन चीजें इनसान की अपनी होती हैं—रूप, भाग्य और स्वभाव।
- तीन चीजों पर अभिमान मत करो—ताकत, सुंदरता, यौवन।
- तीन चीजें अगर चली गईं तो कभी वापस नहीं आतीं—समय, शब्द और अवसर।
- तीन चीजें इनसान कभी नहीं खो सकता—शांति, आशा और ईमानदारी।
- तीन चीजें, जो सबसे अमूल्य हैं—प्यार, आत्मविश्वास और सच्चा मित्र।
- तीन चीजें, जो कभी निश्चित नहीं होतीं—सपने, सफलता और भाग्य।
- तीन चीजें, जो जीवन को सँवारती है—कड़ी मेहनत, निष्ठा और त्याग।
- तीन चीजें किसी भी इनसान को बरबाद कर सकती हैं—शराब, घमंड और क्रोध।
- तीन चीजों से बचने की कोशिश करनी चाहिए—बुरी संगत, स्वार्थ और निंदा।
- कोई भी कार्य करने से पहले सोचो, समझो, फिर करो। **—अज्ञात**

त्याग

- संसार में रहकर भी तो संसार को त्यागा जा सकता है।

—रवींद्रनाथ टैगोर

- जो हमारे हाथ में आता है, उसे हम पूरी तरह से प्राप्त नहीं करते। जब त्याग द्वारा उसे पाते हैं, यथार्थ में वह हमारे हृदय का धन बन जाता है।

—रवींद्रनाथ टैगोर

- त्याग के द्वारा, दान, तपस्या दुःख के द्वारा ही गंभीर अवबोधन संभव है सुख या आराम के द्वारा नहीं। **—रवींद्रनाथ टैगोर**
- जन्म का आधार वेदना है, त्याग के मार्ग से ही लक्ष्य तक पहुँचा जा सकता है। **—रवींद्रनाथ टैगोर**
- प्राणी कर्म का त्याग नहीं कर सकता, कर्मफल का त्याग ही त्याग है।

—भगवान् कृष्ण

- प्राणों का मोह त्याग करना वीरता का रहस्य है। **—जयशंकर प्रसाद**
- महान् त्याग से ही महान् कार्य संभव है। **—स्वामी विवेकानंद**
- यश त्याग से मिलता है, धोखाधड़ी से नहीं। **—प्रेमचंद**
- अच्छे व्यवहार छोटे-छोटे त्याग से बनते हैं। **—एमर्सन**
- त्याग से पाप का मूलधन चुकता है और दान से ब्याज। **—विनोबा**
- पर-स्त्री, पर-धन, पर-निंदा, परिहास और बड़ों के सामने चंचलता का त्याग करना चाहिए। **—संस्कृत सूक्ति**
- त्याग यह नहीं कि मोटे और खुरदरे वस्त्र पहन लिये जाएँ और सूखी रोटी खाई जाए, त्याग तो यह है कि अपनी इच्छा, अभिलाषा और तृष्णा को जीता जाए।

—सुफियान सौरी

त्रुटियाँ

- दोष और त्रुटियाँ तो उन बड़े-बड़े वीर पुरुषों में भी रही हैं, जो अपने माहात्म्य से उन्नत मस्तक हैं। उन त्रुटियों को आत्मसात् करके ही वे बड़े हुए हैं।

—रवींद्रनाथ टैगोर

दंड

- दंड अन्यायी के लिए न्याय है। **—अगस्तियन**
- अपराधी को दंड से नहीं रोका जा सकता। **—रस्किन**
- अपराधी के दंड में उपयोगिता होनी चाहिए। **—वाल्टेयर**

दया

- दया धर्म का मूल है, पाप मूल अभिमान।
  तुलसी दया न छोड़िए, जब लग घट में प्राण॥ **—तुलसीदास**
- जिसमें दया नहीं, उसमें कोई सद्गुण नहीं। **—हजरत मोहम्मद**
- दया और सत्यता परस्पर मिलते हैं, धर्म और शांति एक-दूसरे का साथ देते हैं। **—बाइबिल**
- हम सभी ईश्वर से दया की प्रार्थना करते हैं और वही प्रार्थना हमें दूसरों पर दया करना सिखाती है। **—शेक्सपियर**
- जो निर्बलों पर दया नहीं करता, उसे बलवानों के अत्याचार सहने पड़ेंगे। **—शेख सादी**
- दया चरित्र को सुंदर बनाती है। **—जेम्स एलन**
- आत्मा के आनंदरूपी सामंजस्य का बाहरी रूप दया है। **—विलियम हैजलित**
- सब पर दया करनी चाहिए, क्योंकि ऐसा कोई नहीं है, जिसने कभी अपराध नहीं किया हो। **—रामायण**
- कितने देव, कितने धर्म, कितने पंथ चल पड़े, पर इस शोकग्रस्त संसार को केवल दयावानों की आवश्यकता है। **—विलकास्य**
- हम सभी ईश्वर से दया की प्रार्थना करते हैं और वही प्रार्थना हमें दया करना भी सिखाती है। **—शेक्सपियर**

• दयालु चेहरा सदैव सुंदर होता है। **—बेली**

• प्रेम के बाद सहानुभूति मानव हृदय की पवित्रतम भावना है। **—बर्क**

• जो सचमुच दयालु है, वही सचमुच बुद्धिमान है और जो दूसरों से प्रेम नहीं करता, उस पर ईश्वर की कृपा नहीं होती। **—होम**

• दया के छोटे-छोटे से कार्य, प्रेम के जरा-जरा से शब्द हमारी पृथ्वी को स्वर्गोपम बना देते हैं।

—जूलिया कार्नी

• न्याय करना ईश्वर का काम है, आदमी का काम तो दया करना है।

—फ्रांसिस

• दयालुता हमें ईश्वर तुल्य बनाती है। **—क्लाडियन**

• दया मनुष्य का स्वाभाविक गुण है। **—प्रेमचंद**

• दया सबसे बड़ा धर्म है। **—महाभारत**

• दया दो-तरफा कृपा है। इसकी कृपा दाता पर भी होती है और पात्र पर भी।

—शेक्सपियर

• दयालुता दयालुता को जन्म देती है।

—सोफोक्लीज

• परोपकारियों का मार्ग न समुद्र रोक सकता है और न पर्वत। **—अज्ञात**

• कितने देव, कितने धर्म, कितने पंथ चल पड़े, पर इस शोकग्रस्त संसार को केवल दयावानों की आवश्यकता है।

—विलकास्य

• हम सभी ईश्वर से दया की प्रार्थना करते हैं और वही प्रार्थना हमें दूसरों पर दया करना सिखाती है। **—शेक्सपियर**

• जहाँ तुम्हारा अपना थोड़ा भी लगाव हो, वहीं पर तुम्हारी सारी दया उमड़ती है। **—रवींद्रनाथ टैगोर**

- दया वृत्ति ही अच्छे-बुरे की ठीक-ठीक पहचान करने पर क्षमता को भी तो विकृत कर देती है। **—रवींद्रनाथ टैगोर**
- दया करने की झोंक में आकर हम सत्य को निर्विकार भाव से देखने की शक्ति खो बैठते हैं। **—रवींद्रनाथ टैगोर**
- सब पर दया करनी चाहिए, क्योंकि ऐसा कोई नहीं है, जिसने कभी अपराध नहीं किया हो। **—रामायण दया**
- स्त्री पर स्त्री को दया नहीं आती। **—रवींद्रनाथ टैगोर**
- हम जिसे दया कहते हैं, वह दरअसल अपने ऊपर ही दया होती है। हम दूसरों को सिर्फ इसलिए चोट नहीं पहुँचाते कि कहीं बाद में खुद को कष्ट न हो। **—रवींद्रनाथ टैगोर**

दरिद्र

- दरिद्र की आकांक्षा भी दरिद्र ही होती है। **—रवींद्रनाथ टैगोर**
- लोग जब दरिद्र हो जाते हैं, तब बाहर की ओर गौरव ढूँढ़ते फिरते हैं। **—रवींद्रनाथ टैगोर**

दरिद्रता

- त्याग का दारिद्र्य भूषण है, अभाव का दारिद्र्य भूषण नहीं। **—रवींद्रनाथ टैगोर**
- दया और सत्यता परस्पर मिलते हैं, धर्म और शांति एक-दूसरे का साथ देते हैं। **—बाइबिल**

दर्शन

- दर्शन का उद्देश्य जीवन की व्याख्या करना नहीं, उसे बदलना है। **—सर्वपल्ली राधाकृष्णन**
- जब जिंदगी को अपने दिल के गीत सुनाने का मौका नहीं मिलता, तब वह अपने मन के विचार सुनाने के लिए दार्शनिक पैदा कर देती है। **—खलील जिब्रान**

• दार्शनिक होने का अर्थ केवल सूक्ष्म विचारक होना या केवल किसी दर्शन प्रणाली को चला देना नहीं है, बल्कि यह है कि हम ज्ञान के ऐसे प्रेमी बन जाएँ कि उसके इशारों पर चलते हुए विश्वास, सादगी, स्वतंत्रता और उदारता का जीवन व्यतीत करने लगें। **—थोरो**

दान

• सैकड़ों हाथों से इकट्ठा करो और हजारों हाथों से बाँटो। **—अथर्ववेद**

• दान से वस्तु घटती नहीं, बल्कि बढ़ती है। **—अज्ञात**

• जो दान अपनी कीर्ति–गाथा गाने को उतावला हो उठता है, वह अहंकार एवं आडंबर मात्र रह जाता है। **—हुट्टन**

• जब घर में धन और नाव में पानी आने लगे, तो उसे दोनों हाथों से निकालें ऐसा करने में बुद्धिमानी है। **—अज्ञात**

• हमें धन की अधिकता सुखी नहीं बनाती। **—संत कबीर**

• सज्जनों की रीति यह है कि कोई अगर उनसे कुछ माँगे तो वे मुख से कुछ न कहकर, काम पूरा करके ही उत्तर देते हैं।

—कालिदास

• जो जल बाढ़े नाव में, घर में बाढ़े दाम।
दोउ हाथ उलीचिए, यहि सज्जन का काम॥ **—कबीर**

• तुम्हारा बायाँ हाथ जो देता है, उसे दायाँ हाथ न जानने पाए।

—बाइबिल

• सबसे उत्तम दान यह है कि आदमी को इतना योग्य बना दो कि वह बिना दान के काम चला सके। **—तालमुद**

दिमाग

• दिमाग जब बड़े–बड़े विचार सोचने के अनुरूप बड़ा हो जाता है, तो पुनः अपने मूल आकार में नहीं लौटता। **—बिल गेट्स**

- दिमाग पैराशूट के समान है, वह तभी कार्य करता है, जब खुला हो।

—**बिल गेट्स**

- मुझे यकीन है कि हर व्यक्ति प्रतिभा के साथ पैदा होता है।

—**बिल गेट्स**

दिल

- एक टूटा हुआ दिल, टूटे हुए शीशे के समान होता है, इसको टूटा हुआ छोड़ देना ज्यादा बेहतर होता, क्योंकि दोनों को जोड़ने में खुद को ज्यादा दुःख पहुँचता है। —**अज्ञात**
- चेहरा हृदय का प्रतिबिंब है। —**कहावत**
- सुंदर हृदय का मूल्य सोने से भी बढ़कर है। —**शेक्सपियर**
- भरे दिल में सबके लिए जगह होती है, पर खाली दिल में किसी के लिए नहीं। —**अज्ञात**

दुःख

- दुःख की उपेक्षा करो, वह कम हो जाएगा। —**सद्‌गुरु श्रीब्रह्मचैतन्य**
- अन्याय सहनेवाले से ज्यादा दुःखी अन्याय करनेवाला होता है। —**प्लेटो**
- किसी दुःखी व्यक्ति के लिए थोड़ी सहायता ढेरों उपदेशों से कहीं ज्यादा अच्छी है। —**बुलवर**
- संसार के दुखियों में पहला दुःखी निर्धन है। उससे दुःखी वह है, जिसे किसी का ऋण चुकाना हो। इन दोनों से अधिक दुःखी वह है, जो सदा रोगी रहता हो और सबसे दुःखी वह है, जिसकी पत्नी दुष्टा हो।

—**विदुर नीति**

- विचित्र बात है कि सुख की अभिलाषा मेरे दुःख का एक अंश है।

—**खलील जिब्रान**

- एक बात, जो मैं दिन की तरह स्पष्ट देखता हूँ, यह है कि दुःख का कारण अज्ञान है और कुछ नहीं। —**स्वामी विवेकानंद**

• पाप का संचय ही दु:खों का मूल है। —**महात्मा बुद्ध**

दुनिया

• दुनिया को बदल डालो या घर पर बैठो। दुनिया को और बेहतर बनाने के लिए काम करो। भले ही वह एक वर्जन, प्लेटफॉर्म, सिस्टम, आइडिया, रीजन या इनोवेशन हो, इसे करना ही चाहिए। —**बिल गेट्स**

दुर्बलता

• स्वयं को भेड़ बना लोगे तो भेड़िए आकर तुम्हें खा जाएँगे।

—**जर्मन कहावत**

• मन की दुर्बलता से भयंकर और कोई पाप नहीं।

—**स्वामी विवेकानंद**

• दुर्बल को न सताइए, जाकी मोटी हाय। मुई खाल की साँस सों, सार भसम हो जाय॥ —**कबीर**

दुर्भावना

• दुर्भावना को मैं मनुष्य का कलंक समझता हूँ। —**महात्मा गांधी**

• दुर्भावना अपने विष का आधा भाग स्वयं पीती है। —**सैनेका**

• आदमी की दुर्भावना उसके दुश्मन की बजाय, उसे ही अधिक दु:ख देती है। —**चार्ल बक्सटन**

दुर्वचन

• दुर्वचन पशुओं तक को अप्रिय होते हैं। —**महात्मा बुद्ध**

• दुर्वचन कहनेवाला तिरस्कृत नहीं करता, बल्कि दुर्वचन के प्रति हृदय में उठी हुई भावना तिरस्कार करती है, इसीलिए जब कोई तुम्हें उत्तेजित करता है तो यह तुम्हारे अंदर की भावना ही है, जो तुम्हें उत्तेजित करती है।

—**एपिक्टेतस**

• दुर्वचन का सामना हमें सहनशीलता से करना चाहिए।

—महात्मा गांधी

दुश्मन

• अपने दुश्मनों को माफ कर दें, लेकिन उनके नाम कभी न भूले।

—जॉन एफ. कैनेडी

• अहिंसा अच्छी चीज है, लेकिन शत्रुहीन होना अच्छी बात है।

—विमल मित्र

• दुश्मन का लोहा गरम भले ही हो, पर हथौड़ा तो ठंडा ही काम दे सकता है।

—सरदार पटेल

• अपने विरोधियों से मित्रता कर लेना क्या विरोधियों को नष्ट करने के समान नहीं है ?

—अब्राहम लिंकन

देवनागरी

• हिंदुस्तान की एकता के लिए हिंदी भाषा जितना काम देगी, उससे बहुत अधिक काम देवनागरी लिपि दे सकती है।

—आचार्य विनोबा भावे

• देवनागरी किसी भी लिपि की तुलना में अधिक वैज्ञानिक एवं व्यवस्थित लिपि है।

—सर विलियम जोंस

• मानव मस्तिष्क से निकली हुई वर्णमालाओं में नागरी सबसे अधिक पूर्ण वर्णमाला है।

—जॉन क्राइस्ट

• उर्दू लिखने के लिए देवनागरी अपनाने से उर्दू उत्कर्ष को प्राप्त होगी।

—खुशवंत सिंह

देशभक्ति

• दुरात्मा के लिए देशभक्ति अंतिम शरण है।

—जॉनसन

- यदि देशभक्ति का मतलब व्यापक मानव मात्र का हित चिंतन नहीं है तो उसका कोई अर्थ ही नहीं है।

—महात्मा गांधी

- आपको देशभक्ति में इतना अंधा नहीं हो जाना चाहिए कि आप सच्चाई का सामना न कर सकें। जो गलत है, वह गलत है, फिर चाहे, जो इसे कहे।

—मैलकम एक्स

- देशभक्ति मूल रूप से एक धारणा है कि कोई देश इसलिए दुनिया में सबसे अच्छा है, क्योंकि आप वहाँ पैदा हुए थे। **—जॉर्ज बर्नार्ड शा**

- सच्ची देशभक्ति कहीं और से अधिक अपने ही देश में हो रहे अन्याय से घृणा करती है। **—क्लेरेंस डैरो**

- हर देश खुद को और देशों से बेहतर समझता है। इसी से देशभक्ति आती है और युद्ध भी। **—डेल कार्नेगी**

- क्या कुछ इससे भी अधिक मूर्खतापूर्ण हो सकता है कि किसी व्यक्ति को मुझे मारने का अधिकार सिर्फ इसलिए है, क्योंकि वह नदी के उस पार रहता है और उसके शासक का मेरे शासक से झगड़ा हो गया है, जबकि मैंने उसके साथ कोई झगड़ा नहीं किया है।

—ब्लेज पास्कल

- देशप्रेम आमतौर पर किसी खास वर्ग के प्रति घृणा से मजबूत होता है और अंतरराष्ट्रीयता से हमेशा ही मजबूत होता है।

—जॉर्ज ऑरवेल

- देश के प्रति वफादारी हमेशा सरकार के प्रति वफादारी, जब वह इसकी हकदार हो। **—मार्क ट्वेन**

- कोई भी झंडा इतना बड़ा नहीं है कि वह निर्दोषों की हत्या की शर्मिंदगी को ढक सके। **—हॉवर्ड जिन**

- पहले वे लिखा करते थे कि अपने देश के लिए मरना अच्छा और सही है,

लेकिन आजकल के युद्ध में आपके मरने में न कुछ अच्छा है, न सही है। आप बिना किसी खास वजह के कुत्ते की तरह मारे जाएँगे।

—अर्नेस्ट हेमिंग्वे

- कभी-कभार आजादी के पेड़ को देशभक्तों और तानाशाहों के खून से सींचा जाना चाहिए। **—थॉमस जेफर्सन**

- देशभक्त का कर्तव्य है कि वह अपने देश की रक्षा उसकी सरकार से करे।

—थॉमस पेन

- अच्छा आदमी और अच्छा नागरिक होना हमेशा एक जैसा नहीं होता।

—अरस्तू

- सबसे बड़ी देशभक्ति अपने देश को यह बताना है कि कब वह नीचतापूर्ण, मूर्खतापूर्ण और दोषपूर्ण व्यवहार कर रहा है।

—जूलियन बार्न्स

- देशभक्ति भ्रष्टाचारियों का गुण है। **—ऑस्कर वाइल्ड**

- देशप्रेमी हमेशा अपने देश के लिए मरने की बात करते हैं, पर कभी अपने देश के लिए मारने की बात नहीं करते।

—बरट्रैंड रस्सेल

- सभी युद्ध गृहयुद्ध हैं, क्योंकि सभी इनसान आपस में भाई-बंधु हैं, हर एक व्यक्ति अपनी मातृभूमि से कहीं ज्यादा मानवजाति का कर्जदार है।

—फ्रांकोइस फेनेलॉन

- देशभक्ति किसी दुष्ट व्यक्ति की आखिरी शरण है।

—सैमुएल जॉनसन

- अगर हम कभी यह भूल जाते हैं कि हम ईश्वर के अधीन एक देश हैं, तब हम एक बरबाद देश बन जाएँगे। **—रोनाल्ड रीगन**

- राष्ट्रवाद एक बचकानी बीमारी है, यह मानवजाति का खसरा है।

—अल्बर्ट आइंस्टीन

• देशभक्ति मामूली कारणों से मरने-मारने की इच्छा रखना है।

—**बरट्रैंड रस्सेल**

• जितना बड़ा देश, उतनी ही गलत और क्रूर उसकी देशभक्ति और उतनी ही बड़ी यातना, जिस पर उसकी सत्ता का निर्माण हुआ है।

—**लियो टालस्टॉय**

• देशभक्ति तब है, जब अपने लोगों के प्रति प्रेम पहले आए या राष्ट्रवाद तब जब अपने लोगों के अलावा और लोगों के प्रति नफरत पहले आए।

—**चार्ल्स डी गौले**

• असंतोष देशभक्ति का उच्चतम रूप है। —**हॉवर्ड जिन**

• लड़ने के लिए मेरे पास कोई देश नहीं है, यहाँ क्योंकि पृथ्वी ही मेरा देश है और मैं इस दुनिया का नागरिक हूँ। —**यूजीन वी. डब्स**

• मेरी नजर में आत्मा को भूगोल द्वारा नियंत्रित करना घोर अपमान की तरह है। —**जॉर्ज संतयाना**

• देशभक्ति एक तरह का धर्म है, यह वह अंडा है, जिससे युद्ध निकलता है।

—**गाए डी मौपाइसेंट**

• बुद्धि से मैं जानता हूँ कि अमेरिका किसी और देश से बेहतर नहीं है, यहाँ भावनात्मक रूप से मैं जानता हूँ कि वह हर एक देश से बेहतर है।

—**सिंक्लेयर लूइस**

• अपने देश के लिए झूठ बोलना हर एक व्यक्ति का देशभक्तिपूर्ण कर्तव्य है।

—**अल्फ्रेड एडलर**

• देशभक्ति एक तात्कालिक प्रतिक्रिया है, जो युद्ध शुरू होने पर खत्म हो जाती है। —**मिक जैगर**

• मेरा देश मेरे लिए बहुत अच्छा रहा है, मुझे भी अपने देश के लिए अच्छा होना चाहिए। —**वाल्टर ऐनेनबर्ग**

• सभी महान् चीजें बड़ी सरल होती हैं और कइयों को हम बस एक शब्द में

व्यक्त कर सकते हैं—स्वतंत्रता, न्याय, सम्मान, कर्तव्य, दया, आशा।

—विंस्टन चर्चिल

- जो लोग दूसरों को आजादी नहीं देते उन्हें खुद भी इसका हक नहीं होता।

—अब्राहम लिंकन

- किसी भी कीमत पर स्वतंत्रता का मोल नहीं किया जा सकता, वह जीवन है। भला जीने के लिए कोई क्या मोल नहीं चुकाएगा?

—महात्मा गांधी

- जब तक गलती करने की स्वतंत्रता न हो, तब तक स्वतंत्रता का कोई अर्थ नहीं है। **—महात्मा गांधी**

- हिंसक तरीकों से हिंसक स्वतंत्रता मिलेगी, यह दुनिया के लिए और खुद भारत के लिए एक गंभीर खतरा होगा। **—महात्मा गांधी**

- आततायी कभी स्वेच्छा से आजादी नहीं देता, पीड़ितों द्वारा इसकी माँग की जानी चाहिए। **—मार्टिन लूथर किंग जूनियर**

- स्वतंत्रता की कीमत हमेशा अधिक होती है, लेकिन अमरीकियों ने हमेशा यह कीमत चुकाई है और हमें एक मार्ग कभी नहीं चुनना चाहिए और वह मार्ग है समर्पण एवं हार मानने का। **—जॉन एफ. केनेडी**

- विकास के लिए सबसे अच्छा मार्ग आजादी का मार्ग है।

—जॉन एफ. केनेडी

- हीरो वह होता है, जो स्वतंत्रता के साथ आई जिम्मेदारियों को समझता है।

—बॉब डाइलेन

- मैंने वियतनाम युद्ध और उसे रोकने, दोनों के संघर्ष में साहस देखा है। मैंने सीखा कि देशभक्ति में विरोध भी शामिल है, सिर्फ मिलिट्री सर्विस ही नहीं।

—जॉन एफ. केरी

- भगवान् के प्रति प्रेम के बाद देशप्रेम सबसे अच्छा अपराध निवारक है।

—जॉर्ज बार्रो

- राष्ट्रवाद मूर्ख मुरगे का अपनी ही गंदगी के ढेर पर खुश होना है।
—रिचर्ड अल्डिंग्टन

- दिखावटी देशभक्ति के नाटक से बचो। **—जॉर्ज वाशिंगटन**

- दुनिया तब तक शांत नहीं होगी, जब तक हम देशभक्ति को मानवजाति से निकाल नहीं फेंकते। **—जॉर्ज बर्नार्ड शॉ**

- ये शहीद नायक उस देश के चरित्र को दरशाते हैं, जिसका देशभक्ति और सम्मान का लंबा इतिहास है और जिस देश ने आतंक से मुक्त रहने के लिए बहुत सी लड़ाइयाँ लड़ी हैं।
—माइकल एन. कैसल

- देशभक्ति झंडा लहराने में नहीं है, बल्कि इस प्रयास में है कि देश सही भी हो और मजबूत भी।
—जेम्स ब्रायस

- मैंने बहुत पहले से माना है कि बलिदान देशभक्ति का शिखर है।
—बॉब रिले

- युद्ध के समय नफरत काफी सम्मानजनक हो जाती है, तब भी, जबकि अकसर इसे देशभक्ति के वेश में छिपाना पड़ता है। **—हॉवर्ड थुरमैन**

- अपने देश के लिए देशभक्ति कुछ ऐसा है, जो दिल से आता है। यह आपको आपके अभिभावकों द्वारा सिखाया जाना चाहिए। **—जेसी वेंचुरा**

- मैं मिलिट्री को गिरते हुए नहीं देखना चाहती। मैं मिलिट्री को पेशेवर और सच्ची देशभक्ति की सम्मानजनक ऊँचाई तक उठते हुए देखना चाहती हूँ।
—औंग सान सू की

- एक लेखक के लिए केवल एक तरह की देशभक्ति मायने रखती है, भाषा के प्रति उसका नजरिया। **—जोसफ ब्रॉडस्की**

- मैं देशभक्ति के प्रकाश को प्रकाशित करना चाहता हूँ। **—लेकवालेसा**

- जब कुत्ता चाँद पर भौंकता है तो यह धर्म है, पर जब वह अनजाने लोगों पर भौंकता है तो यह देशभक्ति है।

—डेविड स्टार जॉर्डन

- देशभक्ति नरक का धर्म है। **—जेम्स ब्रांच केबल**

- देशभक्ति बर्बरता से सभ्यताओं की रक्षा करने का अनिवार्य हथियार है।

—बिल क्रिस्टल

- दुर्भाग्यवश धर्म का देशभक्ति की तरह राजनीतिक मकसद से गलत उपयोग किया जा सकता है। **—क्जेल मैग्ने बोंडेविक**

- देशभक्ति शर्मिंदा होने की उतनी ही काबिलीयत माँगती है, जितना कि गर्व महसूस करने की। **—ऐनी मारिए स्लॉटर**

- नामुमकिन मुसीबतों के वक्त जो लोग इस वतन से मोहब्बत करते हैं, वे इसे बदल सकते हैं। **—बराक ओबामा**

देह

- देह आत्मा के रहने की जगह होने के कारण तीर्थ जैसी पवित्र है।

—महात्मा गांधी

- देह एक रथ है, इंद्रियाँ उसमें घोड़े, बुद्धि सारथी और मन लगाम है। केवल देह पोषण करना आत्मघात है। **—ज्ञानेश्वरी**

दैत्य

- व्यक्ति तो मात्र एक है, किंतु उसके गोलमाल करने के यंत्र अनेक हैं। यही है दैत्य का लक्षण, यह उसके अपने लिए अशांतिकर नहीं भी हो सकते हैं।

—रवींद्रनाथ टैगोर

दोष

- दोष पराए देखकर चालत हँसत-हँसत।
अपने याद न आवई, जिनका आदि न अंत॥ **—कबीर**

• यदि शांति चाहते हो तो दूसरों के दोष मत देखो, बल्कि अपने ही दोष देखो।
—अज्ञात

• जब हम अपनी भूल पर लज्जित होते हैं, तो यथार्थ बात अपने आप ही मुँह से निकल पड़ती है। **—प्रेमचंद**

• अपराध स्वीकार कर लेने से, वह आधा हो जाता है।
—पुर्तगाली कहावत

• ज्ञानी मनुष्य दूसरों की भूलों से अपनी भूलें सुधारता है।
—पबलिस साइरस

• अपनी गलती स्वीकार करने में लज्जा की कोई बात नहीं है। **—अज्ञात**

• अपनी भूल अपने ही हाथ सुधर जाए, तो यह उससे कहीं अच्छा है कि दूसरा उसे सुधारे। **—प्रेमचंद**

• विवेकशील पुरुष दूसरे की गलतियों से अपनी गलती सुधारते हैं।
—साइरस

• गलतियों के लिए दूसरों को दोष देने की अपेक्षा उनसे सबक लो।
—स्पेनिश कहावत

• स्वार्थवश मनुष्य दोषों को नहीं देखता। **—चाणक्य**

• त्रुटियाँ उसी से नहीं होंगी, जो कोई काम करे ही नहीं। **—लेनिन**

• गलतियाँ किए बिना कोई व्यक्ति बड़ा और महान् नहीं बनता है।
—ग्लेडस्टन

• दूसरों की गलतियों से सीखिए, क्योंकि आपको गलती करने का मौका नहीं मिलेगा।

• स्वयं के दोषों का निरीक्षण और दूसरों के गुणों का पर्यावलोकन करना उज्ज्वल व्यक्तित्व की पहचान है।
—अज्ञात

- एक गुण समस्त दोषों को ढक लेता है। —**अज्ञात**
- अपने आपको दोष देना सबसे बड़ा पाप है। —**अज्ञात**
- तू दूसरे की आँख का तिनका क्यों देखता है, अपनी आँख का शहतीर तो निकाल। —**बाइबिल**
- साधारण लोग अपनी हर बुराई का दोषी किसी और को ठहराते हैं, अल्पज्ञानी स्वयं को, पर ज्ञानी किसी को नहीं। —**इपिक्टेतस**
- मूर्ख आदमी अपने बड़े-से-बड़े दोष अनदेखे करता है, किंतु दूसरे के छोटे-से-छोटे दोष को देखता है।

  —**संस्कृत सूक्ति**

दोस्ती

- जीवन में अनेक परिवर्तन होते हैं, बहुत सी चीजें छोड़ देनी पड़ती हैं, लेकिन इससे दोस्ती का नाता थोड़े ही टूट जाता है।

  —**रवींद्रनाथ टैगोर**

दौलत

दौलत जैसी चीज को नाचीज समझकर नफरत की निगाह से तभी देखा जा सकता है, जब उससे सिर्फ कुछ दिन काटे जाते हैं, पर जब उसकी चोटी को पहाड़ की चोटी की तरह ऊँचा कर दिया जाता है, तब आम लोग उसकी इज्जत करने लगते हैं। उससे अपना कोई उपकार या फायदा न होने से उसके बड़प्पन को देखकर लोग और भी ज्यादा खुश होते हैं, उसकी तारीफ करने में ही साधारण लोगों के मन को स्फूर्ति मिलती है। —**रवींद्रनाथ टैगोर**

धन

- धन तो सभी अर्जित कर लेते है, पर नाम अर्जित केवल वही व्यक्ति करता है, जो दूसरों के हृदय में विराजते हैं। —**अज्ञात**
- दौलत की संतति—अहंकार, दिखावा, आडंबर, अभिमान, निर्दयता।

  —**मार्क ट्वेन**

- पैसा और शाबाशी लेना तो सभी चाहते हैं, देना कोई नहीं चाहता।

—**अज्ञात**

- संपत्ति उस व्यक्ति की होती है, जो इसका आनंद लेता है, न कि उस व्यक्ति की, जो इसे अपने पास रखता है।

—**अफगानी कहावत**

- एक बार सिकंदर से पूछा गया कि तुम धन क्यों एकत्र नहीं करते? तब उसका जवाब था कि इस डर से कि उसका रक्षक बनकर कहीं भ्रष्ट न हो जाऊँ। —**अज्ञात**

- दान, भोग और नाश, ये धन की तीन गतियाँ हैं। जो न देता है और न ही भोगता है, उसके धन की तृतीय गति (नाश) होती है। —**भर्तृहरि**

- संसार के व्यवहारों के लिए धन ही सार-वस्तु है। अत: मनुष्य को उसकी प्राप्ति के लिए युक्ति एवं साहस के साथ यत्न करना चाहिए।

—**शुक्राचार्य**

- मनुष्य मनुष्य का दास नहीं होता। हे राजा, वह तो धन का दास होता है।

—**पंचतंत्र**

- रुपए ने कहा, मेरी फिक्र न कर, पैसे की चिंता कर। —**चेस्टरफील्ड**
- धन अपना-पराया नहीं देखता। —**चाणक्य**
- धन अच्छा सेवक है, परंतु खराब स्वामी भी है। —**चाणक्य**
- कुबेर भी अगर आय से ज्यादा व्यय करे, तो कंगाल हो जाता है।

—**चाणक्य**

धरती

- याद रखो कि धरती तुम्हारे पैरों का स्पर्श करना चाहती है और हवा तुम्हारे बालों को सहलाना चाहती है।

—**खलील जिब्रान**

- खिले हुए फूल और कुछ नहीं, बल्कि धरती की मुसकराहट हैं।

—ई.ई. कमिंग्स

- हम इस धरती को माँ कहकर संबोधित करते हैं, पत्थर पूजते हैं, पीपल और बरगद के छायादार पेड़ को बाबा मानते हैं, पर आत्मा के भीतर उसकी आध्यात्मिकता का अनुभव नहीं करते। **—रवींद्रनाथ टैगोर**

- प्रति की गहराई में देखें और आप हर चीज को बेहतर समझा पाएँगे।

—अल्बर्ट आइंस्टीन

- धूल स्वयं अपमान सह लेती है और बदले में फूलों का उपहार देती है।

—रवींद्रनाथ टैगोर

धर्म

- जितने भी धर्म या मजहब हैं, सबके सब ऊँचे हैं। धर्म में कसर नहीं है, कसर है तो उनके आदमियों में। **—महात्मा गांधी**

- शांति से बढ़कर कोई ताप नहीं, संतोष से बढ़कर कोई सुख नहीं, तृष्णा से बढ़कर कोई व्याधि नहीं और दया के समान कोई धर्म नहीं।

—चाणक्य

- वह धर्म, जो व्यावहारिक मामलों पर ध्यान नहीं देता और उन्हें सुलझाने में सहायक नहीं, धर्म नहीं। **—महात्मा गांधी**

- हर अवसर और हर अवस्था में जो अपना कर्तव्य दिखाई दे, उसी को धर्म समझकर पूरा करना चाहिए। **—गीता**

- कौन किस धर्म में रहे, यह निश्चय करना तो हर एक व्यक्ति का अपना ही काम है। धर्म को किसी रूप में खरीदा नहीं जा सकता और आध्यात्मिक बातों के लिए अगर इस तरह की कोई बात कही जा सकती हो, तो हम यही कह सकते हैं कि धर्म का सौदा तो अपने रक्त से किया जा सकता है।

—महात्मा गांधी

• धर्म का उद्देश्य मानव को पथभ्रष्ट होने से बचाना है।

—श्रीराम शर्मा आचार्य

• जैसे अनेक नाम होने पर भी ईश्वर एक ही है, वैसे ही अनेक नाम होते हुए धर्म एक ही है, क्योंकि सारे धर्म ईश्वर से आए हैं। अगर वे ईश्वर से नहीं आए हैं तो वे निकम्मे हैं। जो धर्म ईश्वर का नहीं है, वह शैतान का है और वह किसी का नहीं हो सकता।

—महात्मा गांधी

• धर्म जब स्वयं दरवाजे पर दुहाई दे रहा हो तो उसकी अवहेलना नहीं करनी चाहिए।

—रवींद्रनाथ टैगोर

• मैं धर्म से भिन्न राजनीति की कल्पना नहीं कर सकता। वास्तव में धर्म तो हमारे हर एक काम में व्यापक होना चाहिए। यहाँ धर्म का अर्थ कट्टरपंथ से नहीं है, उसका अर्थ है, विश्व की एक नैतिक सुव्यवस्था।

—महात्मा गांधी

• हम अपने धर्म का पालन कर सकते हैं। दूसरे के धर्म पर हमारा कोई हस्तक्षेप नहीं हो सकता।

—रवींद्रनाथ टैगोर

• मनुष्य का इतिहास सारे देशों, सारी जातियों को लेकर बना है, इसलिए राजनीति में भी धर्म को बेचकर देश को आगे करने से काम नहीं चलेगा।

—रवींद्रनाथ टैगोर

• जिसका जो कर्म-फल है, जो निर्दिष्ट धर्म है, उसे एक दिन घूम-फिरकर उसी धर्म के पथ पर आना ही होगा···कोई उसे रोक नहीं सकेगा। भगवान् की जैसी इच्छा है···हम लोग क्या कर सकते हैं···हम तो निमित्त भर हैं।

—रवींद्रनाथ टैगोर

• व्यक्ति और समाज दोनों के ऊपर धर्म है, उसी पर नजर रखकर चलना होगा।

—रवींद्रनाथ टैगोर

- समाज से धर्म को निकालकर फेंक देने का प्रयत्न बाँझ के घर पुत्र पैदा करने जितना ही निष्फल है और अगर यह कहीं सफल हो जाए, तो समाज का उसमें नाश है। **—महात्मा गांधी**

- एक धर्म की विशेषता दूसरे धर्म की विशेषता के प्रतिकूल नहीं हो सकती, जगत् के सर्वमान्य सिद्धांतों की विरोधी नहीं हो सकती। **—महात्मा गांधी**

- जब धर्म की ओर सच्चा आकर्षण न हो, तब धर्म भी वंश, मान, रुपए-पैसे की तरह अहंकार करने की सामग्री बन जाता है। **—रवींद्रनाथ टैगोर**

- मनुष्य की सभी वृत्तियों का चरम-प्रकाश धर्म में होता है। **—रवींद्रनाथ टैगोर**

- धर्म के भी तो दो पक्ष होते हैं, एक नित्य पक्ष और लौकिक पक्ष। जहाँ धर्म समाज के नियम में प्रकाशित होता है, वहाँ उसकी अवहेलना नहीं की जा सकती, करने से समाज बिखर जाता है। **—रवींद्रनाथ टैगोर**

- जिनमें बचपन से धार्मिक संस्कार डाले जाते हैं, उनमें श्रद्धा, विश्वास आदि सद्गुणों का विकास होता है। **—महात्मा गांधी**

- हमारा सबसे बड़ा धर्म है, आत्मा का ज्ञान प्राप्त करना। चाहे धन, मान, कुटुंब और प्राणों तक का त्याग करना पड़े, पर धर्म को कदापि न छोड़ा जाए। **—महात्मा गांधी**

- कथनी-करनी भिन्न जहाँ हैं, धर्म नहीं, पाखंड वहाँ है। **—श्रीराम शर्मा आचार्य**

- उसी धर्म का अब उत्थान, जिसका सहयोगी विज्ञान। **—श्रीराम शर्मा आचार्य**

- धर्म, व्यक्ति एवं समाज, दोनों के लिए आवश्यक है। **—डॉ. सर्वपल्ली राधाकृष्णन**

• धर्म की उपलब्धि की जा सकती है, किंतु प्रश्न यह है कि क्या तुम उसके अधिकारी हो, क्या तुम्हें धर्म की आवश्यकता वास्तव में है ? यदि तुम ठीक-ठीक प्रयत्न करो, तभी तुम्हें प्रत्यक्ष उपलब्धि होगी और तभी तुम वास्तव में धार्मिक होगे।

—स्वामी विवेकानंद

• धर्म एक भ्रमात्मक सूर्य है, जो मनुष्य के गिर्द घूमता रहता है, जब तक मनुष्य मनुष्यता के गिर्द नहीं घूमता। **—कार्ल मार्क्स**

• दो धर्मों का कभी झगड़ा नहीं होता, सब धर्मों का अधर्म से ही झगड़ा होता है। **—विनोबा**

• देश में केवल वंशानुक्रम से सामाजिक धर्म जीवित रहता है और जीवन-धर्म का ह्रास होता है।

—रवींद्रनाथ टैगोर

• धर्म सत्य है, मन की आस्तिकता है, उसके अल्पमात्र प्रभाव से प्रकांड विद्वान् की पराजय होती है। **—रवींद्रनाथ टैगोर**

• भारत का धर्म समस्त समाज का ही धर्म है, उसका मूल मिट्टी की तह में है और मस्तक आकाश में है। **—रवींद्रनाथ टैगोर**

• धर्म की सीमा का अतिक्रमण करने लगे तो उस अवस्था में विनाश का छिद्र दिखाई देगा। **—रवींद्रनाथ टैगोर**

• हमारे देश में धर्म का जो आदर्श है, वह आंतरिक सामग्री है, वह बाहरी सीमा के भीतर प्रतिष्ठित करने के लिए नहीं है। **—रवींद्रनाथ टैगोर**

• हमारे देश में यह कहा जाता है कि युद्ध में भी धर्म की रक्षा करनी चाहिए। **—रवींद्रनाथ टैगोर**

• स्वार्थ के प्रातिक नियम ने हमारे धर्म को तैयार नहीं किया है, धर्म के नियम ने ही हमारे स्वार्थ को संयत बनाने की चेष्टा की है।

—रवींद्रनाथ टैगोर

• धर्म हमको एक में मिला नहीं सका है, वरन् उसने हजारों घेरे डालकर उन बाधाओं को इतिहास का अतीत शाश्वत मानकर सुदृढ़ बना दिया है।

—रवींद्रनाथ टैगोर

• एक-एक जाति का एक-एक काम उसके धर्म का ही अंग है।

—रवींद्रनाथ टैगोर

• धर्म परमेश्वर की कल्पना कर मनुष्य को दुर्बल बना देता है, उसमें आत्मविश्वास उत्पन्न नहीं होने देता और उसकी स्वतंत्रता का अपरहण करता है।

—नरेंद्र देव

• दूसरे धर्मों की निंदा करना गलत है। सच्चा व्यक्ति वह है, जो दूसरे धर्मों की भी हर उस बात का सम्मान करता है, जो सम्मान के लायक है।

—सम्राट् अशोक

• हम भारतीय सभी धर्मों के प्रति केवल सहिष्णुता में ही विश्वास नहीं करते, वरन् सभी धर्मों को सच्चा मानकर स्वीकार भी करते हैं।

—स्वामी विवेकानंद

• जो उपकार करे, उसका प्रत्युपकार करना चाहिए, यही सनातन धर्म है।

—वाल्मीकि

• प्रलोभन और भय का मार्ग बच्चों के लिए उपयोगी हो सकता है, लेकिन सच्चे धार्मिक व्यक्ति के दृष्टिकोण में कभी लाभ-हानिवाली संकीर्णता नहीं होती। **—आचार्य तुलसी**

• मनुष्य की धार्मिक वृत्ति ही उसकी सुरक्षा करती है। **—आचार्य तुलसी**

• धार्मिक व्यक्ति दुःख को सुख में बदलना जानता है। **—आचार्य तुलसी**

• धार्मिक वृत्ति बनाए रखनेवाला व्यक्ति कभी दुःखी नहीं हो सकता और धार्मिक वृत्ति को खोनेवाला कभी सुखी नहीं हो सकता।

—आचार्य तुलसी

• अहिंसा ही धर्म है, वही जिंदगी का एक रास्ता है। **—महात्मा गांधी**

• अभागा वह है, जो संसार के सबसे पवित्र धर्म कृतज्ञता को भूल जाता है।

—जयशंकर प्रसाद

• धर्म द्वारा समाज की जैसी महान् क्षति हुई है, वैसी अन्य किसी सांसारिक उद्योग से नहीं। **—रवींद्रनाथ टैगोर**

धीरज

• कबीरा धीरज के धरे, हाथी मन भर खाय।
टूक एक के कारने, स्वान घरे घर जाय॥ **—कबीर**

• शोक में, आर्थिक संकट में या प्राणोत्कारी भय उत्पन्न होने पर जो अपनी बुद्धि से दुःख निवारण के उपाय का विचार करते हुए धीरज धारण करता है, उसे कष्ट नहीं उठाना पड़ता। **—वाल्मीकि**

• जितनी जल्दी करोगे, उतनी देर लगेगी। **—चर्चिल**

• सब्र जिंदगी के मकसद का दरवाजा खोलता है, क्योंकि सिवाय सब्र के उस दरवाजे की कोई और चाबी नहीं है। **—शेख सादी**

धैर्य

• धैर्य प्रतिभा का आवश्यक अंग है। **—डिजराइली**

• जिसके पास धैर्य है, उसको उसका फल अवश्य मिलता है।

—फ्रैंकलिन

• धैर्य सफलता का एक प्रमुख तत्त्व है। **—बिल गेट्स**

• धीर-गंभीर कभी उबाल नहीं खाते। **—चाणक्य**

• नीति निपुण निंदा करें या प्रशंसा करें, लक्ष्मी आए, चाहे चली जाए, मृत्यु चाहे आज ही हो या एक युग के बाद, परंतु धीर मनुष्य न्यायमार्ग से एक पग भी विचलित नहीं होते। **—भर्तृहरि**

• वास्तव में वे ही मनुष्य धीर हैं, जिनका मन विकार उत्पन्न करनेवाली परिस्थितियों में भी विचलित नहीं होता। **—कालिदास**

- धीरज सारे आनंदों और शक्तियों का मूल है।

—जॉन रस्किन

- सुख में गर्व न करें, दु:ख में धैर्य न छोड़ें।

—श्रीराम शर्मा आचार्य

- वह व्यक्ति महान् है, जो शांतचित्त होकर धैर्यपूर्वक कार्य करता है।

—डॉ. सर्वपल्ली राधाकृष्णन

- धैर्य और परिश्रम से हम वह प्राप्त कर सकते हैं, जो शक्ति और शीघ्रता से कभी नहीं कर सकते। **—ला फांटेन**

धोखा

- अगर कोई व्यक्ति मुझे धोखा देता है तो धिक्कार है उस पर, और अगर कोई दूसरी बार मुझे धोखा देता है तो लानत है मुझ पर। **—कहावत**
- धूर्त को धोखा देना धूर्तता नहीं है। **—कहावत**
- हेत प्रति से जो मिले, ताको मिलिए धाय।
अंतर राखे जो मिले तासौं मिल। बलाय॥ **—कबीर**
- सब धोखों में प्रथम और खराब अपने आप को धोखा देना है। **—बेली**
- स्पष्टभाषी धोखेबाज नहीं होता। **—चाणक्य**
- मुँह में राम बगल में छुरी। **—कहावत**
- मुझे जितनी जहन्नुम से, फाटकों से घृणा है, उतनी ही उस व्यक्ति से घृणा है, जो दिल में एक बात छुपाकर दूसरी कहता है। **—होमर**
- ज्यादा मधुर बानी धोखेबाजी की निशानी। **—कहावत**

ध्यान

- केवल ध्यान के माध्यम से आप विश्वस्तरीय काम कर सकते हैं।

—बिल गेट्स

ध्येय

- ध्येय जितना महान् होता है, उसका रास्ता उतना ही लंबा और बीहड़ होता है। **—अज्ञात**
- यदि परिस्थितियाँ अनुकूल हों तो सीधे अपने ध्येय की ओर चलो, लेकिन परिस्तिथियाँ अनुकूल न हों तो उस राह पर चलो, जिसमें सबसे कम बाधा आने की संभावना हो। **—तिरुवल्लुवर**
- अपने लक्ष्य को न भूलो, अन्यथा जो कुछ मिलेगा, उसमें संतोष मानने लगोगे। **—बर्नार्ड शा**
- लक्ष्य रखना काफी नहीं है, उसे प्राप्त करना चाहिए। **—इतालियन कहावत**
- अपने जीवन का लक्ष्य बनाओ और अपनी सारी शारीरिक और मानसिक शक्ति उसे पाने में लगा दो। **—कार्लाइल**

नकल

- किसी को अपना व्यक्तित्व छोड़कर दूसरे का व्यक्तित्व नहीं अपनाना चाहिए। **—चैनिंग**
- नकल के लिए भी कुछ अक्ल चाहिए। **—फारसी कहावत**
- मानव नकल करनेवाला प्राणी है और जो सबसे आगे रहता है, वह नेतृत्व करता है। **—शिलर**
- उपदेश के बजाय कहीं ज्यादा हम करके सीखते हैं। **—बर्क**
- जहाँ नकल है, वहाँ खाली दिखावट होगी, जहाँ खाली दिखावट है, वहाँ मूर्खता होगी। **—जॉनसन**

नम्रता

- बड़े को छोटा बनकर रहना चाहिए, क्योंकि जो अपने आपको बड़ा मानता है, वह छोटा बन जाता है और जो छोटा बनता है, वह बड़ा पद पाता है। **—ईसा**

- नमस्कार करनेवाला व्यक्ति विनम्रता को ग्रहण करता है और समाज में सभी के प्रेम का पात्र बन जाता है। **—प्रेमचंद**
- महान् मनुष्य की पहली पहचान उसकी नम्रता है। **—अज्ञात**
- नम्रता के संसर्ग से ऐश्वर्य की शोभा बढ़ती है। **—कालिदास**
- नम्रता और खुदा के खौफ से इज्जत और जिंदगी मिलती है। **—सुलेमान**
- संसार के विरुद्ध खड़े रहने के लिए शक्ति प्राप्त करने की जरूरत नहीं है। **—अज्ञात**
- ईसा दुनिया के खिलाफ खड़े रहे, महात्मा बुद्ध भी अपने जमाने के खिलाफ गए, प्रह्लाद ने भी वैसा ही किया। ये सब नम्रता के धनी थे। अकेले खड़े रहने की शक्ति नम्रता के बिना असंभव है। **—महात्मा गांधी**
- मेरा विश्वास है कि वास्तविक महान् पुरुष की पहचान उसकी नम्रता है। **—रस्किन**
- नम्रता तन की शक्ति, जीतने की कला और शौर्य की पराकाष्ठा है। **—विनोबा**
- ऊँचे पाने न टिके, नीचे ही ठहराए।
नीचे हो सो भरी पिबैं, ऊँचा प्यासा जाए॥ **—कबीर**

नया साल

- नव वर्ष सुख-समृद्धि से भरपूर हो।
- नव वर्ष में आप फलें-फूलें।
- नया साल आपके लिए नई खुशियाँ लाए।
- नव वर्ष शुभ हो।
- नया साल आपको नया उत्साह प्रदान करे।
- नया साल आपको नया अनुभव दे।

- नया साल आपको नया उत्साह प्रदान करे।
- नव वर्ष में आपकी सभी मनोकामनाएँ पूरी हों।
- नव वर्ष में हर कदम पर आपको सफलता मिले।
- नव वर्ष में भाग्य सदैव आपका साथ दे।
- नव वर्ष आपके जीवन में उमंग लाए।
- नव वर्ष के आगमन पर हार्दिक बधाई।
- नव वर्ष में आपकी दिन दोगुनी, रात चौगुनी तरक्की हो।
- नया साल आपके लिए लाभदायक हो।
- नव वर्ष आपके लिए हितकारी हो।

नरक

- संसार में छल, प्रवंचना और हत्याओं को देखकर कभी-कभी मान लेना पड़ता है की यह जगत् ही नरक है। **—जयशंकर प्रसाद**
- काम, क्रोध, मद, लोभ सब, नाथ नरक के पंथ। **—तुलसीदास**
- अति क्रोध, कटु वाणी, दरिद्रता, स्वजनों से बैर, नीचों का संग और अकुलीन की सेवा, यह नरक में रहनेवालों के लक्षण हैं। **—चाणक्य नीति**

नशा

- जो आदमी नशे में मदहोश हो, उसकी सूरत उसकी माँ को भी बुरी लगती है। **—तिरुवल्लुवर**
- नशे की हालत में क्रोध की भाँति, ग्लानि का वेग भी सहज ही बढ़ जाता है। **—प्रेमचंद**
- नशा करनेवाले मित्र से भले कोई कितना ही प्रेम क्यों न करता हो, पर जब निर्भर करने का अवसर आता है तो वह भरोसा उस पर करता है, जो नशा न करता हो। **—शरतचंद्र**

नागरिकता

- नागरिकता देश की सेवा में निहित है। —**जवाहरलाल नेहरू**

नाम

- नाम में क्या रखा है, जिसे हम गुलाब कहते हैं, वह किसी और नाम से भी सुगंध ही देगा। —**शेक्सपियर**
- अपना नाम सदा कायम रखने के लिए मनुष्य बड़े से बड़ा जोखिम उठाने, धन खर्च करने, हर तरह के कष्ट सहने, यहाँ तक कि मरने के लिए भी तैयार हो जाता है। —**सुकरात**
- अपने नाम को कमल की तरह निष्कलंक बनाओ। —**लाँफैलो**
- आदि नाम परस अहै, मन है मैला लोह।
परसत ही कंचन भया, छूटा बंधन मोह॥ —**कबीर**

नारी

- सुंदर नारी या तो मूर्ख होती है या अभिमानी। —**स्पेनी कहावत**
- पुरुष का नारी के समान कोई बंधु नहीं। —**महाभारत**
- यह लौकिक पुरुष के अत्याचार का बहुत निर्बल बहाना है कि नारी का सद्‌गुण सच्चरित्रता और आज्ञाकारिता है। —**राधाकृष्णन**
- नारी की उन्नति पर ही राष्ट्र की उन्नति या अवनति निर्धारित है। —**अरस्तू**
- बदला लेने और प्रेम करने में नारी पुरुष से आगे होती है। —**नीत्शे**
- सौंदर्य से नारी अभिमानी बनती है, उत्तम गुणों से उसकी प्रशंसा होती है और लज्जाशील होकर वह देवी बन जाती है। —**शेक्सपियर**
- नारी को अबला कहना उसका अपमान है। —**महात्मा गांधी**
- औरतें कभी भूल नहीं करतीं, यदि करें भी तो किसी बुद्धिमान पुरुष के लिए उसका उल्लेख करना उचित नहीं है, उसे अपने ही सिर पर ले लेना बुद्धिमानी है। —**रवींद्रनाथ टैगोर**

• तपस्वियों के लिए औरतों में एक विशेष आकर्षण होता है। **—रवींद्रनाथ टैगोर**

• नारी दासी अवश्य है, किंतु साथ-ही-साथ नारी रानी भी है। **—रवींद्रनाथ टैगोर**

• प्रखरता को छिपाकर रख सकतीं, स्पष्ट बातों की धार को कुछ कम कर सकतीं और पुरुष मंडली के साथ यथोचित संकोच की रक्षा करती हुई चलतीं, ऐसा नारी जनोचित संयोग उन्हें नहीं मिला। **—रवींद्रनाथ टैगोर**

• नारी सबकुछ सह सकती है, पर अपनी इच्छा के विरुद्ध प्रेम नहीं कर सकती। **—सुदर्शन**

• नारी सबकुछ सह सकती है, दारुण से दारुण दुःख, बड़े-से-बड़ा संकट। नहीं सह सकती तो अपनी उमंगों का कुचला जाना। **—प्रेमचंद**

नास्तिक

• नास्तिक के लिए लोगों की भलाई करने में एकदम निजी नुकसान के अतिरिक्त और कुछ नहीं है, उसमें पुण्य है, न पुरस्कार है, न किसी देवता, शास्त्र की पा का विज्ञापन अथवा नाराजगी है। **—रवींद्रनाथ टैगोर**

• हम लोग नास्तिक हैं, यह गर्व ही हमारे लिए एकदम निष्कलंक, निर्मल होना चाहिए। हम लोग किसी को नहीं मानते, इसी कारण हमें स्वयं को अधिक मानने की विशेष आवश्यकता होती है। **—रवींद्रनाथ टैगोर**

• हम नास्तिकों के धर्म-शास्त्र में अच्छे काम के लिए निंदारूपी नरक-भोग करने का ही विधान है। **—रवींद्रनाथ टैगोर**

निंदक

• कुछ भी करो, निंदक की जुबान बंद नहीं होती।

निंदा

• यदि तुम्हारी कोई निंदा करे तो भीतर-ही-भीतर प्रसन्न हों, क्योंकि तुम्हारी निंदा करके वह तुम्हारे पाप अपने ऊपर ले रहा है। **—ब्रह्मानंद सरस्वती**

- ऐ ईमानवालो, दूसरे पर शक मत करो। दूसरों पर शक करना कभी-कभी गुनाह हो जाता है। **—कुरान**

- निंदक नियरे रखिए, आँगन कुटी छवाय।
बिन पानी बिन साबुन, निर्मल करे सुभाय॥ **—कबीर**

- हर किसी की निंदा सुन लो, लेकिन अपना निर्णय गुप्त रखो। **—शेक्सपियर**

- जो तेरे सामने और की निंदा करे, वह और के सामने तेरी निंदा करेगा। **—कहावत**

निद्रा

- निद्रावस्था जाग्रतावस्था की स्थिति का आईना है। **—महात्मा गांधी**

- निद्रा रोगी की माता, भोगी की प्रियतमा और आलसी की बेटी है। **—अज्ञात**

- निद्रा एक ऐसा अथाह सागर है, जिसमें हम सब अपने दु:खों को डुबो देते हैं। **—प्रेमचंद**

- सोता साथ जगाइए, करै नाम का जाप।
यह तीनों सोते भले, साकत, सिंह और साँप॥ **—कबीर**

नियम

- अपवाद के बिना कोई भी नियम लाभकर नहीं होता। **—थॉमस फुलर**

- थोड़ा-बहुत अन्याय किए बिना कोई भी महान् कार्य नहीं किया जा सकता। **—लुइस दी उलोआ**

- सभी वास्तविक राज्य भ्रष्ट होते हैं। अच्छे लोगों को चाहिए कि नियमों का पालन बहुत कड़ाई से न करें। **—एमर्सन**

- कानून चाहे कितना ही आदरणीय क्यों न हो, वह गोलाई को चौकोर नहीं कह सकता। **—फिदेल कास्त्रो**

निराशा

- निराशा दुर्बलता का चिह्न है। **—रामतीर्थ**
- निराशा में प्रतीक्षा अंधे की लाठी है। **—प्रेमचंद**
- निराशा स्वर्ग की सीलन है, जैसे प्रसन्नता स्वर्ग की शांति। **—डाने**

नियम

- नियम यदि एक क्षण के लिए टूट जाए तो सारा सूर्यमंडल अस्त-व्यस्त हो जाए। **—महात्मा गांधी**
- जो अपने लिए नियम नहीं बनाता, उसे दूसरों के नियमों पर चलना पड़ता है। **—हरिभाऊ उपाध्याय**
- प्रकृति का यह साधारण नियम है, जो कभी नहीं बदलेगा, कि योग्य अयोग्यों पर शासन करते रहेंगे। **—दायोनीसियस**

निश्चय

- अनुभव बताता है कि आवश्यकता काल में दृढ़ निश्चय पूरी सहायता करता है। **—शेक्सपियर**
- जिसका निश्चय दृढ़ और अटल है, वह दुनिया को अपने सोच में ढाल सकता है। **—गेटे**
- जिसने निश्चय कर लिया, उसके लिए केवल करना शेष रह जाता है। **—बिल गेट्स**
- हम अपने अच्छे-से-अच्छे कर्मों पर भी लज्जित हो सकते हैं, यदि लोग केवल उस निश्चय को देख सकें, जिसकी प्रेरणा से वे किए गए हैं। **—रोची**
- सच्ची-से-सच्ची और अच्छी-से-अच्छी चतुराई निश्चय है। **—नेपोलियन**
- जो व्यक्ति निश्चय कर सकता है, उसके लिए कुछ असंभव नहीं है। **—बिल गेट्स**

- साहस और दृढ़ निश्चय जादुई तावीज हैं, जिनके आगे कठिनाइयाँ दूर हो जाती हैं और बाधाएँ उड़न–छू हो जाती हैं।

—बिल गेट्स

- जो व्यक्ति निश्चय कर सकता है, उसके लिए कुछ असंभव नहीं है।

—एमर्सन

नीचता

- स्वभाव की नीचता वर्षों में भी मालूम नहीं होती। **—शेख सादी**

- कुछ कहीं नीच न छेड़िए, भलो न बाको संग।
  पाथर दारे कीच में, उछारे बिगारे अंग॥ **—वृंद**

- नीच मनुष्य के साथ मैत्री और प्रेम कुछ भी नहीं करना चाहिए। कोयला अगर जल रहा है, तो छूने से जला देता है और अगर ठंडा है, तो हाथ काले कर देता है। **—हितोपदेश**

- दाग जो काला नील का सा मन साबुन धोय।
  कोटि जतन पर बोधिये, कागा हँस न होय॥ **—कबीर**

- जो उपकार करनेवाले को नीच मनाता है, उससे अधिक नीच कोई दूसरा नहीं। **—विनोबा**

- शक्तियों का एक नियम है, जिसके कारण चीजें समुद्र में एक खास गहराई से नीचे नहीं जा सकतीं; लेकिन नीचता के समुद्र में हम जितने गहरे जाएँ, डूबना उतना ही आसान होता है। **—लाबैल**

- नीच को देखने और उसकी बातें सुनने से ही हमारी नीचता का आरंभ होता है। **—कन्फ्यूशियस**

नीति

- जातियाँ न पैसे के बल पर टिकती हैं और न सेना के बल पर, वे केवल नीति के आधार पर ही टिकती हैं, यह विचार सदा मन में रखकर, परमार्थ–रूपी परम नीति का आचरण करना मनुष्य मात्र का कर्तव्य है। **—महात्मा गांधी**

- नीति का वास हमारे हृदय में है। **—महात्मा गांधी**

- नीति के नियम अचल हैं। मत बदलते रहते हैं, परंतु नीति नहीं बदलती। हमारी आँख खुली होने पर हमें सूर्य दिखाई देता है और बंद रहने पर नहीं, यह परिवर्तन हमारी दृष्टि में हुआ, न कि सूर्य के अस्तित्व में। यही बात नीति के नियमों के संबंध में भी समझनी चाहिए। संभव है, अज्ञान की दशा में हम नीति को न समझ पाएँ, पर ज्ञानचक्षु खुलने पर उसे समझने में हमें कठिनाई नहीं होती। **—महात्मा गांधी**

- नीति के बिना धर्म टिक नहीं सकता। सच्ची नीति में धर्म का बहुत कुछ समावेश हो जाता है। जो लोग अपने स्वार्थ के लिए नहीं, बल्कि नीति के लिए ही नीति-नियमों का पालन करते हैं, उन्हें धार्मिक कहा जा सकता है। **—महात्मा गांधी**

- नीति के समस्त नियमों का दोहन किया जाए, तो हम देखेंगे कि मानव-जाति के कल्याण के लिए प्रयास करना ही उत्कृष्ट नीति है। इस कुंजी से नीति रूपी मंजूषा को खोलकर देखने पर, नैतिकता के अन्य नियम हमें उसमें मिल जाएँगे। **—महात्मा गांधी**

नेकी

- नेकी कर दरिया में डाल। **—कहावत**

- मधुमक्खियाँ केवल अँधेरे में काम करती हैं, विचार केवल मौन में काम आते हैं। नेक कार्य भी गुप्त रहकर ही कारगर होते हैं। **—कार्लाइल**

- नेकी का इरादा बदी की ख्वाहिश को दबा देता है। **—हजरत अली**

- जितने दिन जिंदा हो, उसे गनीमत समझो और इससे पहले कि लोग तुम्हें मुर्दा कहें, नेकी कर जाओ। **—शेख सादी**

नुकसान

- नुकसान तो ऐसे भी हो सकते हैं, जिनकी भरपाई इस लोक-परलोक में भी नहीं हो पाती। **—रवींद्रनाथ टैगोर**

• चूहा जब जहाज की पेंदी में बिल खोदने लगता है, तब अपनी सुविधा और प्रवृत्ति की ही सोचता है, वह यह नहीं देखता कि इतने बड़े आश्रय में छेद करने से उसे जितनी सुविधा होगी, उसकी तुलना में और सबका कितना बड़ा नुकसान होगा। **—रवींद्रनाथ टैगोर**

नेतृत्व

• प्रभावी नेतृत्व महत्त्वपूर्ण चीजों को पहले रखना होता है।

• बिना पहल के लीडर महज एक श्रमिक है, जो लीडर बनकर बैठा हुआ है।

• नेतृत्व का रहस्य है, आगे-आगे सोचने की कला। **—मैरी पार्कर फोलेट**

• नेताओं का मुख्य काम अपने आस-पास नेता तैयार करना है।

—मैक्सवेल

• अपने अंदर योग्यता का होना अच्छी बात है, लेकिन दूसरों में योग्यता खोज पाना असली परीक्षा है।

—एल्बर्ट हब्बार्ड

• मैं सिर्फ उतने ही दिमाग का इस्तेमाल नहीं करता, जितना मेरे पास है, बल्कि वह सब भी, जो मैं उधार ले सकता हूँ। **—वुडरो विलसन**

• उपहार और विरोध तो सुधारक के पुरस्कार हैं। **—प्रेमचंद**

• अगर अंधा अंधे का नेतृत्व करे तो दोनों खाई में गिरेंगे।

• नेतृत्व का महत्त्वपूर्ण नियम है, सीखने के आनंद की फिर से खोज करना, ताकि हम अपनी क्षमताओं और उत्पादकता को बढ़ा सकें।

• वास्तविक नेता सर्वसम्मति की तलाश नहीं करता, उसे निर्मित करता है।

—मार्टिन लूथर किंग

• तर्क और निर्णय नेता के गुण हैं। **—टेसीटस**

• निर्णय करने के लिए तीन तत्त्वों की आवश्यकता होती है—अनुभव, ज्ञान और व्यक्त करने की क्षमता। **—अज्ञात**

नेत्रहीन

- नेत्रहीन में अनुभव करने की शक्ति अधिक होती है। —**रवींद्रनाथ टैगोर**

नैराश्य

- नैराश्य मृत्यु की विच्छेद-वेदना को काल-क्रम में सुन्न कर देता है। —**रवींद्रनाथ टैगोर**

नैवेद्य

- नैवेद्य देवता पर चढ़ाए जाते हैं, किंतु देवता को उससे कोई प्रयोजन नहीं रहता। —**रवींद्रनाथ टैगोर**

न्याय

- बुराई तो बाहर से की जा सकती है, लेकिन न्याय करने के लिए भीतर पैठना होता है। केवल घटना के कारण किसी को दोषी न ठहरा दें। —**रवींद्रनाथ टैगोर**
- व्यक्ति और समाज की भीति पर धर्म नहीं खड़ा है, धर्म की भीति पर ही व्यक्ति और समाज है। जिसे समाज चाहता है, उसी को धर्म कहकर मानना पड़े तो समाज की ही मुसीबत हो जाए। —**रवींद्रनाथ टैगोर**
- धर्म मनुष्य की व्यक्तिगत साधना की चीज है, उसे किसी समाज के साथ बाँधना उचित नहीं है। —**रवींद्रनाथ टैगोर**
- न्याय का मोती दया के हृदय में मिलता है। —**जर्मन कहावत**
- मनुष्य का कर्तव्य है कि वह उदास बनने से पूर्व त्यागी बने। —**डिकेंस**
- जबसे मुझे पता चला है कि मखमल के गद्दों पर सोनेवालों के सपने जमीन पर सोनेवालों के सपने से मधुर नहीं होते, तब से मुझे न्याय प्रभु के न्याय में श्रद्धा हो गई है। —**खलील जिब्रान**
- न्याय की बात कहने के लिए हर समय ठीक है। —**सोफोक्लिज**

- न्याय में देर करना न्याय को अस्वीकार करना है। ईश्वर की चक्की धीरे चलती है, पर बारीक पीसती है। **—कहावत**

पछतावा

- अब पछताए होत क्या, जब चिड़ियाँ चुग गईं खेत। **—कहावत**
- करता सा सो क्यों किया, अब करि क्यों पछताए।
  बोवे पेड़ बबूल का, आम कहाँ से खाए॥ **—कबीर**
- पछतावा हृदय की वेदना है और निर्मल जीवन का उदय। **—शेक्सपियर**
- सुधार के बिना पश्चात्ताप ऐसा है, जैसे सुराख बंद किए बिना जहाज में से पानी निकलना। **—पामर**
- मुझे कोई पछतावा नहीं, क्योंकि मैंने किसी का बुरा नहीं किया। **—महात्मा गांधी**

पड़ोसी

- कोई भी इतना धनी नहीं कि पड़ोसी के बिना काम चला सके। **—डेनिस कहावत**
- जब तुम्हारे पड़ोसी के घर में आग लगी तो तुम्हारी संपत्ति पर भी खतरा है। **—होरेस**
- सच्चा पड़ोसी वह नहीं, जो तुम्हारे साथ उसी गली में रहता है, बल्कि वह है, जो तुम्हारे विचार स्तर पर रहता है। **—रामतीर्थ**

पतन

- दूसरों का अस्त्र छीन लेने से अपना अस्त्र निर्भयता से उच्छृंखल हो उठता है, यही है मनुष्य का पतन। **—रवींद्रनाथ टैगोर**

पतवार

- हमारी समस्या यह नहीं है कि स्रोत को किस तरह से अलग करें, समस्या यही

है कि नाव किस तरह से डूबेगी नहीं, चलती रहेगी। उसी के लिए पतवार की आवश्यकता है। **—रवींद्रनाथ टैगोर**

पति-पत्नी

- योग्य पति अपनी पत्नी को सम्मान की अधिकारिणी बना देता है। **—मनु**
- जिसे पति बनना है, उसके लिए पुरुष बनना जरूरी है।

—रवींद्रनाथ टैगोर

- पति को कभी-कभी अंधा और कभी-कभी बहरा होना चाहिए।

—कहावत

- पति के किए पत्नी कार्य में मंत्री के समान सलाह देनेवाली, सेवा में दासी के समान काम करनेवाली, माता के सामान सुंदर भोजन करानेवाली, शयन के समय रंभा के समान सुख देनेवाली, धर्म के अनुकूल और क्षमादि गुण धारण करने में पृथ्वी के समान स्थिर रहनेवाली होती है।

—संस्कृत सूक्ति

पदाघात

- भृगु के पदाघात का चिह्न विष्णु सदा वक्ष पर धारण किए रहे, दुनिया में अत्याचारी लोग जहाँ जितना अन्याय करते हैं, उससे भगवान् की छाती का यह चिह्न और गहरा होता जाता है।

—रवींद्रनाथ टैगोर

परजीवी

- परजीवी मनुष्य केवल वह नहीं है, जो जड़भाव से दूसरों पर निर्भर रहे। जो व्यक्ति परंपरागत वस्तुओं से जकड़ा रहता है, जो बहती हुई धारा में निष्क्रिय भाव से आत्म-समर्पण करता है, वह भी परजीवी है।

—रवींद्रनाथ टैगोर

परदा

- जब परदा रहता है, तब अनंतकाल का व्यवधान रहता है, जब परदा हट जाता

है, तब वह एक पल का फासला रह जाता है। **—रवींद्रनाथ टैगोर**

परनिंदा

- विषयी लोग परनिंदा और नुक्ताचीनी करते रहते हैं, लेकिन जो लोग धार्मिकता की भाषा में यह काम करते हैं, उनकी इस निंदा के साथ एक आध्यात्मिक अहंकार भी मिला रहता है, जो संसार में बहुत बड़ा उपद्रव खड़ा कर देता है। **—रवींद्रनाथ टैगोर**

परम शक्ति

- परम शक्ति किसी मनुष्य-विशेष के सामने किसी विशेष मनुष्य के रूप में ही प्रकट होती है। **—रवींद्रनाथ टैगोर**

पराधीनता

- पराधीन को जिंदा कहें तो मुरदा कौन है। **—हितोपदेश**
- कोई ईमानदार आदमी हड्डी की खातिर अपने को कुत्ता नहीं बना सकता और अगर वह ऐसा करता है तो वह ईमानदार नहीं है।

  —डेनिस कहावत
- नौकर रखना बुरा है, लेकिन मालिक रखना और भी बुरा है।

  —पुर्तगाली कहावत
- पराधीनता समाज के समस्त मौलिक निमयों के विरुद्ध है। **—मान्तेस्क्यू**
- जिन्हें हम हीन या नीच बनाए रखते हैं, वे भी क्रमशः हमें हेय और दीन बना देता है।

  —रवींद्रनाथ टैगोर
- गुलामी में रखना इनसान की शान के खिलाफ है। जिस गुलाम को अपनी दशा का मान है और फिर भी जंजीरों को तोड़ने का प्रयास नहीं करता, वह पशु से हीन है। अंत:करण से प्रार्थना करनेवाला कभी गुलामी को बरदाश्त नहीं कर सकता। **—महात्मा गांधी**

परिचय

- परिचय का अर्थ ही यही है कि जो छोड़ने योग्य है, उसे छोड़कर जो ग्रहण करने योग्य है, उसे ग्रहण करना।

—रवींद्रनाथ टैगोर

- नंगे का कोई परिचय नहीं होता, बना-सँवारकर तैयार किए हुए कपड़ों से ही कोई राजा होता है, कोई भिखारी होता है। **—रवींद्रनाथ टैगोर**

परिवर्तन

- हर चीज बदलती है, नष्ट कोई चीज नहीं होती। **—अरविंद घोष**
- लोग हमेशा परिवर्तन से डरते हैं। बिजली के आविष्कार के वक्त भी लोग डर गए थे? **—बिल गेट्स**
- परिवर्तन ही सृष्टि है, जीवन है और स्थिर होना मृत्यु।

—जयशंकर प्रसाद

- स्वयं को बदल दो, भाग्य बदल जाएगा। **—कहावत**
- मैं अपने भविष्य के बारे में बहुत आशावादी हूँ, लेकिन यह परिवर्तन और आश्चर्य से भरा एक भविष्य है। **—बिल गेट्स**
- कभी-कभी बहुत छोटे-छोटे निर्णय ही हमारे जीवन को हमेशा के लिए बदल देते हैं। **—केरी रसैल**
- बहुधा वातावरण में परिवर्तन से कहीं अधिक व्यक्ति के भीतर ही बदलाव की जरूरत होती है। **—ए.सी. बेंसन**
- दुनिया परिवर्तन से नफरत करती है, लेकिन यही एक मात्र वस्तु है, जिससे प्रगति का जन्म हुआ है। **—बिल गेट्स**
- परिवर्तन के बीच व्यवस्था और व्यवस्था के बीच परिवर्तन को बनाए रखना ही प्रगति की कला है। **—बिल गेट्स**
- परिवर्तन नए अवसर लाता है। **—बिल गेट्स**

- परिवर्तन विज्ञानसम्मत है। परिवर्तन को अस्वीकार नहीं किया जा सकता, जबकि प्रगति राय और विवाद का विषय है। **—बर्नार्ड रसेल**
- हमें वह परिवर्तन खुद में करना चाहिए, जिसे हम संसार में देखना चाहते हैं। **—महात्मा गांधी**
- परिवर्तन का मानव के मस्तिष्क पर अच्छा-खासा मानसिक प्रभाव पड़ता है। डरपोक लोगों के लिए यह धमकी भरा होता है, क्योंकि उनको लगता है कि स्थिति और बिगड़ सकती है या आशावान लोगों के लिए यह उत्साहपूर्ण होता है, क्योंकि स्थिति और बेहतर हो सकती है या और विश्वास-संपन्न लोगों के लिए यह प्रेरणादायक होता है, क्योंकि स्थिति को बेहतर बनाने की चुनौती विद्यमान होती है। **—राजा ह्विटनी जूनियर**
- नई व्यवस्था लागू करने के लिए नेतृत्व करने से अधिक कठिन कार्य नहीं है। **—मैक्यावेली**
- यदि किसी चीज को अच्छी तरह समझना चाहते हो तो इसे बदलने की कोशिश करो। **—कुर्त लेविन**
- आप परिवर्तन का प्रबंध नहीं कर सकते, केवल उसके आगे रह सकते हैं। **—पीटर ड्रकर**
- जिस सभ्यता में बड़ी तादाद में असंतुष्ट और आक्रोशित लोग हैं, वह लंबे समय तक नहीं टिक सकती। **—सिगमंड फ्रायड**
- दुनिया बदलने की शुरुआत हमें उस चेहरे से करनी चाहिए, जो हमें आईने में नजर आता है। **—माइकल जैक्सन**
- बदलाव से पूरी मुक्ति, मतलब गलतियों से पूरी मुक्ति है, लेकिन यह तो अकेली सर्वज्ञता का विशेषाधिकार है। **—सी.सी. काल्टन**
- परिवर्तन ही सृष्टि है, जीवन होना मृत्यु है। **—अज्ञात**
- सिर्फ अतीत की जुगाली करने से कोई लाभ नहीं है।
  स्वयं को बदल दो, भाग्य बदल जाएगा। **—कहावत**

परिश्रम

- परिश्रम करने से ही कार्य सिद्ध होते हैं, केवल इच्छा करने से नहीं।
—हितोपदेश

- कठिन परिश्रम से भविष्य सुधरता है, आलस्य से वर्तमान।
—स्टीवन राइट

- चींटी से परिश्रम करना सीखें। **—अज्ञात**

- मरते दम तक तू अपने पसीने की रोटी खाना। **—बाइबिल**

- मनुष्य की सबसे अच्छी मित्र उसकी दस उँगलियाँ हैं। **—राबर्ट कोलियर**

- मानव सुख जीवन में है और जीवन परिश्रम में है। **—अज्ञात**

परिस्थिति

- जिसे परिस्थिति कहा जाता है, वह अचानक ही आ पहुँचती है और आती है तो सदल-बल। **—रवींद्रनाथ टैगोर**

पसंद

- जिस व्यक्ति के पास हृदय है, वह क्या केवल दहेज के रुपयों और आँख-नाक की लंबाई-चौड़ाई पसंद कर लेने योग्य है। **—रवींद्रनाथ टैगोर**

पहचानना

- मनुष्य को पहचानना कितना कठिन है। कौन जानता था (है) कि जो व्यक्ति इतना लिख सकता है, उसके पास हृदय है ही नहीं।
—रवींद्रनाथ टैगोर

पागलपन

- पागल हो जाने पर बहुत सी कठिन बातें बड़ी सरलता से कह जाने की शक्ति पैदा हो जाती है। पागलपन वह जूता है, जिसे पाँव में डालकर संसार की हजार-हजार तुच्छ बातों को एकदम लाँघा जा सकता है।
—रवींद्रनाथ टैगोर

पाना

- लकड़हारा केवल पेड़ ही काटना जानता है, वह पेड़ को नहीं पाता, केवल लकड़ी ही पाता है। माली पेड़ को रखना जानता है, इसलिए पाता है फूल और फल।

—रवींद्रनाथ टैगोर

पाना और खोना

- पूरा पाना ही सबसे बड़ी चीज है, अगर ऐसा एकदम संभव न हो तो पूरा खो देना ही ठीक है।

—रवींद्रनाथ टैगोर

पानी

- कुएँ का पानी कुएँ में ही रहता है। पोखर गड्ढे का पानी पोखर गड्ढे में ही शांत रहता है, परंतु पहाड़ की चोटी का पानी पहाड़ की चोटी पर नहीं रहता, मेघ का पानी मेघ का बंधन नहीं मानता।

—रवींद्रनाथ टैगोर

पाप

- जो पाप में पड़ता है, वह मनुष्य है, जो उसमें पड़ने पर दुःखी होता है, वह साधु है और जो उस पर अभिमान करता है, वह शैतान होता है।

—फुलर

- मनुष्य के लिए निराशा के समान दूसरा पाप नहीं है। इसलिए मनुष्य को पापरूपिणी निराशा को समूल हटाकर आशावादी बनना चाहिए।

—हितोपदेश

पाप और क्षमा

- हे प्रभु! यदि मैं कभी भी अपराध करूँ तो मुझे माफ नहीं करना, मेरे ऊपर जरा भी दया मत करना। मुझे मेरे पाप के लिए दंड दो। पाप का दंड भोगा जा सकता है, किंतु क्षमा का भार नहीं वहन किया जा सकता।

—रवींद्रनाथ टैगोर

पाप-पुण्य

- वास्तव में पाप-पुण्य कुछ भी नहीं, कौन किसका पिता है, कौन किसका भाई है, किसी का कोई नहीं। हत्या यदि पाप है, तब सब प्रकार की हत्या समान है, किंतु हत्या को पाप कौन कहता है ? हत्या तो प्रतिदिन होती रहती है। सिर पर पत्थर के टुकड़े के गिर जाने से किसी की हत्या होती है तो कोई बाढ़ के पानी में डूबकर मर जाता है। किसी को मगर निगल जाता है तो किसी आदमी की छुरी किसी का काम तमाम कर देती है। न मालूम कितनी चींटियाँ पैरों के नीचे दबकर मर जाती हैं। यही न कि उनकी अपेक्षा हम कुछ बड़े हैं, यह सब क्षुद्र प्रणालियों के जीवन-मरण का खेल नहीं तो और क्या है ?

—रवींद्रनाथ टैगोर

- दोषी होने पर भी भाई को निर्वासित करना पाप है, उसके फल से छुटकारा नहीं मिल सकता। कौरवों के दुराचारी होने पर भी पांडव उनका वध कर प्रसन्नचित्त से राज्य का सुख-भोग नहीं कर सके थे।

—रवींद्रनाथ टैगोर

पीड़ा

- नारी के भीतर की विचित्र रसमय प्राणों की प्रवर्तना यदि पुरुष के उद्यम में संचारित होते समय बँध पाती है तो उसी सृष्टि से यंत्र का प्राधान्य घट जाता है, उस समय मनुष्य स्व-निर्मित यंत्र के आघात से केवल पीड़ा ही पहुँचाता है और स्वयं भी पीड़ित होता है।

—रवींद्रनाथ टैगोर

पुण्य

- पुण्य का पुरस्कार पुण्य ही है। **—रवींद्रनाथ टैगोर**

पुरुष

- जो सही अर्थ में आदमी है, वह आदमी होकर देवता जैसी पूजा लेने में शरमाता है और अगर पूजा पाता है तो अपने आपको उनके लायक बनाने की चेष्टा करता है, पर हिंदुस्तान में तो उल्टी गंगा बहती है। यहाँ तो आदमी ढोंग

रचकर अपना उल्लू सीधा करने में फूले नहीं समाता। अयोग्य आदमी अपने ढोंग से योग्य होने की कोशिश करता है। **—रवींद्रनाथ टैगोर**

- मोर के सुंदर पंख लगाकर मोर बनने की नाकामयाब कोशिश करनेवाला कौवा जिस तरह शरम नहीं करता, उसी तरह शिक्षित मर्द अपने असली रूप को बनावटी बनाकर ऐंठने में शरम नहीं करता। **—रवींद्रनाथ टैगोर**

पुरुष की वीरता

- पुरुष की वीरता केवल स्त्री के सामने ही प्रकट होती है।
—रवींद्रनाथ टैगोर

पुरुषार्थ

- बड़ी कोई चीज गढ़ डालने में ही पुरुष का पुरुषार्थ है।
—रवींद्रनाथ टैगोर

पुस्तक

- सभी अच्छी पुस्तकों को पढ़ना पिछली शताब्दियों के बेहतरीन व्यक्तियों के साथ संवाद करने जैसा है। **—रेने डकार्टेस**

- जो पुस्तकें हमें सोचने के लिए विवश करती हैं, वे हमारी सबसे अधिक सहायक हैं। **—जवाहरलाल नेहरू**

- मेरे लिए तुलसी-रामायण (रामचरितमानस) भक्तिरस का सर्वोत्तम ग्रंथ है।
—महात्मा गांधी

- पुस्तकों में इतना खजाना छुपा है, जितना कोई लुटेरा कभी लूट नहीं सकता।
—वाल्ट डिजनी

- सही पुस्तक वह नहीं है, जिसे हम पढ़ते हैं, सही पुस्तक वह है, जो हमें पढ़ती है। **—डबल्यू एच ऑडेन**

- पुस्तकों को नहीं पढ़ना, पुस्तकों को जलाने से बढ़कर अपराध है।
—रे ब्रेडबरी

- पुस्तकों का मूल्य रत्नों से भी अधिक है, क्योंकि रत्न बाहरी चमक-दमक दिखाते हैं, जबकि पुस्तकें अंत:करण को उज्ज्वल करती हैं।

—महात्मा गांधी

- लोगों को मारा जा सकता है। लेखकों को भी, लेकिन पुस्तकों को मारना संभव नहीं। **—अमोस ओज**
- किसी मूर्ख व्यक्ति के लिए पुस्तकें उतनी ही उपयोगी हैं, जितना कि एक अंधे व्यक्ति के लिए आईना। **—चाणक्य**
- बिना ग्रंथों का कक्ष, बिना आत्मा की देह है। **—शरण**
- पुस्तकों का मूल्य रत्नों से भी अधिक है, क्योंकि पुस्तकें अंत:करण को उज्ज्वल करती हैं। **—महात्मा गांधी**
- पुस्तकों की उपमा विचारों के रत्नकण से दी जा सकती है।

—महात्मा गांधी

- पुस्तकें ज्ञान-प्रसार के लिए अमूल्य और सुगम साधन हैं। कोई गाँव बिना पुस्तकालय के नहीं होना चाहिए।

—महात्मा गांधी

- विचारों के युद्ध में, पुस्तकें ही अस्त्र हैं। **—जॉर्ज बर्नार्ड शॉ**
- आज के लिए और सदा के लिए सबसे बड़ा मित्र है अच्छी पुस्तक।

—टसर

- अच्छा ग्रंथ एक महान् आत्मा का अमूल्य जीवन-रक्त है। **—मिल्टन**

पूजनीय

- संसार में जिन लोगों को अत्यधिक श्रद्धा की दृष्टि से देखा गया है, वे दु:ख के अवतार रहे हैं, सुख-चैन में जीवन बितानेवाले लक्ष्मी के दास कभी पूजनीय नहीं हुए है।

—रवींद्रनाथ टैगोर

पूजा

- हमारे देश में पूजा का पथ पड़ा प्रशस्त है। इसी रास्ते से भक्ति की धारा को देश की ओर मोड़ देना होगा। **—रवींद्रनाथ टैगोर**

पूर्णता

- स्त्री द्वारा पुरुष अपनी पूर्णता प्राप्त करता है। **—रवींद्रनाथ टैगोर**
- मुक्ति शून्यता में नहीं, पूर्णता में है। पूर्णता सृष्टि करती है, ध्वंस नहीं करता। **—रवींद्रनाथ टैगोर**

पृथ्वी

- पुराण के वासुकि जिस पौराणिक पृथ्वी को थामे हुए हैं, वह पृथ्वी स्थिर है, किंतु संसार में जिस कन्या को वेदना की पृथ्वी वहन करनी होती है, उसकी वह पृथ्वी पल-पल में नए आघातों से तैयार होती जा रही है।

  —रवींद्रनाथ टैगोर
- पुरुष की माँग की पूर्ति करना ही धरती के लिए आनंद का विषय है। इस अनंत माँग को पूरा करते-करते ही पृथ्वी उबरी हुई है, सुंदर हुई है, सार्थक हुई है, वरना जंगलों से ढकी रहकर वह खुद अपने लिए भी अपरिचित रह जाती। **—रवींद्रनाथ टैगोर**

प्यार

- प्यार बुद्धिमत्ता के ऊपर कल्पना की विजय है। **—एच.एल. मैंकिन**
- अपने आप से प्यार करना जीवन भर चलनेवाली प्रेमलीला की शुरुआत है। **—ऑस्कर वाइल्ड**
- मैं मानता हूँ कि कल्पना ज्ञान से ज्यादा शक्तिशाली है, कि मिथक इतिहास से ज्यादा ताकतवर है, कि सपने तथ्यों से ज्यादा शक्तिशाली हैं कि आशा हमेशा अनुभव पर विजय हासिल करती है, कि हँसी दुःख की एक मात्र औषधि है और मैं यह मानता हूँ कि प्यार मौत से ज्यादा शक्तिशाली है।

  —राबर्ट फल्घुम

- हम जिंदगी से प्यार करते हैं, इसलिए नहीं कि हम जीने के अभ्यस्त हैं, बल्कि इसलिए, क्योंकि हम प्यार के आदी हैं। **—फ्रेडरिक नीत्से**

- यह जान पाना मुश्किल है कि किस क्षण प्यार शुरू होता है, लेकिन यह जान पाना कम मुश्किल है कि यह शुरू हो चुका है।

  —हेनरी वड्र्सवर्थ लोंग्फेलो

- प्यार एक सुंदर फूल की तरह है, जिसे मैं शायद छू न सकूँ, लेकिन जिसकी खुशबू बगीचे को उसकी तरह एक आनंददायक स्थान बना देती है।

  —हेलेन केलर

- जब तक प्यार पागलपन नहीं है, यह प्यार नहीं है।

  —पेड्रो काल्डेरों बरका

- प्यार एक ऐसा खेल है, जिसे दो खेल सकते हैं और दोनों ही जीत भी सकते हैं। **—ईवा गबर**

- जितने भी जुनून हैं, उनमें प्यार सबसे उग्र और सबसे ज्यादा ताकतवर है, क्योंकि यह एक ही समय में दिल, दिमाग और इंद्रियों पर हमला करता है।

  —लाओत्ज़ू

- बिना प्यार के एक जिंदगी एक बिना फल के पेड़ के जैसी है।

  —खलील जिब्रान

- मित्रता अकसर प्यार में बदल जाती है, लेकिन प्यार दोस्ती में कभी नहीं।

  —अल्बर्ट कैमस

- आप जानते हैं कि आप प्यार में हैं, जब आप सो नहीं सकते; क्योंकि वास्तविकता आखिरकार आपके सपनों से ज्यादा बेहतर है। **—डॉ. सूस**

- अँधेरा अंधकार को दूर नहीं कर सकता, केवल रोशनी ही यह कर सकती है। नफरत घृणा को दूर नहीं कर सकती, केवल प्यार ही यह कर सकता है।

  —मार्टिन लुथर किंग

- उस व्यक्ति को मत चुनिए, जो संसार के लिए अच्छा है। किसी ऐसे व्यक्ति को चुनिए, जो आपकी दुनिया को सुंदर बनाए। **—अज्ञात**
- प्यार एक-दूसरे की ओर एकटक देखते रहने में नहीं है, बल्कि साथ-साथ एक ही दिशा में देखते रहने में है।

—एंटोनी डी एक्सुपेरी

- प्यार ही एकमात्र वास्तविकता है और यह केवल एक भावना मात्र नहीं है, यह परम सत्य है, जो सृष्टि के हृदय में स्थित है।

—रवींद्रनाथ टैगोर

- गुरुत्वाकर्षण लोगों के प्यार में पड़ जाने के लिए उत्तरदायी नहीं है।

—अल्बर्ट आइंस्टीन

- जिंदगी का सबसे बड़ा सुख यह दृढ़ विश्वास है कि हमें प्यार मिला, खुद के लिए प्यार मिला। **—विक्टर ह्यूगो**
- प्यार आँखों से नहीं देखता, बल्कि मन से देखता है और इसीलिए पंखयुक्त कामदेव है, जो अंधा चित्रित किया गया है।

—विलियम शेक्सपियर

- अपनी सारी जिंदगी, मेरा दिल एक ऐसी चीज के लिए तरसा है, जिसे मैं नाम नहीं दे सकता। **—आंद्रे ब्रेटन**
- बहुत प्यार करने का अर्थ है, बहुत जीना और हमेशा प्यार करने का मतलब है सदा के लिए जीना। **—हेनरी ड्रमंड**
- श्रद्धा सब चीजें संभव कर देती है। प्यार सब चीजें सरल बना देता है।

—डी.एल. मूडी

- प्यार किए जाने के लिए प्यार करना मानवीय है, लेकिन प्रेम करने के लिए ही प्यार करना दैवीय है। **—अलफोंस लमर्तिन**
- प्यार से डरने का मतलब है जीवन से डरना और जो जिंदगी से डरते हैं, पहले ही तीन हिस्से मर चुके हैं। **—बरट्रेंड रसेल**

• एक व्यक्ति दूसरे के मन की बात जान सकता है, तो केवल सहानुभूति और प्यार से, उम्र और बुद्धि से नहीं।

—अज्ञात

• इस संसार में प्यार करने लायक दो वस्तुएँ हैं—एक दुःख और दूसरा श्रम। दुःख के बिना हृदय निर्मल नहीं होता और श्रम के बिना मनुष्य का विकास नहीं होता। **—अज्ञात**

• हम जब तक स्वयं माता-पिता नहीं बन जाएँ, माता-पिता का प्यार कभी नहीं जान पाते।

—हेनरी वार्ड बीचर

• अपने स्नेह का पूर्ण प्रदर्शन किए बिना आप अपना स्नेहभाव दूसरों तक नहीं पहुँचा सकते। **—स्वेट मार्डन**

प्रटत भाव

• मैं मानव समाज में किसी नई नीति का प्रचार करने नहीं बैठा हूँ, न समाज भंग करने आया हूँ, बंधन तोड़ना भी नहीं चाहता। मैं तो बस अपने मन का प्रकट भाव व्यक्त कर रहा हूँ। हमारे मन में जो भाव उदित होते हैं, वे क्या सब-के-सब तर्कसंगत होते हैं। **—रवींद्रनाथ टैगोर**

प्रकाश

• प्रकाश—अंधकार की निःशब्द आवर्तन-ध्वनि है। **—रवींद्रनाथ टैगोर**

प्रकृति

• प्रकृति आत्मसमर्पण करती है, मगर लुटेरों के हाथों! क्योंकि चाहने की, लेने की और पाने की ताकत का उपभोग करना उसे अच्छा लगता है।

—रवींद्रनाथ टैगोर

• प्रकृति अकेली, अखंड और निश्चिंत है, उसके समीप नीले ललाट पर बुद्धि की लकीर तक नहीं है। सिर्फ प्रतिभा की चमक हमेशा जगमगा रही है।

—रवींद्रनाथ टैगोर

- मनुष्य की प्रकृति बहुमुखी होती है, उसकी आवश्यकताएँ अनेक प्रकार की होती हैं और इसीलिए उसे तरह-तरह की वस्तुओं की खोज करनी पड़ती है।

—रवींद्रनाथ टैगोर

प्रगति

- प्रगति का वर्णन, लक्ष्यों को निर्धारित करना और उनके लिए प्रगति का मूल्यांकन करना है।

—बिल गेट्स

- प्रगति करना दुर्लभ और अनिश्चित होने की नियति नहीं है, हम वस्तुतः इसे सामान्य बना सकते हैं। **—बिल गेट्स**
- गति और प्रगति में संदेह न करें, कोल्हू के बैल दिनभर चलते हैं, लेकिन कोई प्रगति नहीं करते हैं। **—बिल गेट्स**
- यदि संघर्ष नहीं है तो प्रगति नहीं है। **—बिल गेट्स**

प्रतिकार

- जो कुछ भी हमारे देश को चोट पहुँचाता है, उसका प्रतिकार जरूरी है, वह चाहे कितना ही प्रबल क्यों न हो और वह प्रतिकार एक मात्र हमारे ही साथ में है।

—रवींद्रनाथ टैगोर

- तंग किनारों के बीच नई वर्षा की जलराशि सहसा आ जाने से बड़ी खलबली मचती है। उसका एक मात्र प्रतिकार यही है कि उसे खुले क्षेत्र की ओर बह जाने दिया जाए।

—रवींद्रनाथ टैगोर

प्रतिभा

- प्रतिभा धैर्य की महान् क्षमता मात्र है। **—बिल गेट्स**
- यदि आप प्रतिभा के साथ उत्कृष्टता प्राप्त नहीं कर सकते हैं, तो प्रयास से विजयी बनें। **—बिल गेट्स**

- हर व्यक्ति में प्रतिभा होती है। दरअसल उस प्रतिभा को निखारने के लिए गहरे अँधेरे रास्ते में जाने का साहस कम लोगों में ही होता है।

—बिल गेट्स

- अक्ल की बजाय प्रतिभा को हम ऊँचा समझते हैं। अक्ल हर रोज, हर पल हमारे सैकड़ों कामों में अन्याय करती है, उसके बिना हमें जीवन धारण करना मुश्किल हो जाता है और प्रतिभा कभी-कभी हमारे काम आती है और ज्यादा समय उससे हमें कोई लाभ ही नहीं होता, परंतु अक्ल का संबंध मन से है और प्रतिभा मन के नियमानुसार न चलकर हवा की तरह आती है और चली जाती है, किसी की पुकार की उपेक्षा नहीं करती।

—रवींद्रनाथ टैगोर

- प्रतिभा अपना मार्ग स्वयं निर्धारित कर लेती है और अपना दीपक स्वयं लिये चलती है। **—बिल गेट्स**

- अन्य के भीतर प्रवेश करने की शक्ति और अन्य को संपूर्ण रूप से अपना बना लेने का जादू ही प्रतिभा का सर्वस्व, प्रतिभा का वैशिष्ट्य है। **—रवींद्रनाथ टैगोर**

- प्रतिभा एक प्रतिशत प्रेरणा और निन्यानबे प्रतिशत श्रम है। **—एडीसन**

प्रतिरोध

- जीवन में जब बाहर से कोई बाधा आती है, तब उससे लड़ने का साहस सहज ही प्राप्त हो जाता है, स्वयं देवता उसके लिए सहायक हो जाते हैं, किंतु जब बाहर का विरोध सहसा एकदम परास्त हो जाता है, तब लड़ाई तो थम जाती है, पर संधि नहीं हो पाती। तब बाहर निकल आता है अपने भीतर का प्रतिरोध।

—रवींद्रनाथ टैगोर

प्रतिष्ठा

- मनुष्य सामाजिक महत्त्व से भी प्रतिष्ठा प्राप्त कर सकता है, राष्ट्रनीतिक महत्त्व से भी। **—रवींद्रनाथ टैगोर**

प्रपंच

- आकाश के तारे जैसे हृदय के मध्य आकर फुसफुसाकर बोलें, ऐसा ही है, हम तो हजार-हजार सालों से देखते आ रहे हैं, संसार-व्यापी यह सारा आयोजन इतना ही बड़ा प्रपंच है। **—रवींद्रनाथ टैगोर**

प्रतिस्पर्धा

- अपने प्रतिस्पर्धियों से अलग दिखने और कुछ अलग करने के लिए सबसे सार्थक तरीके खोजें।

  —बिल गेट्स

- निंदा करने की जरूरत होने पर जैसे भी हो, एक प्रतिपक्षी तो खड़ा करना ही पड़ता है। **—रवींद्रनाथ टैगोर**

प्रभुत्व

- अनेक बार दुर्बल व्यक्ति प्रभुत्व पाकर प्रचंड और स्वेच्छाचारी बन जाते हैं। **—रवींद्रनाथ टैगोर**

प्रलय

- प्रलय का बीज जब तक मिट्टी के नीचे रहता है, तब तक डर की कोई बात नहीं होती, पर ज्यों ही वह मिट्टी के ऊपर अँकुराता है, वह बहुत तेजी से बढ़ता है और तब आँचल से, सोने से, यहाँ तक कि प्राणों से भी उसे ढका नहीं जा सकता। **—रवींद्रनाथ टैगोर**

प्रवृत्ति

- प्रवृत्ति ही तो प्रवृत्ति का वह लैंपपोस्ट है, जिसकी रोशनी में हमें सब रास्तों का पता चलता है। प्रवृत्ति को जो लोग गलत बताते हैं, वे अपनी आँखें फाड़कर दिव्य दृष्टि पाने की दुराशा करते हैं। **—रवींद्रनाथ टैगोर**

- जो लोग सारी चीजों को प्रवृत्ति के साथ ही जोड़कर देखने के आदी हैं, वे प्रवृत्ति को तो विकृत करते ही हैं, सत्य को भी नहीं देख पाते।

  —रवींद्रनाथ टैगोर

प्रशंसा

- मानव में जो कुछ सर्वोत्तम है, उसका विकास प्रशंसा तथा प्रोत्साहन से किया जा सकता है। **—चार्ल्स श्वेव**

- आप हर इनसान का चरित्र बता सकते हैं, यदि आप देखें कि वह प्रशंसा से कैसे प्रभावित होता है। **—सेनेका**

- मानव प्रकृति में सबसे गहरा नियम प्रशंसा प्राप्त करने की लालसा है। **—विलियम जेम्स**

- अगर किसी युवती के दोष जानने हों तो उसकी सखियों में उसकी प्रशंसा करो। **—फ्रेंकलिन**

- मेरी चापलूसी करो और मैं आप पर भरोसा नहीं करूँगा। मेरी आलोचना करो और मैं आपको पसंद नहीं करूँगा। मेरी उपेक्षा करो और मैं आपको माफ नहीं करूँगा, मुझे प्रोत्साहित करो और मैं कभी आपको नहीं भूलूँगा। **—विलियम ऑर्थर वार्ड**

- हमारे साथ प्राय: समस्या यही होती है कि हम झूठी प्रशंसा के द्वारा बरबाद हो जाना तो पसंद करते हैं, परंतु वास्तविक आलोचना के द्वारा सँभल जाना नहीं। **—नॉर्मन विंसेंट पील**

प्रसन्नता

- आप अपनी आँख बंद करके ध्यान लगाएँ और खुद से पूछें कि कौन सा काम करते समय आपको आनंद आता है, ऐसी कौन सी दुनिया है, जो आपको बुलाती है। तभी तुम सही फैसला कर पाओगे।

- प्रसन्नता आत्मा को शांति देती है। **—सैम्युअल स्माइल्स**

- आनंद ही ब्रह्म है, आनंद से ही सब प्राणी उत्पन्न होते हैं। उत्पन्न होने पर आनंद से ही जीवित रहते हैं और मृत्यु से आनंद में समा जाते हैं। **—उपनिषद्**

- प्रसन्नता स्वास्थ्य देती है, विषाद रोग देता है। **—अज्ञात**

- मनुष्य अपने आनंद का निर्माता स्वयं है। **—थोरो**
- प्रसन्नचित्त मनुष्य अधिक जीते हैं। **—शेक्सपियर**
- प्रसन्न करने का उपाय है, स्वयं प्रसन्न रहना।
- हर्ष के साथ शोक और भय इस प्रकार लगे हैं, जैसे प्रकाश के संग छाया, सच्चा सुखी वही है, जिसकी दृष्टि में दोनों समान हैं।

  —धम्मपद
- प्रसन्नता बसंत की तरह, हृदय की सब कलियाँ खिला देती है।

  —जीनपॉल

प्रश्न

- भाषा की खोज प्रश्न पूछने के लिए की गई थी। उत्तर तो संकेत और हाव-भाव से भी दिए जा सकते हैं, पर प्रश्न करने के लिए बोलना जरूरी है। जब आदमी ने सबसे पहले प्रश्न पूछा तो मानवता परिपक्व हो गई। प्रश्न पूछने के आवेग के अभाव से सामाजिक स्थिरता जन्म लेती है।

  —एरिक हाफर
- मूर्खतापूर्ण प्रश्न कोई भी नहीं होते और कोई भी तभी मूर्ख बनता है, जब वह प्रश्न पूछना बंद कर दे। **—स्टीनमेंज**
- मैं छह ईमानदार सेवक अपने पास रखता हूँ, इन्होंने मुझे वह हर चीज सिखाई है, जो मैं जानता हूँ, इनके नाम हैं—क्या, क्यों, कब, कैसे, कहाँ और कौन।

  —रुडयार्ड किपलिंग

प्रांजलता

- प्रांजलता की यह खास खूबी है कि वह मन के साथ अत्यंत समीप का नाता जोड़ लेती है।

  —रवींद्रनाथ टैगोर

प्राण

- मनुष्य के प्राण अपने ही अंदर नाना चिंताओं से घुल-घुलाकर मैले हो गए हैं।

इसलिए प्राणों का विशुद्ध रूप देखना हो तो देखना चाहिए घास की ओर, पेड़ की ओर।

—रवींद्रनाथ टैगोर

- जो प्राण सीमाबद्ध नहीं है, उसमें हिस्सा बँटाने के लिए किसी के साथ किसी के झगड़े की कोई जरूरत ही नहीं है। **—रवींद्रनाथ टैगोर**

प्रार्थना

- प्रार्थना अपनी योग्यता और दुर्बलता को स्वीकार करना है।

  —महात्मा गांधी

- प्रार्थना ही आत्मा की खुराक है। **—महात्मा गांधी**

- ईश्वर को पत्र लिखने में न कागज चाहिए, न कलम-दवात, न शब्द। उस पत्र का नाम है प्रार्थना, पूजा। **—महात्मा गांधी**

- प्रार्थना या भजन जीभ से नहीं, हृदय से होता है। इसी से गूँगे, तोतले और मूढ़ भी प्रार्थना कर सकते हैं। **—महात्मा गांधी**

- प्रार्थना तभी प्रार्थना है, जब वह अपने-आप से निकलती है।

  —महात्मा गांधी

- प्रार्थना का आमंत्रण निश्चय ही आत्मा की व्याकुलता का द्योतक है।

  —महात्मा गांधी

- प्रार्थना वाणी से नहीं, हृदय से करने की चीज है। **—महात्मा गांधी**

- प्रार्थना धर्म का प्राण और सार है। **—महात्मा गांधी**

- प्रार्थना के लिए कोई जटिल या कठोर नियम नहीं बनाया जा सकता, न समय नियत किया जा सकता है यह तो अपने-अपने स्वभाव पर निर्भर है।

  —महात्मा गांधी

- प्रार्थना द्वारा ईश्वर की कृपा और सहायता से हम अपनी कमजोरियों पर विजय प्राप्त कर सकते हैं। **—महात्मा गांधी**

प्रायश्चित्त

- प्रायश्चित्त से पिछले पाप के प्रति विरक्ति उत्पन्न होती है और आगे के लिए सावधानी।
  —महात्मा गांधी
- जो व्यक्ति हृदय से प्रायश्चित्त कर लेता है, वह सहानुभूति का अधिकारी होता है।
  —महात्मा गांधी
- प्रायश्चित्त वहीं होना चाहिए, जहाँ जानबूझकर कोई भारी पाप हो गया हो।
  —महात्मा गांधी

प्रीति

- भलाई करने का एक मात्र ईश्वरप्रदत्त अधिकार है, वह है प्रीति।
  —रवींद्रनाथ टैगोर

प्रेम

- हम लोग शायद किसी वस्तु को नहीं, बल्कि उसकी प्रतिध्वनि को प्यार करते हैं, क्योंकि एक समय हम जिस चीज की तरफ ताकते भी नहीं, दूसरे समय वही चीज हमारे समस्त तन को बेसुध कर देती है।
  —अज्ञात
- प्रेम जैसी पवित्र वस्तु संसार में और कोई नहीं है। **—महात्मा गांधी**
- मन में जब एक प्रबल आनंद या बृहत् प्रेम का संचार होता है, तब मनुष्य सोचता है, मैं कुछ कर सकता हूँ। तब अचानक आत्मविसर्जन की एक इच्छा बलवती हो उठती है। स्रोत का उच्छ्वास जैसे कठिन तट पर अपने वेग से मूर्च्छित करता है, वैसे ही प्रेम का आवेग, आनंद का उच्छ्वास, एक महत् त्याग, एक बृहत् दुःख के ऊपर अपने को जैसे निक्षेप करना चाहता है।
  —रवींद्रनाथ टैगोर
- हमें तो इतना देखना चाहिए कि जो बो रहे हैं, वह प्रेम है या और कुछ।
  —महात्मा गांधी
- यदि दो प्रेमियों में से एक वफादार है और दूसरा ईर्ष्यालु और झूठा, तो कैसे

उनकी मित्रता टिकी रह सकती है, क्योंकि प्यार मर चुका होता है।

—मेरी डी फ्रांस

- जिससे प्यार किया जाता है, उसके निकटवर्ती परिजनों का संग भी मधुर लगता है। **—रवींद्रनाथ टैगोर**
- सामान्य का असामान्य रूप में आविष्कार करता है प्रेम। **—रवींद्रनाथ टैगोर**
- जहाँ प्रेम है, वहाँ डर को स्थान कहाँ? **—महात्मा गांधी**
- प्रेम सत्य से खुश रहता है, सब सहन करता है, सब मान लेता है, आशामय है, कभी निष्फल नहीं होता। **—महात्मा गांधी**
- अहंकार छोड़े बिना सच्चा प्रेम नहीं किया जा सकता। **—अज्ञात**
- सारे दुःख-दुर्लक्षणों में प्रेम ही बड़ा है। **—रवींद्रनाथ टैगोर**
- प्रेम खुशी-खुशी ठगा जाता है। **—रवींद्रनाथ टैगोर**
- दूसरों से प्रेम करना अपने आप से प्रेम करना है। **—अज्ञात**
- जहाँ प्रेम है, वहाँ परमात्मा है। **—महात्मा गांधी**
- प्रेम का दर्शन हम पिता-पुत्र, भाई-बहन और मित्र-मित्र के बीच करते हैं, किंतु इसका उपयोग सभी जीवित प्राणियों के बीच होना चाहिए। **—महात्मा गांधी**
- सबसे कीमती चीज है प्रेम, सो उसे क्या लुटा-बिखेर सकते हैं। **—रवींद्रनाथ टैगोर**
- प्रेम एक ऐसा फल है, जो हर मौसम में मिलता है और जिसे सभी पा सकते हैं। **—मदर टेरेसा**
- हमें प्रेम का क्षेत्र घर से गाँव भर में, गाँव से जिले भर में, जिले से प्रांत और प्रांत से देश भर में फैलाकर तब उसे सारे विश्व के लिए विस्तृत बना देना चाहिए। **—महात्मा गांधी**

- नारी की संपत्ति हृदय है। भले ही वह सबकुछ खो दे, जो कुछ बाहरी है, जिसे देखा जा सकता है, स्पर्श किया जा सकता है, भोग किया जा सकता है, फिर भी बचा रहता है प्रेम का आदर्श, जो अव्यक्तिगत नहीं है।

—रवींद्रनाथ टैगोर

- दांपत्य में गुस्सा न मिलने से मोहब्बत में स्वाद नहीं मिलता जैसे सब्जी में नमक-मिर्च के बिना। **—रवींद्रनाथ टैगोर**

- हर सच्चा क्रांतिकारी वास्तव में गहन प्रेम की भावना से संचालित होता है।

—चे ग्वेरा

- मोहब्बत त्याग की माँ है, जहाँ जाती है, बेटे को साथ ले जाती है।

—सुदर्शन

- जो प्यार करता है, उसे कैसे खुश करना चाहिए, हृदय अपने-आप ही यह बता देता है। **—रवींद्रनाथ टैगोर**

- प्रेम की वेदना में सारे जल-थल-आकाश के केंद्र-कुहर से ऐसी धुन में, बाँसुरी बजती है। **—रवींद्रनाथ टैगोर**

- प्रेम स्वभाव से ही बैरागी होता है, वह खुद ही पथ के किनारे मिट्टी में हजार-हजार फूल खिला देता है। **—रवींद्रनाथ टैगोर**

- हमारे प्रेम का प्रदीप जब जलता है तो उसकी शिखा ऊपर ही उठती है, दीपक का जला हुआ तेल ही नीचे की तरफ जाता है। **—रवींद्रनाथ टैगोर**

- प्रेम की शक्ति दंड की शक्ति से हजार गुनी प्रभावशाली और स्थायी होती है। **—महात्मा गांधी**

- वही समाज सदैव सुखी रहकर तरक्की कर सकता है, जिसमें लोगों ने आपसी प्रेम को आत्मसात् कर लिया। **—अज्ञात**

- प्यार के माध्यम से मनुष्य अपने परम मूल्य की उपलब्धि प्राप्त करता है।

—रवींद्रनाथ टैगोर

• अहंकार और अवज्ञा छोड़कर, नम्र होकर, प्रेम देकर पहले अपने को सच्चे दिल से सबके साथ मिलाइए, उस प्रेम के आगे हजारों त्रुटियाँ और कमजोरियाँ सहज ही हार मान लेंगी। **—रवींद्रनाथ टैगोर**

• विच्छेद के समय प्रेम और प्रबल हो उठता है। **—रवींद्रनाथ टैगोर**

• मनुष्य की समूची प्रकृति को पल भर में जगा देने का उपाय प्रेम ही है।
—रवींद्रनाथ टैगोर

• जब आप अपने जीवन में पीछे लौटते हैं तो आप पाएँगे कि वे क्षण जब आप वास्तव में जिए थे, वे क्षण हैं, जब आपने चीजें प्रेम की उद्यत भावना में की थी। **—हेनरी ड्रमंड**

• जब कोई प्रेम हमें एकदम विचलित कर देता है, तब वह भी हम लोगों को संसार के क्षुद्र बंधन से छुड़ाकर अनंत की ओर मिला देता है, वह एक महान् तपस्या का रूप बना लेता है और देश-काल के शिलामुख को चीरकर झरने की तरह अतुल की ओर बह जाता है। इसी प्रकार प्रबल स्पंदन हमें विश्वस्पंदन में मिला देता है। **—रवींद्रनाथ टैगोर**

• सच्चा प्रेम भूत की तरह है—चर्चा उसकी सब करते हैं, देखा किसी ने नहीं।
—अज्ञात

• प्रेम के बिना जीवन एक ऐसे वृक्ष के समान है, जिस पर न कोई फूल हो, न फल। **—खलील जिब्रान**

• इस दुनिया में सर्वप्रधान प्रेम है। जिंदगी का सर्वप्रधान प्रेम, जैसे सबकी अपेक्षा प्रबल हुआ करता है, वैसे ही दुनिया का सर्वप्रथम प्रेम भी सरल और मुश्किल होता है। **—रवींद्रनाथ टैगोर**

• देह का प्यार दुनिया में सबसे पहले प्रकट हुआ था। **—रवींद्रनाथ टैगोर**

• हमें प्रेम करना ही पड़ता है और प्रेम को तोड़ना भी पड़ता है। दुनिया का यही सबसे बड़ा विशादमय नियम है और इस नियम के अनुसार ही हमें चलना पड़ेगा। **—रवींद्रनाथ टैगोर**

- उपयुक्त अवसर पर स्त्री–पुरुष के हृदय में परस्पर प्रेम का संचार होना कोई असंभव ही नहीं। **—रवींद्रनाथ टैगोर**
- प्रेम का फल एक दिन का नहीं होता, कुछ दिनों का भी नहीं होता, प्रेम के फल की सार्थकता प्रेम के बीच होती है। **—रवींद्रनाथ टैगोर**
- एक सच्ची, प्रिय मानवीय आत्मा का दूसरी पर होनेवाला प्रभाव सौभाग्यदायक है। दो मानवीय आत्माओं के लिए इससे ज्यादा महान् बात और क्या हो सकती है कि वे यह महसूस करें कि वे जुड़े हुए हैं, एक–दूसरे को मजबूत करने के लिए। खामोश, कही न जा सकनेवाली यादों में एक–दूसरे के साथ एक होने के लिए। **—जॉर्ज इलियट**
- प्रेम और स्नेह का रहस्य अति प्राचीन है, दुर्गम है, वह अपनी सार्थकता के लिए तर्क पर निर्भर नहीं होता। **—रवींद्रनाथ टैगोर**
- प्रेम में भय न होने से उसका रस फीका हो जाता है। **—रवींद्रनाथ टैगोर**

प्रेरणादायक

- मैं शुक्रगुजार हूँ उन तमाम लोगों का, जिन्होंने बुरे वक्त में मेरा साथ छोड़ दिया; क्योंकि उन्हें भरोसा था कि मैं मुसीबतों से अकेले ही निपट सकता हूँ। **—अज्ञात**
- जब दूसरे व्यक्ति सोए हों, तो उस समय अध्ययन करें, उस समय कार्य करें, जब दूसरे व्यक्ति अपने समय को नष्ट करते हैं, उस समय तैयारी करें, जब दूसरे खेल रहे हों, और उस समय सपने देखें, जब दूसरे केवल कामना ही कर रहे हों। **—विलियम आर्थर वार्ड**
- जब बिल्कुल अंधकार होता है, तब इनसान सितारे देख पाता है। **—राल्फवाल्डो एमर्सन**
- स्वतंत्रता और नियति एक साथ नहीं हो सकते। ये दोनों एक–दूसरे के विपरीत हैं। **—इमरे कर्तेश**

• इच्छा हमेशा योग्यता को हरा देती है।
सच्चा प्रयास कभी निष्फल नहीं होता। **—विल्सन एडवर्ड**

• जब सपने और इच्छाएँ पर्याप्त बड़े होते हैं, परिस्थितियों से कोई फर्क नहीं पड़ता।

• रत्न मिट्टी से ही निकलते हैं, स्वर्ण मंजूषाओं ने तो कभी एक भी रत्न उत्पन्न नहीं किया। **—जयशंकर प्रसाद**

• असंभव शब्द मूर्खों के शब्दकोश में पाया जाता है।

—नेपोलियन

• निराशावादी व्यक्ति को हर अवसर में कठिनाइयाँ ही नजर आती हैं, जबकि एक आशावादी व्यक्ति हर कठिनाई में भी अवसरों की तलाश कर लेता है।

—विंस्टन चर्चिल

• उन्नति की क्षमता रखनेवालों पर ही समय-समय पर आपत्ति आती है।

—वेदव्यास

• आपकी मरजी के बिना कोई भी आपको तुच्छ होने का एहसास नहीं करा सकता है। **—एलिएनॉर रूजवेल्ट**

• प्यार कभी निष्फल नहीं होता, चरित्र कभी नहीं हारता, धैर्य और दृढ़ता से सपने अवश्य सच हो जाते हैं। **—पीट मेराविच**

• मानव जीवन की दिशा बदलने में, एक छोटी सी बात भी अद्‍भुत प्रभाव रखती है। **—स्वेट मार्डेन**

• किनारे पर खड़ा जहाज सबसे सुरक्षित होता है, लेकिन क्या जहाज इसलिए बनाए जाते हैं। जीवन में चुनौतियाँ लेने की ताकत ही आपकी क्षमताओं को तय करती है। **—अज्ञात**

• आप कुछ भी कर पाने में सक्षम हैं, चाहे वह आपकी सोच हो, आपका जीवन हो या आपके सपने हों, सब सच हो सकते हैं। आप जो चाहें, वह कर सकते

हैं। आप इस अनंत ब्रह्मांड की तरह ही अनंत संभावनाओं से परिपूर्ण हैं।
—शेड हेल्मस्टेटर

- अगर हम अपनी क्षमता के अनुसार कर्म करें तो हम अपने आपको ही अचंभित कर डालेंगे। **—थॉमस एडीसन**
- संकल्प ही मनुष्य का बल है। **—अज्ञात**
- संपूर्ण लेखन जैसी कोई चीज नहीं होती। ठीक वैसे ही, जैसे संपूर्ण निराशा नहीं होती। **—हारुकि मुराकामी**
- अपने शक्तियों पर भरोसा करनेवाला कभी असफल नहीं होता। **—अज्ञात**
- वह सच्चा साहसी है, जो कभी भी निराश नहीं होता। **—अज्ञात**
- मंजिल तो मिल ही जाएगी, भटककर ही सही, गुमराह तो वे हैं, जो घर से निकला ही नहीं करते। **—अज्ञात**
- वही सबसे तेज चलता है, जो अकेला चलता है। **—अज्ञात**
- जिसने निश्चय कर लिया, उसके लिए केवल करना शेष रह जाता है। **—इटालियन कहावत**
- प्रचंड वायु में भी पहाड़ विचलित नहीं होते। **—अज्ञात**
- हर परिस्थिति एक सौगात है और हर अनुभव खजाना। **—अज्ञात**
- मेहनत, हिम्मत और लगन से कल्पना साकार होती है। **—अज्ञात**
- विवेक बहादुरी का उत्तम अंश है। **—अज्ञात**
- कोई भी पूर्ण नहीं होता और कोई भी हर समय नहीं जीतता। **—अज्ञात**
- बिना उत्साह के कभी किसी उच्च लक्ष्य की प्राप्ति नहीं होती। **—एमर्सन**
- सतह की 'चमक' कभी उतनी महत्त्वपूर्ण नहीं होती है, जितनी कि इसके नीचे की नींव होती है। **—अज्ञात**
- ऊँची जगहों पर जाने का एक मात्र मार्ग घुमावदार सीढ़ियाँ हैं। **—अज्ञात**

- अगर आप इस बात की परवाह नहीं करें कि श्रेय किसे मिलेगा, तो आप बहुत कुछ कर सकते हैं। **—अज्ञात**
- ऐसे असंख्य लोग हैं, जो बार-बार असफल हुए, तब कहीं जाकर वे 'अचानक सामने' आए। **—अज्ञात**
- अग्नि से सोना परखा जाता है और विपत्ति से वीर पुरुष। **—सेनेका**
- गुण स्वयं ही सामने आ जाते हैं, क्योंकि कस्तूरी को अपनी उपस्थिति प्रमाणित नहीं करनी पड़ती। **—शेस्टन**
- संभव की सीमाओं को जानने का एक ही तरीका है, उनसे थोड़ा आगे असंभव के दायरे में निकल जाइए। **—आर्थर सी क्लार्क**
- खुश रहिए, रचनात्मक बनिए। इनसान अपने अस्तित्व का अर्थ जानकर ही विश्वास से भर उठता है और यही विचार उसकी मजबूती बढ़ाता है। **—स्टीफन ज्विग**
- अगर हम गिरते हैं, तो अधिक अच्छी तरह चलने का रहस्य सीख जाते हैं। **—महर्षि अरविंद घोष**
- जो यह सोचते हैं कि वे किसी प्रकार की सेवा करने योग्य नहीं हैं, वे शायद पशुओं और वृक्षों को भूल जाते हैं।
- लगन को काँटों की परवाह नहीं होती। **—प्रेमचंद**

फूल

- ईश्वर हमसे उन पुष्पों के लिए उत्तर की अपेक्षा करता है, जिन्हें वह हमारे पास भेजता है, न कि सूर्य और पृथ्वी के लिए। **—रवींद्रनाथ टैगोर**

फूलदान

- केवल फूलदान में सजाकर रखने से फूल का आदर नहीं होता। **—रवींद्रनाथ टैगोर**

बंधन

- शास्त्रों में पढ़ा है, इच्छा ही बंधन है। वह व्यक्ति को भी बाँधती है और दूसरों को भी। **—रवींद्रनाथ टैगोर**
- हम जिसे पिंजरे में बाँधते हैं, वह हमें हमारी इच्छा से बाँधता है। इच्छा का वह बंधन जंजीर के बंधन से ज्यादा सख्त होता है। **—अज्ञात**
- गले की फाँसी को निकालकर फेंकने का प्रयत्न करने पर बंधन और भी कठोर हो जाता है। **—रवींद्रनाथ टैगोर**
- जो बंधन कारागृह में मनुष्य को जकड़कर रखता है, वही बंधन दुर्गम पर्वत-पथ पर आगे बढ़ने में उसकी मदद करता है। **—रवींद्रनाथ टैगोर**
- किसी-किसी प्राणी का बचपन जल्दी समाप्त हो जाता है, किसी-किसी का बहुत दिन तक रहता है। **—रवींद्रनाथ टैगोर**

बड़ा परिवर्तन

- साधारणत: बड़ा परिवर्तन हर एक के लिए संभव नहीं है। बड़े परिवर्तन के लिए बड़ी शक्ति आवश्यक होती है। **—रवींद्रनाथ टैगोर**

बनाना-बिगाड़ना

- जो बना नहीं सकता, उसे बिगाड़ने का कोई अधिकार नहीं। **—रवींद्रनाथ टैगोर**

बर्बर

- बर्बर जातीय मनुष्य का प्रधान लक्षण है कि उसका आत्मबोध संकीर्ण और सीमाबद्ध रहता है। **—अज्ञात**

बर्बरता

- लड़कियों की पसंदगी की परवाह न करके माँ-बाप की पसंद से विवाह करना बर्बरता है। **—रवींद्रनाथ टैगोर**

बात

- जो भी हो, बात में विष रहता है, बातें एकदम व्यर्थ नहीं होतीं।

—रवींद्रनाथ टैगोर

- बातें आती हैं और चली जाती हैं, उन्हें थामकर नहीं रखा जा सकता।

—रवींद्रनाथ टैगोर

- सिद्धांत के रूप में कोई बात जैसे मानी जाती है, मनुष्यों पर प्रयोग करके उसे सदैव उसी निश्चित भाव से नहीं माना जा सकता।

—रवींद्रनाथ टैगोर

बाधाएँ

- बाधाओं को मानकर चलना जिसका काम है, वह यदि बुद्धि को मानकर चलना चाहे तो ठोकर खा-खाकर उसका सिर ही फूटेगा।

—रवींद्रनाथ टैगोर

बुद्धि

- जिसके पास बुद्धि है, बल उसी के पास है। **—पंचतंत्र**
- जिसमें बुद्धि नहीं, उसमें बल नहीं। **—महात्मा गांधी**
- सत्य की सारी समझ एक उपमा की खोज में निहित है। **—थोरो**
- प्रत्येक व्यक्ति के लिए उसके विचार ही सारे तालों की चाबी हैं।

—एमर्सन

- बुद्धि की कुछ-न-कुछ मात्र प्राणि-मात्र में होती है, पर जब तक उसका विकास न किया जाए, तब तक मानवता नहीं प्राप्त होती।

—महात्मा गांधी

- बुद्धि के बिना मनुष्य अपंग के समान है। **—महात्मा गांधी**
- खाली दिमाग को खुला दिमाग बना देना ही शिक्षा का उद्देश्य है।

—फोर्ब्स

- अठारह वर्ष की उम्र तक इकट्ठा किए गए पूर्वग्रहों का नाम ही सामान्य बुद्धि है। **—आइंस्टीन**

- गिने-चुने लोग ही वर्ष में दो या तीन से अधिक बार सोचते हैं या मैंने हफ्ते में एक या दो बार सोचकर अंतरराष्ट्रीय छवि बना ली है। **—जॉर्ज बर्नार्ड शॉ**

- बुद्धि का दुरुपयोग हुआ तो वह संसार में बड़े से बड़ा अनर्थ करने का कारण बन जाती है। **—महात्मा गांधी**

- संसार में बुद्धि-बल बहुत बड़ा बल है। **—महात्मा गांधी**

- दिन-रात बुद्धिमानों के बीच रहते-रहते बुद्धि कुंठित हो जाती है। **—रवींद्रनाथ टैगोर**

- जब सब लोग एक समान सोच रहे हों तो समझो कि कोई भी नहीं सोच रहा। **—जॉन वुडेन**

- पठन तो मस्तिष्क को केवल ज्ञान की सामग्री उपलब्ध कराता है या यह तो चिंतन है, जो पठित चीज को अपना बना देता है। **—जॉन लॉक**

- एकाग्र-चिंतन वांछित फल देता है। **—जिग जिग्लर**

- दिमाग पैराशूट के समान है, वह तभी कार्य करता है, जब खुला हो। **—जेम्स देवर**

- अगर हमारी सभ्यता को जीवित रखना है तो हमें महान् लोगों के विचारों के आगे झुकने की आदत छोड़नी पड़ेगी। बड़े लोग बड़ी गलतियाँ करते हैं। **—कार्ल पापर**

- बुद्धि का एक लक्षण यह भी है कि वह सरल वस्तु को भी जटिल बना देती है। पृथ्वी पर बड़े-बड़े विद्वानों के नहीं रहने से पृथ्वी के अनेक काम सरलता से संपादित होते हैं। **—रवींद्रनाथ टैगोर**

- सारी चीजों के बारे मैं कुछ-कुछ और कुछेक के बारे मैं सबकुछ सीखने की कोशिश करनी चाहिए। **—थॉमस हक्स्ले**

- शिक्षा प्राप्त करने के तीन आधार-स्तंभ हैं—अधिक निरीक्षण करना, अधिक अनुभव करना और अधिक अध्ययन करना। **—केथराल**
- शिक्षा राष्ट्र की सस्ती सुरक्षा है। **—बर्क**
- अपनी अज्ञानता का एहसास होना ज्ञान की दिशा में एक बहुत बड़ा कदम है। **—डिजरायली**
- बुद्धि एक खजाना है, लेकिन अभ्यास इसकी चाभी है। **—थामस फुलर**

बोझ

- चारों ओर फैली हुई उत्साहहीन जीवनहीन जड़ता के समान भारी बोझ दूसरा नहीं है। **—रवींद्रनाथ टैगोर**

ब्रह्मचर्य

- ब्रह्मचर्य-व्रत पालन के चार उपाय हैं—पहला है, उसकी आवश्यकता को अच्छी तरह समझना, दूसरा है इंद्रियों को धीरे-धीरे वश में करना, तीसरा है शुद्ध साथी, शुद्ध मित्र और शुद्ध पुस्तकें रखना और चौथा है नित्य नियमपूर्वक रामनाम दिल से लेना और ईश्वर की कृपा की याचना। **—महात्मा गांधी**
- ब्रह्मचर्य भी अन्य व्रतों के समान ही सत्य से निकलता है और उसी के वास्ते है। **—महात्मा गांधी**
- ब्रह्मचर्य का पालन मन, वचन और कर्म से करना चाहिए। **—महात्मा गांधी**
- ब्रह्मचारी को जीने के लिए ही खाना चाहिए। **—महात्मा गांधी**
- ब्रह्मचारी आँखों का उपयोग देव-दर्शन के लिए करता है और कानों का हरिकथा-श्रवण के लिए, जबकि अब्रह्मचारी भोग-विलास और अश्लीलता देखने और श्रृंगार-रस के गीत सुनने का प्रेमी होता है। **—महात्मा गांधी**
- ब्रह्मचर्य जीवन की पहली सीढ़ी है। बिना इसको नियमपूर्वक्र चढ़े आदमी ऊपर नहीं पहुँच सकता। **—महात्मा गांधी**

ब्राह्मण

- ब्राह्मण को भी बहुतों का मंगल साधना है, इसीलिए वह भी समूह के संसर्ग से वंचित है। **—रवींद्रनाथ टैगोर**
- एक ओर देवता और दूसरी ओर भक्त, दोनों के बीच सेतु-रूप ब्राह्मण दोनों को मिलता है।

  —रवींद्रनाथ टैगोर
- भक्ति-विफलता ब्राह्मण के उपयोग की चीज नहीं है, ब्राह्मण-ज्ञान के शिखर पर बैठकर इस भक्ति के रस को सर्वसाधारण के उपभोग के लिए, कुछ रखने के लिए तपस्या करता है। **—अज्ञात**
- संसार में ब्राह्मण के लिए आराम का योग नहीं है, वैसे ही देवार्चना में भी ब्राह्मण के लिए भक्ति का योग नहीं है। इसी में ब्राह्मण का गौरव है।

  —रवींद्रनाथ टैगोर
- संसार में ब्राह्मण के लिए नियम-संयम है, धर्म-साधना में ब्राह्मण के लिए ज्ञान है। **—रवींद्रनाथ टैगोर**

भक्ति

- भक्ति कोई तेल भीगी बत्ती नहीं, यह तो आग है। **—अज्ञात**
- भक्ति में आदमी के समान होने पर कोई बाधा नहीं आती। भक्ति में पूज्य, पुजारी को ऊपर खींचकर अपने समान करना चाहता है, इसीलिए समान होने का आनंद उसमें बराबर मिलता है। **—रवींद्रनाथ टैगोर**

भगवान्

- भगवान् केवल रसना से ही नहीं, एक-एक अंग से बोलते हैं।

  —रवींद्रनाथ टैगोर

भद्रता

- स्त्रियों से स्वभावत: कुछ दूरी रखकर चलना ही पुरुष के लिए भद्रता है।

  —चाणक्य

भय

- भय है मन की नास्तिकता। उसे नकारात्मक रूप से परास्त नहीं किया जा सकता। उसका एक कारण समाप्त होते ही दूसरा उत्पन्न होता है और वह जटिल रहता है। **—रवींद्रनाथ टैगोर**

- जिसे भविष्य का भय नहीं रहता, वही वर्तमान का आनंद उठा सकता है। **—अज्ञात**

- भय ही पतन और पाप का निश्चित कारण है। **—स्वामी विवेकानंद**

- जैसे ही भय आपकी ओर बढ़े, उस पर आक्रमण करते हुए उसे नष्ट कर दो। **—चाणक्य**

- जो चुनौतियों का सामना करने से डरता है, उसका असफल होना तय है। **—अज्ञात**

- भय से तब तक ही डरना चाहिए, जब तक भय पास न आया हो। आए हुए भय को देखकर बिना शंका के उस पर प्रहार करना चाहिए। **—पंचतंत्र**

- जो लोग भय का हेतु अथवा हर्ष का कारण उपस्थित होने पर भी विचार-विमर्श से काम लेते हैं तथा कार्य को जल्दी से नहीं कर डालते, वे कभी भी संताप को प्राप्त नहीं होते। **—पंचतंत्र**

- 'भय' और 'घृणा', ये दोनों भाई-बहन लाख बुरे हों, पर अपनी माँ बर्बरता के प्रति बहुत ही भक्ति रखते हैं। जो कोई इनका सहारा लेना चाहता है, उसे ये सबसे पहले अपनी माँ के चरणों में डाल जाते हैं। **—बर्ट्रेंड रसेल**

- मित्र से, अमित्र से, ज्ञात से, अज्ञात से हम सबके लिए अभय हो। रात्रि के समय हम सब निर्भय हों और सब दिशाओं में रहनेवाले हमारे मित्र बनकर रहें। **—अथर्ववेद**

- 'हिंसा' को आप सर्वाधिक शक्ति संपन्न मानते हैं तो मानें, पर एक बात निश्चित है कि हिंसा का आश्रय लेने पर बलवान व्यक्ति भी सदा 'भय' से प्रताड़ित रहता है। दूसरी ओर हमें तीन वस्तुओं की आवश्यकता है—अनुभव

करने के लिए हृदय की, कल्पना करने के लिए मस्तिष्क की और काम करने के लिए हाथ की। **—स्वामी विवेकानंद**

- आदमी सिर्फ दो लीवर के द्वारा चलता रहता है—डर तथा स्वार्थ। **—नेपोलियन**
- डर सदैव अज्ञानता से पैदा होता है। **—एमर्सन**

भरोसा

- बहुत अधिक भरोसा करने पर हो सकता है आप धोखा खा जाएँ, लेकिन यदि आप पर्याप्त भरोसा नहीं करेंगे तो आप पीड़ा में जिएँगे। **—फ्रैंक क्रेन**
- जब मैं तार्किक होती हूँ और अपने सहज ज्ञान पर भरोसा नहीं करती, तभी मैं मुसीबत में पड़ जाती हूँ। **—एंजेलिना जोली**
- जिस काम को चाहते हो, उसमें अपना विश्वास रखो, उसे करना जारी रखो और वह तुम्हें वहाँ ले जाएगा, जहाँ तुम्हें जाने की जरूरत है। **—नताली गोल्डबर्ग**
- सबसे जरूरी बात, जो मैंने इस लंबे जीवन में सीखी है, वह यह कि किसी व्यक्ति को विश्वसनीय बनाने का एक ही तरीका है, उस पर विश्वास करना या और किसी को अविश्वसनीय बनाने का पक्का तरीका है, उस पर विश्वास न करना। **—हेनरी एल स्टिम्सन**
- बहुत दूर रह रहे पति पर कभी भरोसा मत करो और न ही बहुत करीब रह रहे कुँवारे पर। **—हेलेन रोलैंड**
- दिखावे पर बहुत अधिक भरोसा मत करो। **—वरजिल**
- किसी पर पूरी तरह से भरोसा करना आनंदित करनेवाला है। **—जेफ गोडब्लम**
- अपनी याददाश्त पर भरोसा मत करो, यह छिद्रों से भरा जाल है, सबसे खूबसूरत उपहार इससे निकल जाते हैं। **—जॉर्ज डुहामेल**

- क्या तुम किसी ऐसे व्यक्ति के साथ व्यापार करना चाहोगे, जो 99 प्रतिशत ईमानदार हो। **—सिडनी मैडवेड**

- आपको किसी-न-किसी चीज में विश्वास करना ही होगा अपने गट्स में, अपनी डेस्टिनी में, अपनी जिंदगी या फिर अपने कर्म में। **—स्टीव जॉब्स**

- प्रेम का सबसे अच्छा प्रमाण विश्वास है। **—जोयस ब्रदर्स**

- किसी पर भरोसा किया जा सकता है कि नहीं, यह जानने का सबसे अच्छा तरीका है, उस पर भरोसा करना है। **—अर्नेस्ट हेमिंग्वे**

- विश्वास करो, लेकिन जाँच कर लो। **—रोनाल्ड रीगन**

- वह जो अधिक भरोसा नहीं करता, उस पर भरोसा नहीं किया जाएगा। **—लाओत्जू**

- मैं, मैं बेईमान हूँ और आप एक बेईमान का हमेशा बेईमान होने पर भरोसा कर सकते हैं। ईमानदारी से कहूँ तो ये ईमानदार लोग होते हैं, जिनको देखना पड़ता है। **—जॉनी डेप्प**

- किसी को उस औरत पर कभी भी भरोसा नहीं करना चाहिए, जो अपनी सही उम्र बता दे। जो औरत यह बता सकती है, वह कुछ भी बता सकती है। **—ऑस्कर वाइल्ड**

- सभी से प्रेम करो, कुछ पर भरोसा करो, किसी के साथ गलत मत करो। **—विलियम शेक्सपियर**

- मैं इसलिए परेशान नहीं हूँ कि तुमने मुझसे झूठ कहा, मैं परेशान हूँ कि मैं अब से तुम पर भरोसा नहीं कर सकूँगा। **—फ्रीडरिच नैतजस्चे**

- मैं उन लोगों पर भरोसा नहीं करती, जो खुद से प्यार नहीं करते और फिर भी मुझसे कहते हैं, मैं तुमसे प्यार करता हूँ। एक अफ्रीकी कहावत है—जब कोई नंगा आदमी अपनी शर्ट दे तो उससे सावधान रहिए। **—माया एंगेलो**

- क्या आप में इतना साहस है कि प्यार पर एक और बार भरोसा करें तथा हमेशा एक और बार भरोसा करें। **—माया एंगेलो**

- हममें से कोई नहीं जानता कि अगले क्षण क्या होगा, फिर भी हम आगे बढ़ते हैं। क्योंकि हम भरोसा करते हैं, क्योंकि हमारे अंदर आस्था है।

  —पाउलो कोएलो

- हम सभी से कभी-न-कभी गलतियाँ होती हैं, कभी-कभी हम गलत चीजें करते हैं, ऐसी चीजें, जिनके परिणाम बुरे होते हैं, पर इसका यह मतलब नहीं है कि हम बुरे हैं या इसके बाद हम पर कभी भी विश्वास नहीं किया जा सकता। **—एलिसन क्रोगन**

- झूठ बोलने के हर एक अच्छे कारण के बदले में सच कहने का उससे भी अच्छा कारण होता है। **—बो बेनेट**

- सीधे व्यक्ति का विश्वास ही झूठे व्यक्ति का सबसे उपयोगी साधन है।

  —स्टीफेन किंग

- विश्वासघात होने से पहले विश्वास को होना होगा। **—सुजेन कोलिंस**

- विश्वास किया जाना प्रेम किए जाने से बेहतर प्रशंसा है।

  —जॉर्ज मैकडोनाल्ड

- भरोसा करना सीखना जीवन के सबसे कठिन कार्यों में से एक है।

  —आइजैक वाट्स

- ईश्वर पर प्रश्न उठाना छोड़ो और उस पर भरोसा करना शुरू करो।

  —जोएल ऑस्टीन

- जब तक सच जूते पहन रहा हो, तब तक एक झूठ आधी दुनिया की सैर कर सकता है। **—चार्ल्स स्परजन**

- कभी ऐसे व्यक्ति पर विश्वास मत करिए, जिसे वह चाहिए, जो आपके पास है। दोस्त हो या नहीं, जलन एक सशक्त भावना है। **—यूबी ब्लेक**

• सबसे जरूरी चीज, जो मैंने सीखी है, वह है हर परिस्थिति में ईश्वर पर भरोसा करना। **—ऐलिसन फेलिक्स**

• जो श्रद्धा धर्म के लिए है, वही विश्वास मानवीय संबंधों के लिए है, यह शुरुआती बिंदु है, ऐसी नींव जिस पर और अधिक निर्माण किया जा सकता है। जहाँ विश्वास है, वहाँ प्रेम फल-फूल सकता है। **—बारबरा स्मिथ**

• अपनी इंट्यूशन पर भरोसा करो। आमतौर पर वे उन तथ्यों पर आधारित होती हैं, जो जागरूकता के स्तर से नीचे मौजूद होती हैं। **—जॉयस ब्रदर्स**

• खुद पर भरोसा करो, तब तुम जान पाओगे कि कैसे जिया जाए।
—जॉन वोल्फगैंग वोन गोएथे

• यकीन रखो, तुम जितना सोचते हो, उससे अधिक जानते हो।
—बेंजामिन स्पोक

• जो आदमी किसी पर भरोसा नहीं करता, वह किसी के द्वारा भरोसा न किए जाने के उपयुक्त है। **—हैरोल्ड मैकमिलन**

• आप पानी पर भरोसा नहीं कर सकते, यहाँ तक कि एक सीधी छड़ी भी इसमें तिरछी नजर आती है। **—डब्ल्यू सी फील्ड्स**

• उम्र चार चीजों में सबसे अच्छी प्रतीत होती है, जलाने के लिए पुरानी लकड़ी, पीने के लिए पुरानी शराब, भरोसा करने के लिए पुराने दोस्त और पढ़ने के लिए पुराने लेखक। **—फ्रांसिस बेकन**

• जब ट्रेन किसी सुरंग से निकलती है और अँधेरा हो जाता है, तब आप अपना टिकट फेंककर ट्रेन से कूद नहीं जाते। आप बैठे रहते हैं और इंजीनियर पर भरोसा रखते हैं। **—कौरी टेन बूम**

• एक शादी की सालगिरह प्यार, विश्वास, साझेदारी, सहिष्णुता और तप का उत्सव है। हर साल के लिए बस क्रम भिन्न होता है। **—पॉल स्वीनी**

• केवल एक गोरा व्यक्ति, जिस पर आप यकीन कर सकते हैं, वह है मरा हुआ गोरा व्यक्ति। **—रॉबर्ट मुगाबे**

• बुद्धि समय-समय पर धोखा देती है और यह समझदारी है कि जिसने तुम्हें एक बार भी धोखा दिया हो, उस पर कभी पूरी तरह से भरोसा मत करो।

—रीन डेसकार्टेस

• विश्वास जीवन का गोंद है, यह प्रभावी संचार का सबसे अनिवार्य अंग है, यह सभी रिश्तों को जोड़नेवाला मूलभूत सिद्धांत है। **—स्टीफेन कोवी**

• मैं किसी पर भरोसा नहीं करता, खुद पर भी नहीं।

—जोसफ स्टालिन

• दूसरों पर भरोसा करना अच्छा है, लेकिन ऐसा न करना कहीं ज्यादा अच्छा है। **—बेनिटो मुसोलिनी**

• विश्वास अर्जित करना होता है और यह केवल समय बीतने के साथ आना चाहिए। **—आर्थर ऐश**

• हर एक तानाशाह के हृदय में अंत में एक छाहर रह जाता है कि वह किसी दोस्त पर भरोसा नहीं कर सकता। **—ऐस्किलस**

• अगर तुम्हें पायलट पर भरोसा नहीं है तो मत जाओ। **—डेंजेल वाशिंगटन**

• यकीन आस्था के जैसा नहीं है। एक दोस्त कोई ऐसा होता है, जिस पर आप भरोसा कर सकते हैं। किसी में आस्था रखना एक गलती है।

—क्रिस्टोफर हिचेंस

• कभी मुसीबत में पड़े व्यक्ति की सलाह पर यकीन मत करो। **—एसोप**

• जिम्मेदारी उसे दी जाती है, जिस पर भरोसा होता है। जिम्मेदारी हमेशा भरोसे का संकेत होती है। **—जेम्स कैश पेन्नी**

• भरोसा करना मुश्किल है, यह जानना कि किस पर भरोसा किया जाए और भी मुश्किल है। **—मारिया वी सिंडर**

• भरोसा सच के साथ शुरू होता है और सच के साथ खत्म।

—संतोष कलवार

• शांति और विश्वास बनने में सालों लगते हैं और टूटने में कुछ पल।

—महोगनी सिल्वरराइन

• जो कोई भी कहता है कि उसे पता है, उनसे सावधान रहिए। मुझ पर भरोसा करिए यह उन्हें नहीं पता, यह नहीं तो उन्हें कहना नहीं पड़ता कि उन्हें पता है। **—हार्वे फैरस्टीन**

• एक बगीचा बहुत बड़ा शिक्षक होता है। वह हमें धैर्य और सावधानीपूर्वक देखना सिखाता है या वह हमें मेहनत और किफायत सिखाता है और सबसे बढ़कर वह हमें विश्वास करना सिखाता है।

—गरट्रूड जेकिल

• लोग आपकी जिंदगी में आते हैं और चले जाते हैं। बस आपको भरोसा करना होता है कि जिंदगी ने आपके लिए एक रोड बना रखी है।

—ऑर्लेंडो ब्लूम

• आपको लोगों पर विश्वास और भरोसा करना पड़ता है, नहीं तो जिंदगी असंभव हो जाती है। **—ऐंटन चेखोव**

• अपने अंदर की उस हल्की सी आवाज, जो कहती है, क्या वह रोचक नहीं होता अगर···, पर भरोसा करिए और फिर उसे कर डालिए।

—डुआने मिचलस

• विश्वास मर जाता है, लेकिन अविश्वास फलता-फूलता रहता है।

—सोफोकल्स

• केवल खुद पर भरोसा करो और कोई तुम्हें धोखा नहीं दे पाएगा।

—विलियम पेन्न

• विश्वास स्थिरता के साथ बनता है। **—लिंकन चेफी**

• जहाँ बहुत बड़ी रकम की बात हो, वहाँ किसी पर भरोसा न करना उचित है। **—अगाथा क्रिस्टी**

- अपना ट्रस्ट मनी में मत रखो, बल्कि अपनी मनी ट्रस्ट में रखो।

—ओलिवर वेंडेल होम्स

- जीवन एक उपहार है, बस भरोसा करो, एक बच्चे की तरह।

—ऐनी मोरो लिंडबर्ग

- जीवन में जो कुछ भी होता है, अच्छा है, बस उसमें विश्वास रखो।

—ऑर्लैंडो ब्लूम

भलाई

- भलाई में आनंद है, क्योंकि वह तुम्हारे स्वास्थ्य और सुख में वृद्धि करती है। **—जरथ्रुष्ट**
- भलाई करना मानवता है, भला होना दिव्यता है। **—ला मार्टिन**
- भलाई अमरत्व की ओर ले जाती है, बुराई विनाश की ओर। **—ह्विमैन**

भविष्य

- भविष्य के बारे में पूर्वकथन का सबसे अच्छा तरीका भविष्य का निर्माण करना है। **—डॉ. शाकली**
- अपने भविष्य का निर्माण स्वयं कीजिए। **—बिल गेट्स**
- अपने भाग्य के निर्माता स्वयं बनिए। **—बिल गेट्स**
- रात में देर तक कठिन परिश्रम कीजिए। सदैव अपने परिवेश के बारे में चैतन्य रहिए। आप जो कुछ देखते हैं, वही संसार है। वर्तमान के रूप में ही भविष्य आपके सामने आएगा। **—बिल गेट्स**
- किसी भी व्यक्ति का अतीत जैसा भी हो, भविष्य सदैव बेदाग होता है।

—जॉन राइस

भाग्य

- सारा उत्तरदायित्व अपने कंधों पर लो। याद रखो कि तुम स्वयं अपने भाग्य के निर्माता हो। तुम जो कुछ बल या सहायता चाहो, सब तुम्हारे ही भीतर विद्यमान है।

• भाग्य के ऊपर किसका वश चल सकता है ? **—अज्ञात**

• अप्रसन्न भाग्य पर क्रोध करके उसको दोगुना घातक बना देना चोर के ऊपर क्रोध करके जमीन पर भात खाने के समान है। **—रवींद्रनाथ टैगोर**

• उत्साह आदमी की भाग्यशीलता का पैमाना है। **—तिरुवल्लुवर**

• भाग्य साहसी का साथ देता है। **—अज्ञात**

• मनुष्य स्वयं अपने भाग्य का निर्माता है। **—अज्ञात**

• भाग्य साहसी का मित्र है। **—अज्ञात**

• मानव अपने भाग्य का स्वयं निर्माता है। **—स्वामी रामतीर्थ**

• भाग्य भी निडर का ही साथ देता है। **—वर्जल**

• हम स्वयं अपने भविष्य का निर्माण करते हैं, फिर इसे भाग्य का नाम दे देते हैं। **—अज्ञात**

भारत

• भारत हमारी संपूर्ण (मानव) जाति की जननी है तथा संस्कृत यूरोप की सभी भाषाओं की जननी है—भारतमाता हमारे दर्शनशास्त्र की जननी है, अरबों के रास्ते हमारे अधिकांश गणित के जनक हैं, महात्मा बुद्ध के रास्ते ईसाइयत में निहित आदर्शों के जनक हैं, ग्रामीण समाज के रास्ते स्व-शासन और लोकतंत्र के जनक हैं। अनेक प्रकार से भारत माता हम सबकी माता है। **—विल्ल डुरांट**

• हम भारतीयों के बहुत ऋणी हैं, जिन्होंने हमें गिनना सिखाया, जिसके बिना कोई भी मूल्यवान वैज्ञानिक खोज संभव नहीं होती। **—अल्बर्ट आइंस्टीन**

• भारत मानव जाति का पलना है, मानव-भाषा की जन्मस्थली है, इतिहास की जननी है, पौराणिक कथाओं की दादी है और प्रथाओं की परदादी है। मानव

इतिहास की हमारी सबसे कीमती और सबसे ज्ञान-गर्भित सामग्री केवल भारत में ही संचित है। **—मार्क ट्वेन**

- यदि इस धरातल पर कोई स्थान है, जहाँ पर जीवित मानव के सभी स्वप्नों को तब से घर मिला हुआ है, जब मानव ने अस्तित्व के सपने देखना आरंभ किया था, तो वह भारत ही है। **—रोम्याँ रोलाँ**

- भारत ने अपनी सीमा के पार एक भी सैनिक भेजे बिना चीन को जीत लिया और लगभग बीस शताब्दियों तक उस पर सांस्कृतिक रूप से राज किया। **—हू शिह**

- यूनान, मिस्र, रोमां, सब मिट गए जहाँ से। अब तक मगर है बाकी, नाम-ओ-निशाँ हमारा। कुछ बात है कि हस्ती, मिटती नहीं हमारी। सदियों रहा है दुश्मन, दौर-ए-जहाँ हमारा। **—मुहम्मद इकबाल**

- अगर कोई देश है, जो मानवता के लिए पूर्ण और आदर्श है, तो एशिया की ओर उँगली उठाऊँगा, जहाँ भारत है। **—मैक्समूलर**

- भारत मानवता का पलना है, इसके ऊँचे हिमालय से ज्ञान-विज्ञान की सरिताएँ निकली हैं। सृष्टि की उषा में इसका आँगन ज्ञान से आलोकित हुआ था। मैं भगवान् से प्रार्थना करता हूँ कि भारत का अतीत मेरी मातृभूमि के भविष्य में बदल जाए। **—जैको लाइट**

- जब तुम भारत के सान्निध्य में आओगे तो तुम्हें अनश्वर शांति का दिव्य मार्ग मिलेगा। **—विल डूरंट**

- देवता गीत गाते हैं कि स्वर्ग और अपवर्ग की मार्गभूत भारत भूमि के भाग में जनमे लोग देवताओं की अपेक्षा भी अधिक धन्य हैं, अर्थात् स्वर्ग और अपवर्ग (मोक्ष-कैवल्य) के मार्ग स्वरूप भारत-भूमि को धन्य-धन्य कहते हुए देवगण इसका शौर्य-गान गाते हैं। यहाँ पर मनुष्य जन्म पाना देवत्व पद प्राप्त करने से भी बढ़कर है।

  —विष्णु पुराण

- भारत वस्तुतः विश्व पुरुष की कुंडलिनी शक्ति है। जब भारत जाग्रत् होगा तो

विश्व पुरुष का देवता में रूपांतरण हो जाएगा। अगर भारत सो गया, न जागा तो विश्व-मानवता ही समाप्त हो जाएगी।

—श्रीअरविंद

- मैं भौगोलिक मूर्तिपूजा में विश्वास नहीं करता हूँ। मेरा भारत जड़ भारत नहीं है, अपितु वह ज्ञानालोक है, जिसका आविर्भाव ऋषियों की आत्मा में हुआ है। **—रवींद्रनाथ टैगोर**
- जब यूरोप के लोग भारतीय दर्शन के संपर्क में आएँगे तो उनके विचार और आस्थाएँ बदलेंगी। वे बदले हुए लोग यूरोप के विचारों और विश्वास को प्रभावित करेंगे। आगे चलकर यूरोप में ही ईसाई-धर्म के लिए संकट उत्पन्न हो जाएगा। **—शापेन हावर**
- अब तक भारतवर्ष अपनी अभ्यंतर व्यवस्था के बल पर ही बचा रहा है। **—रवींद्रनाथ टैगोर**
- भारतवर्ष ने जिस साधना को ग्रहण किया है, वह है विश्व-ब्रह्मांड के साथ चित्त का योग, आत्मा का योग अर्थात् संपूर्ण योग, केवल ज्ञान का नहीं, बोध का योग। **—रवींद्रनाथ टैगोर**
- पश्चिम निरंतर ऐसी यांत्रिक शक्ति उत्पन्न कर रहा है, जो उसके आत्मिक निमंत्रण से बढ़कर है तथा भारत ने यांत्रिक नियंत्रण की ऐसी पद्धति रची है, जो उसकी जीवन-शक्ति से बढ़कर है। **—रवींद्रनाथ टैगोर**

भारतीय

- हम भारतीय हैं, पहले और आखिर में। **—बी.आर. आंबेडकर**

भाव

- जिसका जो सत्य भाव है, उसी पर डटे रहना अच्छा है। अनेक बार खोटे काम के अंदर ऊँचा भाव भरकर हम ऊँचे भाव का भी महत्त्व फीका कर देते हैं।

—तिरुवल्लुवर

- भाव का सौंदर्य जब तक कृत्रिम भूषण और तरह-तरह के अलंकारों से

लदकर नहीं आता, तब तक हम उसका आदर ही नहीं करते।

—रवींद्रनाथ टैगोर

- भाव की बात को बार-बार अनुभव करके भी थकावट का बोध नहीं होता।

—अज्ञात

भाषा

- भाषा एक नगर है, जिसके निर्माण के लिए प्रत्येक व्यक्ति एक-एक पत्थर लाया है। **—एमर्सन**

- भाषा हमारे सोचने के तरीके को स्वरूप प्रदान करती है और निर्धारित करती है कि हम क्या-क्या सोच सकते हैं। **—बेंजामिन होर्फ**

- आर्थिक युद्ध का एक सूत्र है कि किसी राष्ट्र को नष्ट करने का सुनिश्चित तरीका है, उसकी मुद्रा को खोटा कर देना और यह भी उतना ही सत्य है कि किसी राष्ट्र की संस्कृति और पहचान को नष्ट करने का सुनिश्चित तरीका है, उसकी भाषा को हीन बना देना, लेकिन यदि विचार भाषा को भ्रष्ट करते हैं तो भाषा भी विचारों को भ्रष्ट कर सकती है। **—जॉर्ज ओर्वेल**

- जो एक विदेशी भाषा नहीं जानता, वह अपनी भाषा के बारे में कुछ नहीं जानता। **—गोथे**

- शिकायत करने की अपनी गहरी आवश्यकता को संतुष्ट करने के लिए ही मनुष्य ने भाषा ईजाद की है। **—लिली टॉमलिन**

भीड़

- भीड़ की मानसिकता एक अंधी शक्ति होती है। **—रवींद्रनाथ टैगोर**

- जनता की भीड़ ही मेरे लिए युद्ध का घोड़ा है। मेरा आसन उसकी पीठ है, उसकी रास मेरे हाथों में है, वह अपना कर्तव्य नहीं जानती। सिर्फ मैं जानता हूँ, उसे कहाँ पहुँचना है। काँटों से उसके पाँव लहूलुहान हो जाएँगे, कीचड़ से उसकी देह सन जाएगी, फिर भी मैं उसे दौड़ाता जाऊँगा।

—रवींद्रनाथ टैगोर

भूल

- जो भूल देह-मन को दु:ख पहुँचाती है, वह अधर्म है···भूल चाहे जैसी भी हो, उससे दु:ख तो मिलेगा ही। **—अज्ञात**

भ्रम

- आदमी अपने को जो समझता है, वह दरअसल होता नहीं है। इसलिए अघटनीय घटनाएँ घटती हैं। **—रवींद्रनाथ टैगोर**

मंदिर

- मंदिरों में मेरा विश्वास है—यह सिद्ध करने के लिए कोई जरूरी नहीं कि मैं मंदिरों में जाऊँ ही। इतना काफी है कि ईश्वर में मेरा विश्वास है और मैं प्रतिदिन उसकी पूजा करता हूँ और यह पूजा मात्र एक आडंबर नहीं होती, बल्कि मेरे आध्यात्मिक आहार का एक अनिवार्य अंग होती है। हाँ, मैं प्रतिदिन खुले मैदान में होनेवाली प्रार्थना में शामिल होने के लिए हरिजनों को खास तौर से जरूर आमंत्रित करता हूँ, लेकिन ऐसा उन्हें सनातनी-मंदिरों में जाने की इच्छा से विमुख करने के लिए नहीं करता। **—महात्मा गांधी**
- मानव हृदय ही सच्चा मंदिर है। उसी के भीतर तलवार पर शान चढ़ाई जाती है और एक हजार नरबलि दी जाती है। देवमंदिर में तो मात्र इसका सामान्य अभिनय होता है। **—रवींद्रनाथ टैगोर**

मजदूर

- यह बात सच नहीं है कि सिर्फ काम ही मानव जीवन का आदि-अंत है। आदमी सिर्फ मजदूर नहीं है, भले ही वह सत्य की मजदूरी हो या फिर धर्म की मजदूरी हो। **—भर्तृहरि**
- पैसा जगत् में बहुत-कुछ कर सकता है, किंतु मजदूर का यह मानना घोर अंधविश्वास है कि वह पैसेवालों का दास है, यह अज्ञान का लक्षण है। **—महात्मा गांधी**
- मिल-मालिकों के साथ हमें लड़ना पड़े, तो भी उनसे द्वेष नहीं करना है,

उनके साथ लड़ना ही हो तो इस तरह लड़ें, जैसे कि आप माँ या अपनी स्त्री या बच्चों के साथ लड़ते-झगड़ते हैं। एक ही रक्त-मांस के मनुष्यों के साथ जिस तरह और जैसे प्रसंग के लिए, जितने प्रेम और वेदना से तथा आदर और विनय से हम लड़ते हैं, उसी तरह मिल-मालिकों के साथ लड़ें।

—महात्मा गांधी

- यदि मजदूर स्वाधीन रहना चाहते हों, स्वाभिमान की रक्षा करना चाहते हों और आजीविका के बारे में निर्भय रहना चाहते हों, तो उन्हें आजीविका के अनेक साधन अपनाने चाहिए। मेरी राय में विविध धंधों को कर सकने की शक्ति मजदूर वर्ग के लिए वैसी ही वस्तु है, जैसी पूँजीपति के लिए उसकी पूँजी, जैसे पूँजीपति अपनी पूँजी को मजदूर के सहयोग के बिना सफल नहीं बना सकता, वैसे ही मजदूर अपने श्रम को पूँजी के सहयोग के बिना सफल नहीं बना सकता। यदि मजदूर और पूँजीपति दोनों में बुद्धि हो और दोनों को सामान्यतया एक-दूसरे की शक्ति के सहयोग का भरोसा रहे, तो वे एक-दूसरे के प्रति सम्मानपूर्ण व्यवहार की आवश्यकता को समझने लगें।

—महात्मा गांधी

मत

- भगवान् ने तुम्हें जिस जगह भेज दिया है, वह चाहे जैसी भी हो; लेकिन यदि तुम्हारा मत तुम्हें वहाँ से खींचकर हटा ले जाएगा तो उससे कभी तुम्हारे मत की जय नहीं होगी। **—रवींद्रनाथ टैगोर**

मन

- अभावनीय परिहास से मनोविज्ञान को धोखा देने के लिए मन की सृष्टि हुई है। **—श्रीराम शर्मा आचार्य**
- मनुष्य का मन कभी ठीक रहता है, कभी नहीं रहता···सब दिन एक समान थोड़े ही होते हैं? **—रवींद्रनाथ टैगोर**
- जिस समय मन व्यक्तिगत कारणों से उत्तेजित हो, उस समय क्या ठीक से विचार हो सकता है। **—रवींद्रनाथ टैगोर**

- मन हमारी बहुत ही भलाई करता है, परंतु उसकी आदत ही ऐसी है कि वह हमारे साथ कभी भी अच्छी तरह हिल-मिल नहीं सकता।

—रवींद्रनाथ टैगोर

- मन के साथ हमारी शत्रुता इतनी है कि जिस काम में उसका जितना ही कम हाथ होगा, हम उसका उतना ही आदर करेंगे। **—रवींद्रनाथ टैगोर**

- पूँछ के साथ मन का इतना ही फर्क है कि मन आगे दौड़ता है और पूँछ पीछे पड़ी रहती है। इसीलिए दुनिया में पूँछ हेय दृष्टि से देखी जाती है और मन आदर की दृष्टि से। **—रवींद्रनाथ टैगोर**

- हमारा मन नियमों की परिधि से बाहर है, उस पर किसी का अंकुश नहीं है।

—अज्ञात

- समाज जैसा विचित्र होता है, मन भी वैसा ही विचित्र होता है।

—रवींद्रनाथ टैगोर

- मन का चलाचल जितना अधिक होता है, मनुष्य उतना ही बड़ा होता है। मनुष्य को शक्ति देने के लिए मन को विस्तृत करना चाहिए।

—रवींद्रनाथ टैगोर

मनुष्य

- आचार-संचालित मनुष्य कठपुतली की तरह है। **—रवींद्रनाथ टैगोर**

- मनुष्य का मूल्यांकन इस आधार पर किया जाना चाहिए कि उसने कितने दोस्त या दुश्मन बनाए हैं। **—फ्रेंकलिन रूजवेल्ट**

- मनुष्य का परिवर्तन मनुष्यत्व की राह पर ही होगा—बच्चा क्रम से बूढ़ा हो जाता है, लेकिन मनुष्य सहसा कुत्ता-बिल्ली तो नहीं हो जाता।

—रवींद्रनाथ टैगोर

- किसी राष्ट्र की संस्कृति उसके लोगों के दिलों और आत्माओं में बसती है।

—महात्मा गांधी

- आदमी में, यदि भाव से अभाव को ढककर रखने की शक्ति न होती तो अब तक मनुष्य, मनुष्य न रह जाता, बल्कि पशुतुल्य हो गया होता।

—रवींद्रनाथ टैगोर

- किसी भी देश की संस्कृति उसके लोगों के हृदय और आत्मा में बसती है।

—महात्मा गांधी

- ईश्वर ने मनुष्य को विचित्र ही बनाया है और विचित्र ही रखना चाहता है।

—रवींद्रनाथ टैगोर

- अकृतज्ञता मनुष्यत्व का विष है। **—सर पी. सिडनी**

- मानव द्वारा अपनाया जानेवाला विवेक व माधुर्य समाज को प्रसन्नता प्रदान करता है। **—अज्ञात**

- मनुष्य भूल करता है, असफल भी होता है, दुःख भी पाता है, लेकिन बैठा नहीं रहता, जो उचित समझता है, उसके लिए आत्म-समर्पण करता है।

—रवींद्रनाथ टैगोर

- जिन पापों को मनुष्य करना पसंद करते हैं, उन्हें सुनना पसंद नहीं करते।

—अज्ञात

- बेचारे मनुष्य को ऐसा ही बनाया गया है कि वह जितना आसान तरीका अपनाना चाहता है, उतना ही वह जटिल बंधन में जकड़ा जाता है।

—रवींद्रनाथ टैगोर

- मनुष्य बड़ा आश्चर्यनक, बड़ा रहस्यमय प्राणी है। उसके द्वारा और भी कितने गहरे रहस्यों का निर्माण हो रहा है, यह तो भगवान् रुद्र ही जानते हैं।

—रवींद्रनाथ टैगोर

मर्यादा

- हर कोई अपनी मर्यादा की रक्षा स्वयं न करता रहे तो वह न केवल जाने-अनजाने अपना अनिष्ट कर बैठता है, बल्कि दूसरे का हित करने की अपनी

शक्ति भी खो बैठता है। हिल-मिल जाने से कई प्रवृत्तियाँ प्रबल हो उठती हैं और ज्ञान को, निष्ठा को और शक्ति को धुँधला कर देती हैं।

—रवींद्रनाथ टैगोर

महान्

- महान् कार्य शक्ति से नहीं, अपितु उद्यम से संपन्न होते हैं।

—बिल गेट्स

- महान् कार्यों को पूरा करने के लिए न केवल हमें कार्य करना चाहिए, बल्कि स्वप्न भी देखने चाहिए। न केवल योजना बनानी चाहिए, अपितु विश्वास भी करना चाहिए। **—बिल गेट्स**

- महान् विचार ही कार्य रूप में परिणत होकर महान् कार्य बनते हैं।

—बिल गेट्स

- महान् सपने देखनेवालों के महान् सपने हमेशा पूरे होते हैं। **—बिल गेट्स**

- मैं महान् उसको मानता हूँ, जो स्वतः अपना मार्ग बनाते हैं, परंतु कहीं मिथ्या मार्ग पर चल पड़ें तो लौट आने का साहस और बुद्धि भी रखते हैं।

—बिल गेट्स

- महान् व्यक्ति न किसी का अपमान करता है और न उसको सहता है।

—होम

महापुरुष

- सभी जमाने में और सभी देशों में कुछ ऐसे महापुरुष होते हैं, जो समाज के अंदर रहकर भी समाज से विरक्त रहते हैं, कोई रीति-रस्म नहीं मानते।

—अज्ञात

- जो वास्तव में महापुरुष होते हैं, वे जन्म लेते ही महान् युग में स्थान ग्रहण करते हैं। अतीत में भी वे वर्तमान होते हैं और सुविस्तीर्ण भविष्य में भी विराजते हैं। **—रवींद्रनाथ टैगोर**

- श्रेष्ठ महापुरुष वही होते हैं, जो सारे धर्म, इतिहास और नीति से पृथ्वी के श्रेष्ठ दान को ग्र हण करते हैं। **—अज्ञात**

माँ

- बच्चा जब चलना आरंभ करता है, तब बार-बार भूल से इधर-उधर पैर फेंकता है, किंतु माता का स्नेह उतने से ही उछल पड़ता है। **—शेक्सपियर**
- यह पृथ्वी वास्तव में पशु-पक्षियों का ही भरण-पोषण करनेवाली यथार्थ माँ है, जो स्वयं अपने हाथ से उनके मुँह में आहार डाल देती है। मनुष्य तो इस पृथ्वी के मानो सौतेले लड़के हैं। **—अज्ञात**
- रूपहीन, ज्ञानातीत, भीषण शक्ति ने ही मेरे लिए यह मातृस्वरूप धारण किया है। **—रवींद्रनाथ टैगोर**
- गृहस्थी में बँधी रहने पर भी माँ विश्व भर की माँ होती है। **—फ्रेंकलिन**

माता-पिता

- माता-पिता की सेवा पुत्र का प्रथम कर्तव्य है। **—महात्मा गांधी**
- माता के समान पूजनीय विभूति संसार में दूसरी नहीं होती। **—महात्मा गांधी**
- माता-पिता का ऋण संतान जन्म-भर नहीं चुका सकती। **—महात्मा गांधी**
- माता-पिता को अपनी संतान को योग्य बनाने के लिए अपनी पूरी शक्ति लगा देनी चाहिए। **—महात्मा गांधी**
- संतान के लिए तो माता-पिता ही प्रथम गुरु और सर्वथा पूज्य हैं। **—महात्मा गांधी**

मानव-जीवन

- जिसके पास न विद्या है, न तप है, न दान है, न ज्ञान है, न शील है, न गुण है और न धर्म है या वे मृत्युलोक पृथ्वी पर भार होते हैं और मनुष्य रूप तो हैं, पर पशु की तरह चरते हैं। **—भर्तृहरि**
- मनुष्य कुछ और नहीं, भटका हुआ देवता है। **—श्रीराम शर्मा आचार्य**

- हर दिन नया जन्म समझें, उसका सदुपयोग करें।

—श्रीराम शर्मा आचार्य

- मानव तभी तक श्रेष्ठ है, जब तक उसे मनुष्यत्व का दरजा प्राप्त है। बतौर पशु, मानव किसी भी पशु से अधिक हीन है। **—रवींद्रनाथ टैगोर**

- आदर्श के दीपक को पीछे रखनेवाले अपनी ही छाया के कारण अपने पथ को अंधकारमय बना लेते हैं। **—रवींद्रनाथ टैगोर**

- क्लोज-अप में जीवन एक त्रासदी है, तो लंबे शॉट में प्रहसन।

—चार्ली चैपलिन

- आपके जीवन की खुशी आपके विचारों की गुणवत्ता पर निर्भर करती है।

—मार्क ऑरेलियस अंतोनियस

- हमेशा बत्तक की तरह व्यवहार रखो। सतह पर एकदम शांत, परंतु सतह के नीचे दीवानों की तरह पैडल मारते हुए। **—जेकब एम ब्रॉदे**

- जैसे-जैसे हम बूढ़े होते जाते हैं, सुंदरता भीतर घुसती जाती है।

—रॉल्फ वाल्डो एमर्सन

- अव्यवस्था से जीवन का प्रादुर्भाव होता है, तो अनुक्रम और व्यवस्थाओं से आदत का। **—हेनरी एडम्स**

- हम जानते हैं कि हम क्या हैं, पर यह नहीं जानते कि हम क्या बन सकते हैं।

—शेक्सपियर

मानवता

- मानवता का आदर्श चाहे कितना ही ऊँचा क्यों न हो, उसे भी दोनों जून मुट्ठी भर अन्न की जरूरत पड़ती है। **—रवींद्रनाथ टैगोर**

- मानवता एक ओर तो अपने को अमिट समझती है, तो दूसरी ओर अदना सी चीज के लिए माथा पीटकर मर जाती है। चाहे जो हो, उसे प्रतिदिन सांसारिक बातों के लिए संघर्ष करना ही पड़ता है। **—रवींद्रनाथ टैगोर**

मानव सभ्यता

• संसार में भाव और ज्ञान के बड़े-बड़े कुलाल-चक्र घूम रहे हैं, जिसमें मानव सभ्यता थोड़ी कुछ तैयार होकर आग में तपकर पक्की हो उठी है।

—रवींद्रनाथ टैगोर

माया

• माया अंधकार की तरह है। बाह्य शक्ति से उसका अतिक्रमण नहीं किया जा सकता। **—रवींद्रनाथ टैगोर**

मित्र

• मित्र वह है, जो आपके अतीत को समझता हो, आपके भविष्य में विश्वास रखता हो और आप जैसे हैं, वैसे ही आपको स्वीकार करता हो।

—अज्ञात

• मित्र का सम्मान करो, पीठ पीछे उसकी प्रशंसा करो और आवश्यकता पड़ने पर उसकी सहायता करो। **—अरस्तू**

• दोस्त वह है, जो आपको अपनी तरह जीने की पूरी आजादी दे।

—जिम मॉरिसन

• सच्चा प्रेम दुर्लभ है, सच्ची मित्रता और भी दुर्लभ है। **—अज्ञात**

• ज्ञानी दोस्त जिंदगी का सबसे बड़ा वरदान है। **—यूरीपिडीज**

• कृतज्ञता मित्रता को चिरस्थायी रखती है और नए मित्र बनाती है।

—फ्रेंकलिन

• झूठे मित्र साये की तरह होते हैं। धूप में साथ चलते हैं और अँधेरे में साथ छोड़ देते हैं। **—अज्ञात**

• सच्चे मित्र के तीन लक्षण हैं—अहित को रोकना, हित की रक्षा करना और विपत्ति में साथ नहीं छोड़ना। **—अज्ञात**

• सच्चे मित्र के सामने दुःख आधा और हर्ष दुगुना प्रतीत होता है।

—जॉनसन

मित्रता

उनसे कभी मित्रता न करो, जो तुमसे बेहतर नहीं। —**बिल गेट्स**

उनसे दूर रहो, जो भविष्य को निराशाजनक बताते हैं। —**बिल गेट्स**

मीठी बोली

- ऐसी बानी बोलिए, मन का आपा खोय।
  औरन को शीतल करे, आपहुँ शीतल होय॥ —**कबीरदास**
- नम्रता और मीठे वचन ही मनुष्य के सच्चे आभूषण होते हैं।
  —**तिरुवल्लुवर**

मुकुट

- मुकुट पहनना तो कठिन है ही, किंतु उसे उतारना उससे भी कठिन है।
  —**रवींद्रनाथ टैगोर**

मुक्ति

- मनुष्य के लिए सबसे बड़ी चीज मुक्ति ही है, उसके बराबर और कुछ भी नहीं है, कुछ भी नहीं। —**रवींद्रनाथ टैगोर**
- दुःख के भीतर से मुक्ति आती है और वह मुक्ति उस दुःख से बड़ी होती है।
  —**रवींद्रनाथ टैगोर**
- कर्म-मात्र का त्याग करके बिल्कुल जड़ होकर बैठने में भी इनसान की मुक्ति है। —**रवींद्रनाथ टैगोर**

मुसकान

- मुसकान प्रेम की भाषा है। —**हेवर**
- मुसकान एक शक्तिशाली हथियार है, आप इससे फौलाद भी तोड़ सकते हैं।
- हँसी प्रकृति की सबसे बड़ी नियामत है। —**डॉ. लक्ष्मणपति वार्ष्णेय**
- हँसी मन की गाँठें बड़ी आसानी से खोल देती है। —**महात्मा गांधी**

• शांति की शुरुआत एक मुसकान के साथ होती है। **—मदर टेरेसा**

• कभी-कभी आपकी खुशी आपकी मुसकान का कारण होती है, लेकिन कभी-कभी आपकी मुसकान आपकी खुशी का स्रोत हो सकती है।

—थिक ऐट ऐन

• आप अपनी मुसकान बस कुछ ही देर तक बनाए रह सकते हैं, उसके बाद बस दाँत रह जाते हैं। **—चक पलहनीयक**

• अगर आपके अंदर बस एक मुसकान बची है तो उसे उन्हें दीजिए, जिनसे आप प्रेम करते हैं। **—माया एंजिलो**

• अगर मैं तुम्हारी आँखों में दर्द देख सकूँ तो मेरे साथ अपने आँसू बाँटो। अगर मैं तुम्हारी आँखों में खुशियाँ देख सकूँ तो मेरे साथ अपनी मुसकान बाँटो।

—संतोष कलवार

• इसलिए मत रो कि सब खत्म हो गया, मुसकराओ कि ऐसा हुआ।

—डॉ. सेयस

• यदि आप यह पढ़ रहे हैं तो बधाई हो, आप जीवित हैं। अगर मुसकराने के लिए यह एक कारण नहीं है तो मुझे पता नहीं क्या है।

—चौड सग

• मैं कल मुसकरा रहा था, मैं आज मुसकरा रहा हूँ और मैं कल भी मुसकराऊँगा। महज इसलिए, क्योंकि यह जिंदगी किसी भी चीज के लिए रोने के लिए बहुत छोटी है। **—संतोष कलवार**

• तुम पाओगे कि जीवन तब भी सार्थक है, अगर तुम सिर्फ मुसकरा सको।

—चार्ली चैपलिन

• चलिए एक काम करते हैं, जब मुसकराना मुश्किल हो, तब हम एक-दूसरे से मुसकराते हुए मिलें। एक-दूसरे पर मुसकराओ, अपने परिवार में एक-दूसरे के लिए समय निकालो। **—मदर टेरेसा**

- अगर आप तब मुसकराते हैं, जब आप अकेले हैं, तब आप वास्तव में मुसकरा रहे होते हैं। **—एंडी रूनी**

- दुनिया एक दर्पण की तरह है, आप इस पर क्रोधित होइए और यह आप पर क्रोधित होगी। आप मुसकराइए और यह भी मुसकराएगी।

  —हर्बर्ट सैमुअल्स

- महिलाओं के शस्त्रागार में मुसकान से बढ़कर कोई हथियार नहीं है, जिसके आगे पुरुष इतना असहाय पड़ जाए। **—डोरोथी डिक्स**

- आप मुसकान के साथ बहुत आगे तक जा सकते हैं। आप मुसकान और बंदूक के साथ कहीं आगे तक जा सकते हैं।

  —अलकैपोन

- हर उस व्यक्ति के लिए मुसकान रखो, जिससे तुम मिलने और मारने की योजना रखते हो। **—ब्रैड थॉर**

- एक पल के लिए ही सही, किसी और के चेहरे की मुसकान बनो।

  —डेजन स्टोजनोविक

- मुसकान को तभी रोको, जब वह किसी को चोट पहुँचा सकती हो। नहीं तो खिलखिलाकर हँसो। **—वेरा नजरिअन**

- विज्ञान सोचना सिखाता है, लेकिन प्रेम मुसकराना सिखाता है।

  —संतोष कलवार

- चलिए हम हमेशा एक-दूसरे से मुसकान के साथ मिलें, क्योंकि मुसकान प्रेम की शुरुआत है। **—मदर टेरेसा**

- जिस किसी के चेहरे पर निरंतर मुसकान रहती है, वह एक ऐसी कठोरता छुपाए रहता है, जो लगभग भयावह होती है। **—ग्रेटा गार्बो**

- मैं तुम्हारे चेहरे पर मुसकान और आँखों में दुःख से मोहित हो गया हूँ।

  —जेरेमी एल्डना

- मुसकराने और भूल जाने में बस एक क्षण लगता है, फिर भी जिसे इसकी जरूरत हो, उसके लिए यह जीवन भर बनी रहती है।

—स्टीव मरबोली

- एक मुसकान मुसीबत से निकलने का सबसे अच्छा तरीका है, तब भी, जब यह बनावटी हो। **—मासशी किशिमोटो**

मृत्यु

- मृत्यु एक महान् विजेता है, लेकिन इसके बावूजद वह केवल तभी जीत सकती है, जब हम सुस्ता रहे हों। **—फेदरीको लोर्का**
- भय ही पतन और पाप का निश्चित कारण है। **—स्वामी विवेकानंद**
- मनुष्य की मृत्यु है, भूत की तो मृत्यु नहीं है। **—रवींद्रनाथ टैगोर**
- मृत्यु और विनाश बिना बुलाए ही आया करते हैं, क्योंकि ये हमारे मित्र के रूप में नहीं, शत्रु के रूप में आते हैं। **—भगवतीचरण वर्मा**
- अंतिम चोट होती है मृत्यु। **—रवींद्रनाथ टैगोर**
- जिधर मृत्यु है, उधर संसार की असीमता है। **—रवींद्रनाथ टैगोर**
- जिसे भविष्य का भय नहीं रहता, वही वर्तमान का आनंद उठा सकता है।

—अज्ञात

- हमारे सर्वोच्च मंगल का आदर्श मृत्यु के मुख में है। **—रवींद्रनाथ टैगोर**
- जो चुनौतियों का सामना करने से डरता है, उसका असफल होना तय है।

—अज्ञात

- मृत्यु को जीता नहीं जा सकता, अमृत प्राप्त करने का लक्ष्य ही भ्रष्ट हो जाता है। **—रवींद्रनाथ टैगोर**

मोह

- जिस काम को सत्य मानकर हम सम्मान देते हैं, उसे साधन बनाने के लिए

मोह को अपने दल में शामिल करना ठीक न होगा। **—रवींद्रनाथ टैगोर**

- मोह के बिना छोटे लोगों का काम ही नहीं चलता। **—रवींद्रनाथ टैगोर**
- मोह को जिंदा रखने के लिए सभी देशों में देवता की कल्पना की गई है। **—रवींद्रनाथ टैगोर**
- लोभ और मोह हो तो कामना मिट्टी में मिल जाती है। मोह अतीत और भविष्य को जोड़कर उत्पन्न होता है। **—रवींद्रनाथ टैगोर**
- इस दुनिया में ऐसे लोगों की एक बड़ी संख्या है, जो पैरों तले रहने के आदी हैं। अगर उन्हें पाँवों की धूल नियमित रूप से न मिले तो वे कोई काम नहीं कर पाते। इनसे काम लेने के लिए मोह एक बहुत बड़ी ताकत है। **—रवींद्रनाथ टैगोर**

मौन

- प्रत्येक स्थान और समय बोलने के योग्य नहीं होते, कभी-कभी मौन रह जाना बुरी बात नहीं। **—अज्ञात**
- वाणी का वर्चस्व रजत है, किंतु मौन का मूल्य स्वर्ण के समान है। **—अज्ञात**
- मौन निद्रा के सदृश है, यह ज्ञान में नई स्फूर्ति पैदा करता है। **—बेकन**
- मौन सारे काम बना देता है। **—पंचतंत्र**
- आओ हम मौन रहें, ताकि फरिश्तों की कानाफूसियाँ सुन सकें। **—एमर्सन**
- मौन में शब्दों की अपेक्षा अधिक वाक्-शक्ति होती है। **—कार्लाइल**
- कभी-कभी मौन रह जाना, सबसे तीखी आलोचना होती है। **—अज्ञात**
- धनुष से छूटा हुआ तीर ओर मुख से निकला हुआ शब्द कभी वापस नहीं लौटता। **—अज्ञात**
- इसका खेद अनेक बार हुआ कि मैं बोल क्यों पड़ा। **—पाइथोगोरस**

- बोलने मैं समझदारी से काम लेना, वाक्पटुता से अच्छा है। **—बेकन**
- थोड़ा पढ़ना और अधिक सोचना, कम बोलना और अधिक सुनना, यही बुद्धिमान बनने का उपाय है। **—अज्ञात**
- जो झुकना जानता है, दुनिया उसे उठाती है, जो केवल अकड़ना जानता है, दुनिया उसे उखाड़ फेंकती है। **—अज्ञात**
- खामोश रहो या ऐसी बात कहो, जो खामोशी से बेहतर हो। **—पाइथोगोरस**
- मौन बातचीत की एक महान् कला है। **—हैजलिट**
- तुम्हें प्रत्येक का उपदेश सुनना चाहिए, जबकि अपना उपदेश कुछ ही व्यक्तियों को दो।
- जितना दिखाते हो, उससे ज्यादा तुम्हारे पास होना चाहिए, जितना जानते हो, उससे कम तुम्हें बोलना चाहिए।
- मौन शक्ति का उत्कृष्ट स्रोत है। **—लाओत्जू**
- मौन घृणा की उत्तम अभिव्यक्ति है। **—जॉर्ज बर्नार्ड शॉ**

मौनव्रत

- मौनव्रत विपत्ति की एकमात्र अमोघ औषधि नहीं है। **—रवींद्रनाथ टैगोर**

यथार्थ

- मनुष्य का यथार्थ स्वरूप उसकी आत्म-शुद्धि-संपन्न अंत:प्रकृति में है। **—रवींद्रनाथ टैगोर**
- शक्ति के साथ शक्ति का समझौता हो जाने से ही वह यथार्थ कार्य होता है। यथार्थ कार्य से दोनों ही पक्षों का मंगल होता है। **—रवींद्रनाथ टैगोर**
- नीचे के लोगों का विस्तार किए बिना तुम्हारा यथार्थ विस्तार कभी नहीं होगा। नाव के तले में छेद हो तो नाव का मस्तूल कभी अकड़कर नहीं चल सकता, चाहे वह कितना ही ऊँचा क्यों न हो। **—रवींद्रनाथ टैगोर**

यात्रा

• हजार मील का सफर भी एक कदम से ही आरंभ होता है। —**लाओत्जू**

• न जल्दी करो, न परेशान हो, क्योंकि आप यहाँ एक छोटी सी यात्रा पर हैं; इसलिए आराम से रुकिए और फूलों की खुशबू का आनंद उठाइए।
—**वाल्टर हेगन**

• सही मार्ग पर चलना 'यात्रा' है और बिना लक्ष्य के गलत राह पर चलना 'भटकना' है। —**अज्ञात**

युक्ति

• युक्ति के बदले, उक्ति से काम कभी नहीं चलेगा। —**रवींद्रनाथ टैगोर**

युद्ध

• युद्ध समाज का अत्यंत आवश्यक कर्म है। एक संप्रदाय यदि उस कठिन कर्तव्य को अपना धर्म समझकर ही ग्रहण करता है, तो कर्म के साथ धर्म की रक्षा होती है। —**रवींद्रनाथ टैगोर**

युवा

• युवा होने का सबसे बड़ा प्रमाण यही है कि भावनाओं का पुंज और उत्साह का स्रोत हो। —**गणेश शंकर**

युवावस्था

• युवावस्था में डाली गई अच्छी आदतें सारा अंतर ला देती हैं। —**अरस्तू**

• दुनिया की सबसे बड़ी शक्ति नौजवानी और औरत की सुंदरता है।
—**चाणक्य**

• युवा आसानी से धोखा खा जाता है, क्योंकि वह उम्मीद करने में बहुत तेज होता है। —**अरस्तू**

• लज्जा युवाओं के लिए एक आभूषण, लेकिन बुढ़ापे के लिए एक तिरस्कार है। —**अरस्तू**

- मैं भविष्य जानने के लिए युवाओं को पढ़ाने जाता हूँ। **—रॉबर्ट फ्रॉस्ट**
- चालीस यौवन का बुढ़ापा है, पचास बुढ़ापे का यौवन है। **—विक्टर ह्यूगो**
- युवाओं का कर्तव्य है भ्रष्टाचार को ललकारना। **—कर्ट कोबैन**
- युवावस्था एक अधूत चीज है। इसे बच्चों पर बरबाद करना कितना बड़ा अपराध है। **—जॉर्ज बर्नार्ड शॉ**
- अपने जवानी के सपनों के साथ सच्चे बने रहें। **—फ्रेडरिक स्किलर**
- जवानी वह है, जब आपको नव वर्ष के मौके पर आधी रात तक जागने दिया जाता है। अधेड़ावस्था वह है, जब आपको इसके लिए मजबूर किया जाता है। **—बिल वोन**
- अकसर परिपक्वता जवानी से अधिक बेतुकी होती है और बहुत बार युवाओं के साथ सबसे अधिक अन्यायपूर्ण भी। **—थॉमस एल्वा एडिसन**
- आयु सोचती है, जवानी करती है। **—रवींद्रनाथ टैगोर**
- एक आरामदायक बुढ़ापा अच्छी तरह से बिताई गई जवानी का इनाम होता है। **—मौरिस चेवालिए**
- जवानी की कोई उम्र नहीं होती। **—पाब्लो पिकासो**
- वरिष्ठ व्यक्ति जंग का ऐलान करते हैं, लेकिन वे तो नौजवान हैं, जिन्हें लड़ना और मरना होता है। **—हर्बर्ट हुवर**
- यौवन खुशहाल है, क्योंकि उसके अंदर खूबसूरती देखने की क्षमता है। जो कोई भी खूबसूरती देखने की क्षमता रखता है, वह कभी बूढ़ा नहीं होता। **—फ्रेंज काफ्का**
- यौवन युवाओं पर बरबाद हो जाता है। **—ऑस्कर वाइल्ड**
- खुशहाल बचपन जीने के लिए कभी बहुत देर नहीं हुई होती है। **—टॉम रॉबिंस**

- जवान होने में बहुत समय लगता है। **—पाब्लो पिकासो**
- एक फिट, स्वस्थ्य शरीर, यही सबसे अच्छा फैशन स्टेटमेंट है। **—जेस सी. स्कॉट**
- यौवन एक सपना है, एक तरह का रासायनिक पागलपन। **—एफ. स्कॉट फिह्जगेरॉल्ड**
- आप केवल एक बार युवा होते हैं, पर आप अनिश्चित काल के लिए अपरिपक्व रह सकते हैं। **—ओगडेन नैश**
- सच कहना बहुत कठिन होता है और युवा बहुत कम ही इसकी क्षमता रखते हैं। **—लियो टालस्टॉय**
- अपनी जवानी का आनंद लो। तुम इस क्षण जितने युवा हो, उतने फिर कभी नहीं होगे। **—चौड सग**
- युवा रहने का राज है, कभी अनुपयुक्त भावना मत रखो। **—ऑस्कर वाइल्ड**
- मैं उस एकांत में रहता हूँ, जो युवावस्था में तकलीफदेह है, लेकिन परिपक्वता के दिनों में स्वादिष्ट। **—एल्बर्ट आइंस्टीन**
- किसी युवा को भ्रष्ट करने का पक्का तरीका है कि उसे यह सिखाओ कि वह अपने से अलग सोचनेवालों की तुलना में खुद उसके जैसी सोच रखनेवालों का अधिक सम्मान करे। **—फ्रेडरिक नित्जे**
- जॉर्ज वाशिंगटन एक लड़के के रूप में युवाओं की आम उपलब्धियों से अनभिज्ञ थे। वे झूठ भी नहीं बोल सकते थे। **—मार्क ट्वेन**
- शिक्षा सबसे अच्छी मित्र है। एक शिक्षित व्यक्ति हर जगह सम्मान पता है। शिक्षा सौंदर्य और यौवन को परास्त कर देती है। **—चाणक्य**

- एक लेखक को अपनी पीढ़ी के युवाओं के लिए, अगली पीढ़ी के आलोचकों के लिए और उससे भी बाद की पीढ़ी के अध्यापकों के लिए लिखना चाहिए। **—एफ. स्कॉट फिट्‌जगेराल्ड**

- जो कोई भी अपनी जवानी में सीखने पर ध्यान नहीं देता, अपना अतीत खो देता है और भविष्य के लिए मर चुका होता है। **—यूरीपाईड्‌स**

- जवानी खुशियों का वादा करती है, लेकिन जिंदगी गमों की असलियत सामने ला देती है। **—निकोलस स्पार्क्स**

- युवा हमारे भविष्य की आशा हैं। **—जोस रिजाल**

- लगभग हर एक चीज जो महान् है, युवाओं द्वारा की गई है। **—बेंजामिन डिजरेली**

- शोहरत जवानी की प्यास है। **—लॉर्ड बायरन**

- यौवन और सुंदरता में ज्ञान होता है, पर बहुत कम ही! **—होमर**

- जवानी आती है, लेकिन जिंदगी में एक बार। **—हेनरी वड्‌र्सवर्थ लाँगफेलो**

- मौत हमें नीद, कभी न खत्म होनेवाला यौवन और अमरता देती है। **—जीन पॉल**

- बाल रँगने से जवानी वापस नहीं आ जाती। **—अबु बकर**

- आप पैसों के बिना जवान हो सकते हैं, लेकिन आप इसके बिना बूढ़े नहीं हो सकते। **—अरस्तू**

- युवाओं को नौकरी खोजनेवाला की जगह नौकरी पैदा करनेवाला बनाने की आवश्यकता है। **—अब्दुल कलाम**

- हम जवानी में सीखते हैं, हम बुढ़ापे में समझते हैं। **—मारी वोन एबनर-एस्चेंबैक**

- बढ़ती उम्र के साथ जवानी का नशा हमेशा हल्का नहीं पड़ता, कभी-कभी यह और गाढ़ा हो जाता है। **—कार्ल जंग**
- जवानी एक भूल है, मर्दानगी एक संघर्ष है, बुढ़ापा एक अफसोस है। **—बेंजामिन डिजरेली**
- यौवन प्रकृति का उपहार है, लेकिन उम्र कला की एक कृति है। **—स्तानिस्लाव लेस**
- युवा समृद्धि के संरक्षक हैं। **—बेंजामिन डिजरेली**
- बूढ़ा होना जवानी का खोना नहीं, बल्कि नए अवसर और ताकत का मंच है। **—बेट्टी फ्रीडैन**
- आतुरता युवाओं की है, बुद्धिमानी वृद्धों की। **—मार्क्स टुलीयस सिसरो**
- युवावस्था अमीर होने के लिए सबसे अच्छा समय है और गरीब होने के लिए भी। **—यूरीपाइड्स**

योग्यता

- केवल बुद्धि के द्वारा ही मानव का मनुष्यत्व प्रकट होता है। **—प्रेमचंद**
- कार्यकुशल व्यक्ति की सभी जगह जरूरत पड़ती है। **—प्रेमचंद**
- गुण छोटे लोगों में द्वेष और महान् व्यक्तियों में स्पर्धा पैदा करता है। **—फील्डिंग**
- कार्यकुशल व्यक्ति के लिए यश और धन की कमी नहीं है। **—अज्ञात**
- मनुष्य अपने गुणों से आगे बढ़ता है, न कि दूसरों कि कृपा से। **—लाला लाजपतराय**
- यदि तुम अपने आपको योग्य बना लो, तो सहायता स्वयं तुम्हें आ मिलेगी। **—स्वामी रामतीर्थ**

• महान् व्यक्ति न किसी का अपमान करता है और न उसको सहता है।

—होम

• नैतिक बल के द्वारा ही मनुष्य दूसरों पर अधिकार कर सकता है।

—स्वामी रामदास

• मनुष्य धन अथवा कुल से नहीं, दिव्य स्वभाव और भव्य आचरण से महान् बनता है। **—आविद**

• ज्ञानी वह है, जो वर्तमान को ठीक प्रकार समझे और परिस्थिति के अनुसार आचरण करे। **—विनोबा भावे**

योजना

• अच्छी योजना बनाना बुद्धिमानी का काम है, पर उसको ठीक से पूरा करना धैर्य और परिश्रम का।

—बिल गेट्स

यौवन

• यौवन के उतार का समय ही सबसे अधिक खतरे का होता है।

—रवींद्रनाथ टैगोर

रणनीति

• एक बुरी रणनीति अच्छी-से-अच्छी जानकारी को अनुपयोगी बना सकती है। **—बिल गेट्स**

राजनीति

• निश्चित ही राज्य तीन शक्तियों के अधीन है। शक्तियाँ मंत्र, प्रभाव और उत्साह हैं, जो एक-दूसरे से लाभान्वित होकर कर्तव्यों के क्षेत्र में प्रगति करती हैं। मंत्र (योजना, परामर्श) से कार्य का ठीक निर्धारण होता है, प्रभाव (राजोचित शक्ति, तेज) से कार्य का आरंभ होता है और उत्साह (उद्यम) से कार्य सिद्ध होता है। **—दशकुमारचरित**

- यथार्थ को स्वीकार न करने में ही व्यावहारिक राजनीति निहित है।

—हेनरी एडम

- विपत्तियों को खोजने, उन्हें सर्वत्र प्राप्त करने, गलत निदान करने और अनुपयुक्त चिकित्सा करने की कला ही राजनीति है।

—सर अर्नेस्ट वेम

- मानव स्वभाव का ज्ञान ही राजनीतिक-शिक्षा का आदि और अंत है।

—हेनरी एडम

- राजनीति में किसी भी बात का तब तक विश्वास मत कीजिए, जब तक कि उसका खंडन आधिकारिक रूप से न कर दिया गया हो।

—ओटो वान बिस्मार्क

- सफल क्रांतिकारी राजनीतिज्ञ होता है, असफल अपराधी।

—एरिक फ्रॉम

- राजनीति में एक पक्ष अन्य पक्षों की सर्वदा निंदा ही करता है।

—रवींद्रनाथ टैगोर

राजनीतिज्ञ

- राजनीतिज्ञ लोगों की एक अलग जाति होती है, उनका आदर्श मानव के महान् आदर्श से मेल नहीं खाता। **—रवींद्रनाथ टैगोर**

राजा

- राजा को मारने से ही राजत्व नहीं मिलता···पृथ्वी को वश में करके ही राजा बना जाता है। **—रवींद्रनाथ टैगोर**

- साधारण लोगों के लिए असली या नकली एक राजा तो होना ही चाहिए, नहीं तो बड़ा अनिष्ट होता है। **—रवींद्रनाथ टैगोर**

राष्ट्र

- राष्ट्र का पुनर्निर्माण उसके आदर्शों के पुनर्निर्माण के बिना नहीं हो सकता है।

—भगिनी निवेदिता

- राष्ट्र की सृष्टि देश के समग्र लोगों के सम्मिलित प्रयास से होती है, इस सृष्टि में सारे देश की हृदय-वृत्ति, बुद्धि तथा इच्छा-शक्ति व्यक्त होती है, यह योगलब्ध धन है। **—रवींद्रनाथ टैगोर**

- राष्ट्र ही सभ्यता की अभिव्यक्ति है। **—रवींद्रनाथ टैगोर**

- वर्तमान के जोश में भविष्य के बीज तक को निर्जीव बना देना राष्ट्र को नष्ट करना है। **—रवींद्रनाथ टैगोर**

राष्ट्रभाषा हिंदी

- राष्ट्रभाषा की जगह एक हिंदी ही ले सकती है, कोई दूसरी भाषा नहीं। **—महात्मा गांधी**

- यदि हम भारत की राष्ट्रभाषा बनाना चाहते हैं तो हिंदी ही हमारी राष्ट्रभाषा हो सकती है। **—महात्मा गांधी**

- अगर हिंदुस्तान को हमें एक राष्ट्र बनाना है तो राष्ट्रभाषा हिंदी ही हो सकती है। **—महात्मा गांधी**

- राष्ट्रीय व्यवहार में हिंदी को काम में लाना देश की एकता और उन्नति के लिए आवश्यक है। **—महात्मा गांधी**

- आज की अंग्रेजी शिक्षा ने हमें निकम्मा और नकलची बना दिया। **—महात्मा गांधी**

- दुनिया से कह दो, गांधी अंग्रेजी नहीं जानता। **—महात्मा गांधी**

- यदि हमारा विश्वास हमारी भाषाओं पर से उठ गया हो तो वह इस बात की निशानी है कि हमारा अपने आप पर विश्वास नहीं रहा। यह हमारी गिरी हुई हालत की निशानी है और जो भाषाएँ हमारी माताएँ बोलती हैं, उनके लिए हमें जरा भी मान न हो, तो किसी तरह की स्वराज्य की योजना, भले ही वह कितनी भी परोपकारी वृत्ति या उदारता से हमें दी जाए, हमारे लिए कभी स्वराज्य भोगनेवाली पूजा नहीं बना सकेगी। **—महात्मा गांधी**

- कोई भी देश सच्चे अर्थों में तब तक स्वतंत्र नहीं है, जब तक वह अपनी भाषा में नहीं बोलता। **—महात्मा गांधी**
- विदेशी भाषा के माध्यम से शिक्षा की हिमायत करनेवाले जनता के दुश्मन हैं। **—महात्मा गांधी**

रास्ता

- रास्ता बनाते चलो। हमेशा आपके लिए कोई रास्ता तैयार नहीं रहेगा। आपको कुछ तो करना ही होगा। कभी लोगों को यह भी लगेगा कि आप सनकी हैं। कई बार आप कदम मंजिल के पास हो सकते हैं। **—बिल गेट्स**
- अपने आपको अधिक समझने व मानने से स्वयं अपना रास्ता बनानेवाली बात है। **—बिल गेट्स**

रुपया

- रुपया अच्छी चीज नहीं है। उससे मन दब जाता है। जब मन शासन करता है, तब वह अपना सुख स्वयं तैयार कर सकता है, किंतु धन जब सुख-संचय का भार लेता है, तब मन का कोई प्रयोजन नहीं रह जाता। तब पहले, जहाँ मन का सुख था, उस जगह को माल-असबाब का घटाटोप घेर लेता है। **—रवींद्रनाथ टैगोर**
- सरलतापूर्वक लेन-देन चलाने के लिए ही रुपए की सृष्टि हुई है। **—रवींद्रनाथ टैगोर**

लक्ष्मी

- लक्ष्मी का अमृत भंडार कभी चुकता नहीं, इसीलिए कभी-कभी वह हमारे पात्र तोड़कर, हमें रुलाकर खुद हँसती है। **—रवींद्रनाथ टैगोर**
- अवसादग्रस्त निरुत्साह को लक्ष्मी छोड़ जाती है। **—रवींद्रनाथ टैगोर**

लक्ष्य

- लक्ष्य-प्राप्ति के लिए सहज प्रवृत्तियों को होम कर देना होता है। **—संपूर्णानंद**

- अगर मैं पहले से कोई अंतिम लक्ष्य बनाकर चलता तो क्या आपको नहीं लगता है कि मैं उसे सालों पहले पूरा कर चुका होता। **—बिल गेट्स**
- हमारे लक्ष्य निर्धारित करते हैं कि हम क्या बनने जा रहे हैं। **—बिल गेट्स**
- सब मनुष्यों के कर्मों का लक्ष्य उन्नति की चरम सीमा को प्राप्त करना है।

  —सत्य साईं बाबा
- अपने लक्ष्यों को पूरा होते देखने का सिद्धांत जीवन के सभी क्षेत्रों में काम करता है। अगर कुछ करना व बनना चाहते हो तो सर्वप्रथम लक्ष्य को निर्धारित करें, वरना जीवन में उचित उपलब्धि नहीं कर पाएँगे।

  —बिल गेट्स
- स्पष्ट लक्ष्य निर्धारित करने और ऐसे उपाय ढूँढ़ने होंगे, जो मानवीय स्थिति को सुधार सकनेवाली प्रगति की ओर संकेत करते हों।

  —बिल गेट्स
- विश्व के सबसे गरीब लोगों के जीवन को सुधारने पर लक्षित आठ लक्ष्यों ने स्वास्थ्य और विकास में सर्वोच्च प्राथमिकता को नया फोकस प्रदान किया है। **—बिल गेट्स**
- सभी का न हो, किंतु किसी-किसी मनुष्य का जीवन में कोई एक लक्ष्य रहता है। **—रवींद्रनाथ टैगोर**
- सार्थकता हासिल करने के लिए स्पष्ट तसवीर बिल्कुल अनिवार्य है।

  —अज्ञात
- अपने लक्ष्यों को पूरा होते देखने का सिद्धांत जीवन के सभी क्षेत्रों में काम करता है। **—बिल गेट्स**
- लक्ष्य के बारे में सबसे जरूरी चीज है कि वह होना चाहिए।

  —बिल गेट्स
- किसी अन्य व्यक्ति की तुलना में अपने लक्ष्य की प्राप्ति के लिए कार्यरत रहने

की आपकी इच्छा आपकी सर्वाधिक मूल्यवान संपत्ति हो सकती है।
—बिल गेट्स

- जहाँ संकल्प बड़ा होता है, वहाँ विपदा और संकट बड़े नहीं हो सकते।
—मैकियावेली

- बाहरी चीजों के अंबार लगाना ही आदमी के जीवन का अंतिम लक्ष्य हो रहा है। **—रवींद्रनाथ टैगोर**

- आपने चाहे कितने ही लक्ष्य क्यों न पूरे कर लिये हों, अपनी निगाह अगले लक्ष्य पर टिका लें। **—बिल गेट्स**

- एक बार लक्ष्य निर्धारित करने के बाद बाधाओं और व्यवधानों के भय से उसे छोड़ देना कायरता है। **—बिल गेट्स**

- लक्ष्य जितना बड़ा होता है, उसका रास्ता भी उतना ही लंबा और बीहड़ होता है। **—साने गुरुजी**

- सबकी सुनने और माननेवाला किसी नतीजे पर नहीं पहुँचता। **—अज्ञात**

- सत्य आदमी का लक्ष्य नहीं है, आदमी का लक्ष्य है फल पाना।
—रवींद्रनाथ टैगोर

- जब भी लक्ष्य तय करो, उसके लिए जुनूनी होना होगा। नाकामियों का आप पर नकारात्मक असर नहीं होना चाहिए। लक्ष्य को हासिल करने में कितना समय लग रहा है, उससे विचलित होने की जरूरत नहीं है।
—बिल गेट्स

- अपने जीवन का कोई लक्ष्य बनाइए, क्योंकि लक्ष्यविहीन जीवन बिना पतवार की नाव के समान इधर-उधर भटकता रहता है। **—अज्ञात**

- हमारा जीवन पक्षी है, केवल थोड़ी ही दूर तक उड़ सकता है, इसने पंख फैला दिए हैं, देखो, जल्दी से इसकी दिशा सोच लो। **—अज्ञात**

लज्जा

- लज्जा के कारण जो लेने लायक चीज को नहीं लेते, वे ही न लेने का दुःख ढकने के लिए लज्जा को बड़ी चीज मानते हैं। **—रवींद्रनाथ टैगोर**
- जो समूचे को देखते हैं, उनके पास सत्य को ढकने की जरूरत नहीं पड़ती। अर्धसत्य ही लज्जा का विषय है। **—रवींद्रनाथ टैगोर**

लीडर

- जब हम अगली सदी की तरफ देखते हैं, लीडर वही होंगे, जो दूसरों को सशक्त बना सकेंगे। **—बिल गेट्स**

लोकतंत्र

- लोकतंत्र का मूल उदारता में है। **—अरस्तू**
- लोकतंत्र जनता की, जनता द्वारा, जनता के लिए सरकार होती है। **—अब्राहम लिंकन**
- लोकतंत्र इस धारणा पर आधारित है कि साधारण लोगों में असाधारण संभावनाएँ होती हैं। **—हेनरी एमर्शन फास्डिक**
- शांतिपूर्वक सरकार बदल देने की शक्ति प्रजातंत्र की आवश्यक शर्त है। प्रजातंत्र और तानाशाही में अंतर नेताओं के अभाव में नहीं है, बल्कि नेताओं को बिना उनकी हत्या किए बदल देने में है। **—लॉर्ड बिवरेज**
- बहुमत का शासन जब जोर-जबरदस्ती का शासन हो जाए तो वह उतना ही असहनीय हो जाता है, जितना कि नौकरशाही का शासन। **—महात्मा गांधी**
- जैसी जनता, वैसा राजा। प्रजातंत्र का यही तकाजा। **—श्रीराम शर्मा आचार्य**
- अगर हम लोकतंत्र की सच्ची भावना का विकास करना चाहते हैं तो हम असहिष्णु नहीं हो सकते। असहिष्णुता से पता चलता है कि हमें अपने

उद्देश्य की पवित्रता में पूरा विश्वास नहीं है। बहुमत का शासन जब जोर-जबरदस्ती का शासन हो जाए तो वह उतना ही असहनीय हो जाता है, जितना कि नौकरशाही का शासन। **—महात्मा गांधी**

लोग

- अन्य लोगों के अंतिम संस्कार में अवश्य शरीक हों, अन्यथा लोग आपके में शरीक नहीं होंगे। **—योगी बेरा**
- महान् लोग हमेशा अपने समय से आगे होते हैं, जबकि चतुर सुजान लोग केवल अपने समय का दोहन ही कर पाते हैं। **—ज्यां बोद्रिला**
- महान् आदमी वे होते हैं, जो पहले कभी न सोचे गए और न किए गए काम को अंजाम देते हैं। **—जावेद अख्तर**
- कुछ लोग नकल करने के इतने अभ्यस्त हो जाते हैं कि वे धीरे-धीरे दूसरों की गलतियों की भी नकल करने लग जाते हैं। **—अज्ञात**
- शिष्ट लोग भी अनेक कष्ट सहते हैं, लेकिन अपनी भद्रता के कारण वे उसका प्रदर्शन नहीं करते। **—अज्ञात**

लोभ

- लोभ करने का स्वाभाविक अधिकार होता है, इसीलिए तो लोभ करना स्वाभाविक है। **—रवींद्रनाथ टैगोर**
- लोभ में पड़कर प्रकृति के प्रति व्यभिचार करने से हमें बचना चाहिए। **—रवींद्रनाथ टैगोर**

वक्त

- घंटा सबको यह बतलाता है कि वक्त बैठा नहीं रहता। वक्त चलता जा रहा है। **—रवींद्रनाथ टैगोर**
- केवल खास बातों के लिए वक्त है। बेकार में वक्त बरबाद करने का वक्त नहीं है। **—रवींद्रनाथ टैगोर**

वफादार

- छोटी-छोटी चीजों के प्रति वफादार रहें, क्योंकि आपकी बड़ी ताकत इन्हीं छोटी चीजों में बसती है। **—मदर टेरेसा**

विकास

- बीज आधारभूत कारण है, पेड़ उसका प्रगति परिणाम, विचारों की प्रगतिशीलता और उमंग भरी साहसिकता उस बीज के समान है। **—श्रीराम शर्मा आचार्य**
- विकास की कोई सीमा नहीं होती, क्योंकि मनुष्य की मेधा, कल्पनाशीलता और कौतूहल की भी कोई सीमा नहीं है। **—रोनाल्ड रीगन**

विज्ञान

- विज्ञान हमें ज्ञानवान बनाता है, लेकिन दर्शन (फिलॉसफी) हमें बुद्धिमान बनाता है। **—विल्ल डुरांट**
- विज्ञान की तीन विधियाँ हैं—सिद्धांत, प्रयोग और सिमुलेशन। **—अज्ञात**
- विज्ञान की बहुत सारी परिकल्पनाएँ गलत हैं, यह पूरी तरह ठीक है, ये गलत परिकल्पनाएँ ही सत्य-प्राप्ति के झरोखे हैं। **—अज्ञात**
- हम किसी भी चीज को पूर्णतः ठीक तरीके से परिभाषित नहीं कर सकते। अगर ऐसा करने की कोशिश करें तो हम भी उसी वैचारिक पक्षाघात के शिकार हो जाएँगे, जिसके शिकार दार्शनिक होते हैं। **—रिचर्ड फेनिमैन**

विज्ञापन

- मैंने कोई विज्ञापन ऐसा नहीं देखा, जिसमें पुरुष स्त्री से कह रहा हो कि यह साड़ी या स्नो खरीद लो। अपनी चीज वह खुद पसंद करती है, मगर पुरुष की सिगरेट से लेकर टायर तक में वह दखल देती है। **—हरिशंकर परसाई**

विचार

- मन में बुरे विचार आने से ही नहीं, बल्कि असंगत, अव्यवस्थित और अवांछित विचार आने से भी इस जीवनीशक्ति का न केवल सतत क्षय होता

रहता है, बल्कि इस रीति से क्षय होता रहता है कि हमें उसका पता भी नहीं चलता और चूँकि विचार सारे वचनों और कार्यों के प्रेरणा-स्रोत हैं, इसलिए जैसा विचार होगा, वैसा ही वचन और कार्य भी होगा। इसलिए पूर्ण मनोनिग्रहपूर्वक किया गया विचार, अपने आप में अधिक-से-अधिक समर्थ शक्ति है और यह भी हो सकता है कि बिना किसी बाहरी साधन-उपक्रम के यह विचार ही वांछित कार्य भी करने लग जाए।

—महात्मा गांधी

• मनुष्य की वास्तविक पूँजी धन नहीं, विचार हैं।

—श्रीराम शर्मा आचार्य

• मन:स्थिति बदले, तब परिस्थिति बदले। **—श्रीराम शर्मा आचार्य**

• विकारी विचार भी बीमारी की निशानी है। इसलिए हम सब विकार से बचते रहें। **—महात्मा गांधी**

• विचारों की शक्ति अकूत है। विचार ही संसार पर शासन करते है, मनुष्य नहीं।

—सर फिलिप सिडनी

• विचार संसार में सबसे घातक हथियार हैं। **—डब्ल्यू.ओ. डगलस**

• किस तरह विचार संसार को बदलते हैं, यही इतिहास है। **—अज्ञात**

• विचारों की गति ही सौंदर्य है। **—जे.बी. कृष्णमूर्ति**

• गलतियाँ मत ढूँढ़ो, उपाय ढूँढ़ो। **—हेनरी फोर्ड**

• शुद्ध विचारों में बहुत बड़ी शक्ति है, ऐसा आज के वैज्ञानिक स्वीकार करते हैं और इसी से यह कहा जाता है कि मनुष्य जैसे विचार करता है, वैसा हो जाता है। हत्या का नित्य चिंतन करनेवाला हत्यारा हो जाएगा। व्यभिचार का चिंतन करनेवाला व्यभिचारी हो जाएगा, सत्य का चिंतन करनेवाला सत्यमय, अहिंसा का चिंतन करनेवाला अहिंसामय, और भगवान् का चिंतन करनेवाला भगवानस्वरूप हो जाएगा।

—महात्मा गांधी

- जब तक आप ढूँढ़ते रहेंगे, समाधान मिलते रहेंगे। **—जॉन बेज**
- उस विचार को रोक पाना नामुमकिन है, जिसका वक्त आ गया हो। **—विक्टर ह्यूगो**
- संसार में न कोई तुम्हारा मित्र है, न शत्रु। तुम्हारा अपना विचार ही इसके लिए उत्तरदायी है। **—चाणक्य**
- व्यक्ति के पास जितने अधिक विचार होते हैं, उतने ही कम शब्दों में वह उनको अभिव्यक्त कर देता है। **—अज्ञात**
- अच्छे विचार रखना भीतरी सुंदरता है। **—स्वामी रामतीर्थ**
- हम बात को समझते ही नहीं कि कर्म या वचन के मुकाबले विचार कहीं अधिक शक्तिशाली होता है। जब विचार, वचन और कर्म इन तीनों में सामंजस्य होता है, तब विचार को वचन और कर्म, दोनों मर्यादित करते हैं; इतना ही नहीं, स्वयं वचन को कर्म मर्यादित करता है। कहने की जरूरत नहीं कि विचार से मेरा आशय उस जीवंत विचार से ही है, जिसका वचन और कर्म में रूपांतरण संभव है। सामर्थ्य से रहित विचार, हवाई किले से अधिक अर्थ नहीं रखते और वे हवा में ही विलीन हो जाते हैं। **—महात्मा गांधी**
- मनुष्य अपने हृदय में जैसा विचारता है, वैसा ही बन जाता है। **—बाइबिल**
- महान् विचार कार्यरूप में परिणत होकर, महान् कृतियाँ बन जाते हैं। **—हेजलिट**
- जिसके साथ श्रेष्ठ विचार रहते हैं, वह कभी भी अकेला नहीं रह सकता। **—स्वामी विवेकानंद**
- हम दुनिया को नहीं बदल सकते, मगर दुनिया के प्रति अपना दृष्टिकोण तो बदल सकते हैं। **—स्वामी रामदास**

विद्या

- विद्या जाहिर करने के लिए नहीं और दूसरे का उपकार करने के लिए भी

नहीं, वह है बातें कर-करके चिंतन करना, ज्ञान हजम करने की एक व्यायाम प्रणाली। **—रवींद्रनाथ टैगोर**

- विद्या अमूल्य और अनश्वर धन है। **—ग्लेडस्टन**
- विद्या-लाभ विद्यालय के ऊपर नहीं, बल्कि मुख्यतः छात्र के ऊपर निर्भर करता है। **—रवींद्रनाथ टैगोर**
- निर्लिप्त भाव से बाहर से विद्या सीखी जा सकती है, परंतु जब तक हम उसमें लिप्त होकर व्यावहारिक शिक्षा ग्रहण नहीं करते, तक तक उसका प्रयोग नहीं कर सकते। **—रवींद्रनाथ टैगोर**

विद्यार्थी

- विद्यार्थियों को दलबंदीवाली राजनीति में कभी भाग नहीं लेना चाहिए। **—महात्मा गांधी**
- विद्यार्थी राजनीतिक हड़तालें न करें। **—महात्मा गांधी**
- विद्यार्थी कोई काम लुक-छिपकर न करें। **—महात्मा गांधी**
- विद्यार्थी अपने साथ पढ़नेवाली बहनों के साथ सभ्यता, शिष्टाचार और शालीनता का व्यवहार करें। **—महात्मा गांधी**
- विद्यार्थी यदि अपनी छुट्टी के दिनों में देहातों में जाकर लोकसेवा करें, तो उनके लिए इससे अच्छी और कोई बात नहीं होगी। **—महात्मा गांधी**
- मौज-शौक से पैसे बहाते हुए विद्यार्थी अपने माँ-बाप का भी नुकसान करते हैं और अपना भी। **—महात्मा गांधी**
- विद्यार्थी भोग-विलास में पड़े कि उनका विद्यार्थी-जीवन समाप्त हुआ। **—महात्मा गांधी**
- विद्यार्थी-जीवन में पान, सिगरेट या शराब की आदत डालना आत्मघात के समान है। **—महात्मा गांधी**

- विद्यार्थी अपने किसी भी पड़ोसी की निस्संकोच सेवा करने के लिए तैयार रहें। **—महात्मा गांधी**
- विद्यार्थी को तो आलस्य छू ही नहीं जाना चाहिए। **—महात्मा गांधी**

विनम्रता

- विनम्रता ही मनुष्य का मूलधन होती है। उसे जितना ही खर्च करोगे, उतना ही ऐश्वर्य बढ़ेगा। **—रवींद्रनाथ टैगोर**

विफलता

- प्रयोग-योग्य विफलता को पुरस्कृत करें। **—बिल गेट्स**
- अपनी शक्तियों पर भरोसा करनेवाला कभी असफल नहीं होता। **—बिल गेट्स**
- ऐसे असंख्य लोग हैं, जो बार-बार असफल हुए, तब कहीं जाकर वे अचानक सामने आए। **—बिल गेट्स**

विलासिता

- अति विलासिता से मनुष्यत्व धीरे-धीरे अकर्मण्य और बाँझ हो जाता है। **—रवींद्रनाथ टैगोर**

विवाद

- मत का उत्तर मत से, युक्ति का उत्तर युक्ति से दिया जा सकता है, परंतु बुद्धि के विषय में क्रोध करके दंड देना बर्बरता है। **—रवींद्रनाथ टैगोर**

विवाह

- मनुष्य की एक अवस्था होती है, जब वह चिंता किए बिना ही विवाह कर सकता है, वह अवस्था पार हो जाने पर विवाह करने में दुःसाहस की आवश्यकता होती है। **—रवींद्रनाथ टैगोर**
- हमारे देश में विवाह मुख्यतया व्यक्तिगत संबंध नहीं, बल्कि पारिवारिक संबंध है। **—रवींद्रनाथ टैगोर**

विविध

- घाव पर कपड़ा भी छुरी बनकर लगता है। दु:खे हुए अंग को हवा भी दु:खा देती है। **—सुदर्शन**

- काँच का कटोरा, नेत्रों का जल, मोती और मन; ये एक बार टूटने पर पहले जैसी स्थिति को प्राप्त नहीं कर सकते। **—लोकोक्ति**

- बच्चों का हृदय कोमल थाला है, चाहे इसमें कटीली झाड़ी लगा दो, चाहे फूलों के पौधे। **—जयशंकर प्रसाद**

- ज्यों-ज्यों लाभ होता है, त्यों-त्यों लोभ होता है। इस प्रकार लाभ से लोभ निरंतर बढ़ता जाता है। **—उत्तराध्ययन**

- मनुष्य अपनी क्षमताओं की कभी कदर नहीं करता, वह हमेशा उस चीज की आस लगाए रहता है, जो उसके पास नहीं है। **—हेलेन केलर**

- कष्ट और विपत्ति मनुष्य को शिक्षा देनेवाले श्रेष्ठ गुण हैं। **—बालगंगाधर तिलक**

- जिसने अपने को वश में कर लिया है, उसकी जीत को देवता भी हार में नहीं बदल सकते। **— महात्मा बुद्ध**

- मन की दुर्बलता से अधिक भयंकर और कोई पाप नहीं है। **—स्वामी विवेकानंद**

- हम हमेशा खुद को खोजते हुए दूसरों की कहानियों में प्रवेश कर जाते हैं। **—एमरे करतेश**

- सिद्धांत न त्यागें, चाहे ऐसा करनेवाले आप अकेले क्यों न हों। **—जॉन एडम्स**

- कष्ट सहने के फलस्वरूप ही हमें बुद्धि-विवेक की प्राप्ति होती है। **—राधाकृष्णन्**

- चुनाव जनता को राजनीतिक शिक्षा देने का विश्वविद्यालय है।
—जवाहरलाल नेहरू

- जब जादू के पास छिपाने के लिए कुछ नहीं होता तो वह कला बन जाता है। **—बेन ओकरी**

- ऐश्वर्य उपाधि में नहीं, वरन् इस चेतना में है कि हम उसके योग्य हैं।
—अरस्तू

- उपदेश देना सरल है, पर उपाय बताना कठिन। **—रवींद्रनाथ टैगोर**

- दूसरों के अनुभवों से लाभ उठानेवाला बुद्धिमान होता है।
—जवाहरलाल नेहरू

- प्रतिष्ठा बनाने में कई वर्ष लग जाते हैं, कलंक एक क्षण में लग जाता है।
—अज्ञात

- गुस्सा आपको छोटा बनाता है, क्षमा आपको विस्तार देती है। **—अज्ञात**

- परामर्श तो अनेक प्राप्त करते हैं, किंतु उससे लाभ उठाना बुद्धिमानों को ही आता है। **—साइरस**

- सावधानी बुद्धिमानी की सबसे बड़ी संतान है। **—विक्टर ह्यूगो**

- निंदा से बचने का अचूक एवं शीघ्र उपचार स्वयं को सुधार लेना ही है।
—डिमास्थनीज

- किसी मित्र को अपना ऐसा भेद मत बताओ, जिसके जाहिर हो जाने पर बदनामी हो। **—थेल्स**

- नीतिसम्मत है कि स्वार्थवश भी दुर्जन व्यक्ति को साथ नहीं लेना चाहिए।
—अज्ञात

- चतुर मनुष्य अपना ज्ञान छिपाकर रखता है, पर मूर्ख अपनी मूर्खता का प्रदर्शन करता है। **—बाइबिल**

- न तो इतने कड़वे बनो कि कोई थूक दे और न ही इतने मीठे बनो कि कोई निगल जाए। —**टालस्टॉय**
- जब घर में अतिथि हो, तब चाहे अमृत ही क्यों न हो, अकेले नहीं पीना चाहिए। —**तिरुवल्लुवर**
- अगर तुम पढ़ना जानते हो, तो हर व्यक्ति स्वयं में एक पुस्तक है। —**चैनिंग**
- बहुमत की आवाज न्याय का द्योतक नहीं है। —**अज्ञात**
- जीवन का एक क्षण करोड़ स्वर्ण मुद्राएँ देने पर भी नहीं मिलता। —**चाणक्य**
- मुसकान एक शक्तिशाली हथियार है, आप इससे फौलाद भी तोड़ सकते हैं। —**अज्ञात**
- मनुष्य अपने सबसे अच्छे रूप में सभी जीवों में सबसे उदार होता है, लेकिन यदि कानून और न्याय न हों तो वह सबसे खराब बन जाता है। —**अरस्तू**
- तुम्हारे वस्त्र तुम्हारे बहुत से सुंदर अंश को छिपा लेते हैं, लेकिन असुंदर को नहीं, हालाँकि तुम वस्त्रों में अपनी गुप्तता की आजादी खोजते हो, लेकिन तुमको प्राप्त होते हैं—बंधन और बाधा। —**खलील जिब्रान**
- काश धूप और वायु से तुम्हारा मिलन तुम्हारी त्वचा द्वारा अधिक होता और वस्त्रों द्वारा कम, क्योंकि जीवन के प्राण सूर्य के प्रकाश में हैं और जीवन के हाथ हवा के झोंकों में हैं। —**खलील जिब्रान**
- भूलो मत कि मलिन मन की आँखों के सम्मुख लज्जा ढाल के सामान है और जब मलिन मन ही न होंगे, तब लज्जा केवल एक बेड़ी और विकृत करनेवाली वस्तु के सिवा क्या होगी? —**खलील जिब्रान**
- और भूलो मत कि धरती तुम्हारी नंगी पग-तलियों का स्पर्श पाकर प्रसन्न होती है और पवन तुम्हारे केशों से अठखेलियाँ करना चाहता है। —**खलील जिब्रान**

- खूबसूरती चेहरे पर नहीं होती, यह तो दिल की रोशनी है, बहुत ध्यान से देखनी पड़ती है। —**खलील जिब्रान**

- मनुष्य के सभी कार्य इन सातों में से किसी एक या अधिक वजहों से होते हैं—मौका, प्रकृति, मजबूरी, आदत, कारण, जुनून, इच्छा। —**अरस्तू**

- तुम्हारा घर जहाज का लंगर न बने, बल्कि मस्तूल बने, तुम दरवाजे में से गुजर सको, इसके लिए तुम अपने पंख समेटो मत और कहीं छत से टकरा न जाएँ, इसलिए सिरों को झुकाओ मत, कहीं दीवारें दरककर गिर न पड़ें, इसलिए साँस लेने से डरो मत। —**खलील जिब्रान**

- तुम उन मकबरों में मत रहो, जो मुर्दों ने जीवितों के लिए बनाए हैं, भले ही तुम्हारा घर भव्य और सुंदर न हो, लेकिन तुम्हारा घर न तो तुम्हारे राजों को छुपाए और न तुम्हारी तृष्णाओं का आश्रय हो। —**खलील जिब्रान**

- क्योंकि वह जो तुममें अनंत है, आकाश के महल में रहता है, जिसका फाटक प्रभात का कोहरा है और जिसकी खिड़कियाँ रात की रागनियाँ और खामोशियाँ हैं। —**खलील जिब्रान**

- तुम्हारा दोस्त तुम्हारी जरूरतों का जवाब है, वह तुम्हारी फसल है, जिसे तुम बड़े प्रेम से बोते हो और बड़े प्रेम से काटते हो, वह तुम्हारे भोजन का थाल है और तुम्हारा अपना घर है, क्योंकि तुम अपनी भूख लेकर उसके पास पहुँचते हो और अपने आराम के लिए उसी को तलाशते रहे हो।

  —**खलील जिब्रान**

- कोई भी उस व्यक्ति से प्रेम नहीं करता, जिससे वह डरता है। —**अरस्तू**

- अच्छा व्यवहार सभी गुणों का सार है। —**अरस्तू**

- बुरे व्यक्ति पश्चात्ताप से भरे होते हैं। —**अरस्तू**

- कोई भी क्रोधित हो सकता है, यह आसान है, लेकिन सही व्यक्ति से सही सीमा में सही समय पर और सही उद्देश्य के साथ सही तरीके से क्रोधित होना सभी के वश की बात नहीं है और यह आसान नहीं है। —**अरस्तू**

• जो हर झाड़ी की जाँच करता है, वह वन में क्या घुस पाएगा।

—जर्मन कहावत

• सैकड़ों हाथों से इकट्ठा करो और हजारों हाथों से बाँटो। **—अथर्ववेद**

• मेरे दाएँ हाथ में कर्म है और बाएँ हाथ में जय! **—अथर्ववेद**

• जहाँ दोस्ती है, वहाँ शब्दों का इस्तेमाल किए बिना ही सारे विचार, सारी कामनाएँ और सारी आशाएँ जन्म लेती हैं तथा खुशी-खुशी बाँट ली जाती हैं, एक-दूसरे की वाह-वाही किए बिना ही। **—खलील जिब्रान**

• अगर कभी अपने दोस्त से बिछड़ना पड़े तो शोक मत करो, क्योंकि उसकी जिन बातों को तुम सबसे ज्यादा पसंद करते हो, वे उसके न होने पर स्पष्ट हो जाएँगी, स्नेह को बढ़ाने के अलावा अपनी दोस्ती का और कोई उद्देश्य मत होने दो। **—खलील जिब्रान**

• वह दोस्त किस काम का हुआ, जिसे तुम सिर्फ वक्त काटने के लिए तलाश करो, उसे हमेशा अपने पूरे वक्त को जीने के लिए तलाश करो, क्योंकि दोस्ती तुम्हारी जरूरत को पूरा करने के लिए है, तुम्हारे खालीपन को भरने के लिए नहीं। **—खलील जिब्रान**

• दोस्ती की मिठास में अपनी मुसकराहटों को बाँटो और अपनी खुशियों को शामिल होने दो, क्योंकि इन्हीं छोटी-छोटी खुशियों में दिल को अपनी सुबह मिल जाती है और वह ताजगी महसूस करने लगता है। **—खलील जिब्रान**

• दर्द उस खोल का टूटना है, जो तुम्हारी समझ को घेरे रहता है; अपने दर्द के काफी अंश को तुम खुद चुनते हो। **—खलील जिब्रान**

• तुम्हारी संतान तुम्हारे माध्यम से उत्पन्न हुई है, परंतु तुमसे नहीं, तुम उसे अपना प्यार तो दे सकते हो, किंतु विचार नहीं; क्योंकि ये अपने ही विचार रखते हैं, तुम उनके समान बनने की कोशिश तो कर सकते हो, परंतु उन्हें अपने समान बनाने की लालसा मत रखो। **—खलील जिब्रान**

• यदि तुम एक बादल पर बैठ जाओ और नीचे देखो तो तुम पाओगे कि दो

देशों को विभाजित करनेवाली किसी सीमा का अस्तित्व ही नहीं है और न ही एक खेत को दूसरे खेत से अलग करने का निर्देशक पत्थर ही है। दयनीय तो यह है कि तुम बादल पर बैठ ही नहीं सकते।

—खलील जिब्रान

- मूर्खों से बहस करके कोई भी व्यक्ति बुद्धिमान नहीं कहला सकता, मूर्ख पर विजय पाने का एकमात्र उपाय यही है कि उसकी ओर ध्यान नहीं दिया जाए। **—संत ज्ञानेश्वर**
- मनुष्य प्राकृतिक रूप से ज्ञान की इच्छा रखता है। **—अरस्तू**
- सभी भुगतानयुक्त नौकरियाँ दिमाग को अवशोषित और अयोग्य बनाती हैं। **—अरस्तू**
- डर बुराई की अपेक्षा से उत्पन्न होनेवाला दर्द है। **—अरस्तू**
- क्रोध को जीतने में मौन सबसे अधिक सहायक है। **—महात्मा गांधी**
- मूर्ख मनुष्य क्रोध को जोर-शोर से प्रकट करता है, किंतु बुद्धिमान शांति से उसे वश में करता है। **—बाइबिल**
- क्रोध करने का मतलब है, दूसरों की गलतियों की सजा स्वयं को देना।
- घर के समान कोई स्कूल नहीं, न ईमानदारी व सदाचारी माता-पिता के समान कोई अध्यापक है।
- संकोच युवाओं के लिए एक आभूषण है, लेकिन बड़ी उम्र के लोगों के लिए धिक्कार। **—अरस्तू**
- आवेश कोई भावनात्मक ऊर्जा नहीं, बल्कि आत्मा और बाहरी दुनिया का टकराव है। **—आंद्रेई तारकोव्स्की**
- हमेशा अपनी आत्मा की आवाज सुनो।
- शरीर के मामले में जो स्थान साबुन का है, वही आत्मा के संदर्भ में आँसू का है। **—यहूदी कहावत**

• दुर्भाग्य घोड़े पर सवार होकर आता है और पैदल वापस जाता है।

—फ्रांसीसी लोकोक्ति

• बुद्धिमान व्यक्तियों को सलाह की आवश्यकता नहीं होती है, मूर्ख लोग इसे स्वीकार नहीं करते हैं। **—बेंजामिन फ्रेंकलिन**

• प्रत्येक कलाकार एक दिन नौसिखिया ही होता है।

—राल्फ वाल्डो एमर्सन

• चरित्र को हम अपनी बात मनवाने का सबसे प्रभावी माध्यम कह सकते हैं। **—अरस्तू**

• लोकतंत्र तब होगा, जब गरीब, न कि धनाढ्य शासक हों। **—अरस्तू**

• शिक्षा बुढ़ापे के लिए सबसे अच्छा प्रावधान है। **—अरस्तू**

• क्रोध एक तेजाब है, जो उस बरतन का अधिक अनिष्ट कर सकता है, जिसमें वह भरा होता है, न कि उसका, जिस पर वह डाला जाता है।

—मार्क ट्वेन

• जो व्यक्ति दूसरों की भलाई चाहता है, वह अपनी भलाई को सुनिश्चित कर लेता है। **—कन्फ्यूशियस**

• लोभी को पूरा संसार मिल जाए तो भी वह भूखा रहता है, लेकिन संतोषी का पेट एक रोटी से ही भर जाता है। **—शेख सादी**

• धन से अच्छे गुण नहीं मिलते, धन अच्छे गुणों से मिलता है। **—सुकरात**

• कठिन परिश्रम से भविष्य सुधरता है, आलस्य से वर्तमान। **—अज्ञात**

• आपको सबकुछ नहीं मिल सकता, आप इसे रखेंगे कहाँ? **—अज्ञात**

• आकार का इतना अधिक महत्त्व नहीं होता है, ह्वेल मछली का अस्तित्व खतरे में है, जबकि चींटी एक सहज जीवन जी रही है। **—बिल वाघन**

• यदि आप बार-बार शिकायत नहीं करते हैं तो आप किसी भी कठिनाई को दूर कर सकते हैं। **—अज्ञात**

- मैंने सीखा है कि लोग भूल जाते हैं कि आपने क्या कहा था, लोग भूल जाते हैं कि आपने क्या किया था, लेकिन लोग कभी नहीं भूलते कि आपने उनके साथ कैसा बरताव किया था।

—माया एंजेलो

- मेरी सलाह यह है कि तुम अपने मिनटों का ध्यान रखो, घंटे अपनी परवाह खुद कर लेंगे। **—अर्ल ऑफ चेस्टरफील्ड**
- जिस आदमी के पास सिर्फ हथौड़ा होता है, उसे अपने सामने आनेवाली हर चीज कील ही दिखती है। **—अब्राहम मासलो**
- जब मैं किसी नारी के सामने खड़ा होता हूँ तो ऐसा प्रतीत होता है कि ईश्वर के सामने खड़ा हूँ। **—एलेक्जेंडर स्मिथ**
- यदि कोई व्यक्ति आपको गुस्सा दिलाने में सफल होता है, तो ऐसा मान लें कि आप उसके हाथ की कठपुतली हैं। **—एलिजाबेथ कैन्नी**
- पिता एक प्रकाश-स्तंभ की तरह होते हैं, जब धुंध होती है तो बच्चे प्रकाश के लिए हमेशा उन पर निर्भर रह सकते हैं। **—क्रिस्टी बोरजेल्ड**
- मजबूरी की स्थिति आने से पहले ही परिवर्तन कर लें। **—जैक वेल्च**
- समस्त संसार के लिए हो सकता है कि आप केवल एक इनसान हों, लेकिन संभव है कि किसी एक इनसान के लिए आप समस्त संसार हों।

—जोसेफीन बिलिंग्स

- जो शत्रु तुम पर आक्रमण करता है, उससे मत डरो, उन मित्रों से डरो, जो तुम्हारी चापलूसी करते हैं। **—जनरल ओवगोन**
- प्रकृति का तमाशा भी खूब है, सृजन में समय लगता है, जबकि विनाश कुछ ही पलों में हो जाता है।
- डाक टिकट की तरह बनिए, मंजिल पर जब तक न पहुँच जाएँ, उसी चीज पर जमे रहिए। **—जोश बिलिंग्स** (1818-1885)

- कुछ लोग चाहे जितने बूढ़े हो जाएँ, उनकी सुंदरता नहीं मिटती, यह बस उनके चेहरों से उतरकर उनके दिलों में आ बसती है।

—मार्टिन बक्सबाम

- सूर्य की तरफ मुँह करो और तुम्हारी छाया तुम्हारे पीछे होगी।

—माओरी

- हम दूसरों का अहंकार इसलिए सहन नहीं कर पाते, क्योंकि उससे हमारा अपना अहंकार आहत होता है। **—ला रोशफूको**

- भूलना प्रायः प्राकृतिक है, जबकि याद रखना प्रायः कृत्रिम है।

—रत्वान रोमेन खिमेनेस

- इनसान से यह उम्मीद कैसे मुमकिन है कि वह सलाह ले लेगा, जबकि वह चेतावनी तक से सावधान नहीं होता। **—स्विफ्ट**

- वह लेखक सबसे अच्छा लिखता है, जो अपने पाठकों का सबसे कम समय लेकर उन्हें सबसे अधिक ज्ञान देता है। **—सिडनी स्मिथ**

- आंदोलन से विद्रोह नहीं पनपता, बल्कि शांति कायम रहती है।

—वेडेल फिलिप्स

- कोई आज छाया में इसलिए बैठा हुआ है, क्योंकि किसी ने काफी समय पहले एक पौधा लगाया था। **—वारेन बफेट**

- पीड़ा तो अवश्यंभावी है, लेकिन निर्धनता वैकल्पिक होती है।

—टिम हैंसेंल

- हम वस्तुओं को जैसी हैं, वैसे नहीं देखते हैं, हम उन्हें वैसे देखते हैं, जैसे हम हैं। **—टालमड**

- बुद्धिमान व्यक्ति बोलते हैं, क्योंकि उनके पास बोलने के लिए कुछ होता है, मूर्ख व्यक्ति बोलते हैं; क्योंकि उन्हें कुछ कहना होता है। **—प्लेटो**

- हमें कुछ भी ऐसा नहीं करना चाहिए, जिसे हम अपने बच्चों को करते हुए देखने के इच्छुक नहीं हैं। **—ब्रिघम यंग**
- दो व्यक्तियों ने एक ही सलाखों से बाहर झाँका, एक को कीचड़ दिखाई देता है, दूसरे को तारे दिखाई देते हैं (आशावादी बनें)। **—फ्रेडरिक लैंगब्रिज**
- सज्जन लोग स्वभाव से ही स्वार्थ सिद्धि में आलसी और परोपकार में दक्ष होते हैं। **—भास**
- दुनिया में सिर्फ दो संपूर्ण व्यक्ति हैं, एक मर चुका है, दूसरा अभी पैदा नहीं हुआ है।
- इतने मधुर न हों कि लोग आपको निगल लें, इतने कटु भी नहीं कि वे आपको उगल दें। **—पश्तो की कहावत**
- हमारी पहचान हमेशा हमारे द्वारा छोड़ी गई उपलब्धियों से होती है। **—अमेरिकी कहावत**
- अगर आप काँटे फैलाते हैं तो नंगे पैर न चलें। **—इटली की कहावत**
- सभी जो चर्च जाते हैं, संत नहीं होते। **—इटली की कहावत**
- जो धीरे चलते हैं, वे दूर तक जाते हैं। **—इटली की कहावत**
- आप ज्वाला से आग नहीं बुझा सकते। **—तुर्की की कहावत**
- एक छटाँक खून किलो भर दोस्ती से ज्यादा कीमती होता है। **—स्पेनी कहावत**
- माल कैसा भी हो, हाँक हमेशा ऊँची लगानी चाहिए। **—स्पेनी कहावत**
- जो वस्तु हमें पसंद होती है, जरूरी नहीं कि वह हमें मिल ही जाए, इसलिए जो मिलता है, उसे ही पसंद कर लिया जाना चाहिए। **—स्पेनी कहावत**
- विचार से कर्म की उत्पत्ति होती है, कर्म से आदत की उत्पत्ति होती है, आदत से चरित्र की उत्पत्ति होती है और चरित्र से आपके प्रारब्ध की उत्पत्ति होती है। **—बौद्ध कहावत**

• एक झूठ हजार सच्चाइयों का नाश कर देता है। **—घाना की कहावत**

• मित्रता आनंद को दुगुना और दु:ख को आधा कर देती है।

—मिस्त्र की कहावत

• शरीर के मामले में जो स्थान साबुन का है, वही आत्मा के संदर्भ में आँसू का। **—यहूदी कहावत**

• शिक्षक द्वार खोलते हैं, लेकिन प्रवेश आपको स्वयं ही करना होता है।

—चीनी कहावत

• अध्यापक मार्गदर्शक का काम करते हैं, चलना आपको स्वयं पड़ता है।

—चीनी कहावत

• जो हाथ फूल बाँटता है, उस हाथ में भी सुगंध आ जाती है।

—चीनी कहावत

• गुलाब के फूल देनेवाले हाथों से खुशबू चिपकी रहती है।

—चीनी कहावत

• रईस जहाँ मौजूद होते हैं, वहाँ की हवा की खुशबू बदल जाती है।

—चीनी कहावत

• यदि आप गुस्से के एक क्षण में धैर्य रखते हैं, तो आप दु:ख के सौ दिन से बच जाएँगे। **—चीनी कहावत**

• आप अपने पास दु:खों को आने से नहीं रोक सकते हैं, लेकिन आप उन दु:खों से घबराएँ नहीं, ऐसा तो आप कर सकते हैं। **—चीनी कहावत**

• गज में कब्जा करने से बेहतर है, इंच में कब्जा करना।

—चीनी कहावत

• यदि आपको एक दिन की खुशी चाहिए, तो एक घंटा ज्यादा सोएँ। यदि एक

हफ्ते की खुशी चाहिए, तो एक दिन पिकनिक पर अवश्य जाएँ। यदि एक माह की खुशी चाहिए, तो अपने लोगों से मिलें। यदि एक साल के लिए खुशियाँ चाहिए, तो शादी कर लें और जिंदगी भर की खुशियाँ चाहिए तो किसी अनजान व्यक्ति की सहायता करें।

—चीनी कहावत

- खाली गिलास को ही भरा जा सकता है, भरे हुए गिलास में कुछ भी डालो, छलक ही पड़ेगा। **—चीनी कहावत**
- अगर आप किसी को एक दिन का खाना देते हो तो उसका पेट एक दिन के लिए ही भरता है, परंतु अगर आप उसे कमाना सिखा देते हो तो फिर उसे किसी से खाना माँगना नहीं पड़ता। **—चीनी कहावत**
- जिंदगी तो कुल एक पीढ़ी भर की होती है, पर नेक काम पीढ़ी-दर-पीढ़ी चलता है। **—जापानी कहावत**
- खुशबू को इत्र बेचनेवाले की सिफारिश की जरूरत नहीं होती। **—फारसी कहावत**
- जो जानता नहीं कि वह जानता नहीं, वह मूर्ख है, उसे दूर भगाओ। जो जानता है कि वह जानता नहीं, वह सीधा है, उसे सिखाओ। जो जानता नहीं कि वह जानता है, वह सोया है, उसे जगाओ। जो जानता है कि वह जानता है, वह सयाना है, उसे गुरु बनाओ। **—अरबी कहावत**
- ईश्वर के सामने सिर झुकाने से क्या होगा, जब हृदय ही अशुद्ध हो। **—गुरुनानक**
- ईश्वर न तो काष्ठ में विद्यमान रहता है, न पाषाण में और न ही मिट्टी की मूर्ति में, वह तो भावों में निवास करता है। **—चाणक्य**

विवेक

- विवेक बुद्धि की पूर्णता है। जीवन के सभी कर्तव्यों में वह हमारा पथ-प्रदर्शक है। **—बरुचे**

• विवेक की सबसे प्रत्यक्ष पहचान सतत प्रसन्नता है। —**मांतेन**

विश्वास

• बुद्धिमान व्यक्तियों की प्रशंसा की जाती है, धनवान व्यक्तियों से ईर्ष्या की जाती है, बलशाली व्यक्तियों से डरा जाता है, लेकिन विश्वास केवल चरित्रवान व्यक्तियों पर ही किया जाता है।

—**अल्फ्रेड एडलर**

• विश्वास से आश्चर्यजनक प्रोत्साहन मिलता है।

• विश्वास करना एक गुण है, अविश्वास दुर्बलता की जननी है।

—**महात्मा गांधी**

• असंतोष अपने ऊपर अविश्वास का फल है, यह कमजोर इच्छा का रूप है।

—**एमर्सन**

• प्राय: संसार में देखा जाता है कि मनुष्य पर विश्वास करने से मनुष्य विश्वासी हो उठता है। ग्रहों के बारे में भी यही बात लागू होती है।

—**रवींद्रनाथ टैगोर**

• वह नास्तिक है, जो अपने आप में विश्वास नहीं रखता।

—**स्वामी विवेकानंद**

• वे ही विजयी हो सकते हैं, जिन्हें विश्वास है कि वे विजयी होंगे।

—**वर्जिल**

• विश्वास आदमी को ठगता भले हो, पर उससे मन पर एक तरह का लावण्य आ जाता है। —**रवींद्रनाथ टैगोर**

• विश्वास का अभाव अज्ञान है। —**स्वामी रामतीर्थ**

• अपने से अधिक किसी पर भी विश्वास किया जा सकता है?

—**रवींद्रनाथ टैगोर**

• विश्वास जीवन की शक्ति है। —**टालस्टॉय**

वेदना

- वेदना की जहाँ गहराई हो, वहाँ गंभीर होना चाहिए, नहीं तो सत्य की मर्यादा नहीं रहती। **—रवींद्रनाथ टैगोर**

व्यवस्था

- समस्त विश्व की व्यवस्था में नि:श्वास और उच्छ्‌वास, निमेष और उन्मेष, निद्रा और जागरण का क्रम बँधा हुआ है…रुकने और चलने के अविरत योग से ही विश्व की गतिक्रिया संपन्न होती है। **—रवींद्रनाथ टैगोर**

व्यापार

- राष्ट्रों का कल्याण जितना मुक्त व्यापार पर निर्भर है, उतना ही मैत्री, ईमानदारी और बराबरी पर। **—कार्डेल हल्ल**
- इससे कोई फर्क नहीं पड़ता कि कौन शासन करता है, क्योंकि सदा व्यापारी ही शासन चलाते हैं। **—थामस फुलर**

शक्ति

- जो मनुष्य अपनी शक्ति के अनुसार बोझ लेकर चलता है, वह किसी भी स्थान पर गिरता नहीं है और न दुर्गम रास्तों में विनष्ट ही होता है। **—मृच्छकटिकम्**
- आत्म-वृक्ष के फूल और फल शक्ति को ही समझना चाहिए। **—श्रीमद्‌भागवत**
- अधिकांश लोग अपनी दुर्बलताओं को नहीं जानते, यह सच है; लेकिन यह भी उतना ही सच है कि अधिकतर लोग अपनी शक्ति को भी नहीं जानते। **—जोनाथन स्विफ्ट**
- माता-पिता जीवन देते हैं, लेकिन जीने की कला तो शिक्षक ही सिखाते हैं। **—अरस्तू**
- गुरु की डाँट-डपट पिता के प्यार से अच्छी है। **—शेख सादी**
- अपने विवेक को अपना शिक्षक बनाओ। **—अज्ञात**

शराब

• अगर मद्य-निषेध का मतलब भारत में महान् नैतिक जागृति है, तब तो शराब की दुकानों के बंद होने का अर्थ उस महान् आंदोलन का अनिवार्य प्रारंभ मात्र होना चाहिए, जिसके अंत में उन तमाम गरीबों और कुछ अमीरों को भी, जिनके शरीर और आत्मा दोनों को इन नशीली चीजों की लत ने तबाह कर दिया है, इससे पूरी तरह विमुख कर देना है, यह कार्य केवल राज्य के प्रयत्न से संपन्न नहीं हो सकता।

—महात्मा गांधी

• चाय-कॉफी और शराब की परस्पर कोई तुलना नहीं हो सकती। यदि चाय और कॉफी बहुत अधिक मात्रा में ली जाए, तो उससे स्वास्थ्य पर बुरा असर होता है, लेकिन शराब तो दवा के सिवा किसी के रूप में नपी-तुली मात्रा में भी नहीं ली जा सकती, वह शरीर, मन तथा आत्मा सबका नाश करती है।

—महात्मा गांधी

• मद्यपान एक अत्यंत पतनकारी वस्तु है, जो मनुष्य को पशु बना देती है, यह शरीर और आत्मा दोनों को दूषित कर देती है, यह नैतिक और घरेलू जीवन, दोनों को नष्ट कर देती है।

—महात्मा गांधी

• शराब पीना एक दुर्गुण नहीं, बल्कि रोग है। इसलिए एक रोगी को बचाने के लिए उस रोगी के विरुद्ध कार्य करना होगा। **—महात्मा गांधी**

शांति

• यदि शांति पाना चाहते हो तो लोकप्रियता से बचो। **—अब्राहम लिंकन**

• शांति प्रगति के लिए आवश्यक है। **—डॉ. राजेंद्र प्रसाद**

• क्षमा में ही शांति है। **—रवींद्रनाथ टैगोर**

• वायु का जो नित्य प्रवाह है, उसमें शांति है और इसीलिए उसमें आधी से अधिक शक्ति है। **—रवींद्रनाथ टैगोर**

शिक्षक

- जब शिक्षक ही शिक्षा की सबसे बड़ी बाधा हो तो निर्बल छात्र की क्या मजाल कि वह विद्या के वन में राह बनाकर चल सके। **—रवींद्रनाथ टैगोर**

शिक्षा

- शिक्षा एक योग है। **—महात्मा गांधी**
- जीवन में प्रत्येक वयक्ति से शिक्षा ग्रहण की जा सकती है। **—दत्तात्रेय**
- जिस शिक्षा से न राष्ट्र को लाभ हो और न व्यक्ति को, उसका खर्चा भरना अपराध है। मेरी राय में व्यक्तिगत लाभ नाम की वास्तव में ऐसी कोई चीज नहीं है, जो राष्ट्र के लिए भी लाभदायक सिद्ध न की जा सकती हो और मेरे अधिकांश आलोचक भी इस बात को स्वीकार करते ही हैं कि वर्तमान उच्चतर शिक्षा का और उच्चतर शिक्षा का ही क्यों, प्राथमिक और माध्यमिक शिक्षा का वास्तविकता से कोई संबंध नहीं है। अगर बात ऐसी है, तो स्पष्ट ही वह शिक्षा राज्य के लिए भी लाभदायक नहीं हो सकती। **—महात्मा गांधी**
- शिक्षा का सबसे बड़ा अंग समझा देना नहीं है, मन पर चोट लगना है। **—रवींद्रनाथ टैगोर**
- बालकों को जीवनपर्यंत स्वयं को शिक्षित करते रहने में सक्षम बनाना ही शिक्षा का ध्येय है। **—रोबर्ट एम. हचिंस**
- जिस शिक्षा या विद्या से त्रिविध—आर्थिक, सामाजिक और आध्यात्मिक मुक्ति मिलती है, वही वास्तविक शिक्षा या विद्या है। **—महात्मा गांधी**
- शिक्षा जीवन की परिस्थितियों का सामना करने की योग्यता का नाम है। **—जॉन जी. हिबन**
- शिक्षा का उद्देश्य पैसा कमाना नहीं, बल्कि अच्छा बनना और देश-सेवा करना है। यदि यह उद्देश्य सफल न हो, तो शिक्षा पर किए गए खर्च को बेकार समझ सकते हैं। **—महात्मा गांधी**

- लिखना-पढ़ना ही शिक्षा है और यही शिक्षा वह रास्ता है।

—रवींद्रनाथ टैगोर

- बच्चों को शिक्षित करना तो जरूरी है ही, उन्हें अपने आपको शिक्षित करने के लिए छोड़ देना भी उतना ही जरूरी है। **—अर्नेस्ट डिमनेट**

- शिक्षा का विषय है चरित्र गढ़ना। **—महात्मा गांधी**

- संसार में जितने प्रकार की प्राप्तियाँ हैं, शिक्षा सबसे बढ़कर है।

—सूर्यकांत त्रिपाठी

- मातृभाषा में शिक्षा की धारा प्रशस्त न हो तो इस क्रियाहीन देश के मरुवासी मन का क्या होगा?

—रवींद्रनाथ टैगोर

- शिक्षा से मेरा मतलब है—बच्चे या मनुष्य की तमाम शारीरिक, मानसिक और आत्मिक शक्तियों का सर्वतोमुखी विकास। अक्षर-ज्ञान, शिक्षा का न तो प्रारंभ है और न अंत। वह तो उन अनेक उपायों में से एक है, जिनके द्वारा स्त्री-पुरुषों को शिक्षित किया जा सकता है। केवल अक्षर-ज्ञान को शिक्षा कहना गलत है। इसलिए बच्चे की शिक्षा का प्रारंभ मैं किसी दस्तकारी की तालीम से ही करूँगा और उसी क्षण से उसे कुछ निर्माण करना सिखा दूँगा। इस प्रकार हर पाठशाला स्वावलंबी बना सकती है।

—महात्मा गांधी

- शिक्षा जीवन की तैयारी का शिक्षण काल है। **—विल्मट**

- उच्चतम शिक्षा वह नहीं है, जो आपको मात्र सूचनाएँ प्रदान करती है।

—अज्ञात

- हमारा शिक्षित वर्ग सुसंस्कृत वर्ग नहीं है, अपितु उपाधिकारी उम्मीदवारों का वर्ग है। **—रवींद्रनाथ टैगोर**

- शिक्षा का उद्देश्य है विद्यार्थी को मनुष्य बनाना। **—महात्मा गांधी**

- उच्चतम शिक्षा वह है, जो आपको संपूर्ण अस्तित्व और उसके परे भी जो है, उसके साथ एक करती है। **—अज्ञात**

- सच्ची शिक्षा तो वह है, जिसके द्वारा हम अपने को, आत्मा को, ईश्वर को, सत्य को पहचान सकें। इसके लिए किसी को साहित्य के ज्ञान की जरूरत होती है, किसी को भौतिक-शास्त्र की, किसी को कला की, आदि-आदि, लेकिन शिक्षामात्र का उद्‍देश्य आत्मदर्शन होना चाहिए।

  —महात्मा गांधी

- हम लोग अधिकार प्राप्त करने के लिए कितनी ही लड़ाई लड़ते रहें, यदि शिक्षा में पिछड़े हुए रहे, तो किसी भी हालत में हमारी स्थिति, जैसी होनी चाहिए, वैसी नहीं हो पाएगी। **—महात्मा गांधी**

- श्रेष्ठ शिक्षा वह नहीं, जो केवल जानकारी दे, सच्ची शिक्षा वह है, जो हमारे जीवन और वातावरण में सामंजस्य स्थापित करे।

  —रवींद्रनाथ टैगोर

- शिक्षा के बिना मानव-मस्तिष्क का विकास हो ही नहीं सकता।

  —महात्मा गांधी

- शिक्षा ऊँचा गुण है, पर चरित्र से ऊँचा नहीं। **—महात्मा गांधी**

- युवकों की शिक्षा पर ही राज्य आधारित है। **—अरस्तू**

शिशु

- छोटे शिशु को छाती से लगाकर ही समझ में आता है कि दुनिया में जात लेकर कोई नहीं जन्मता। **—रवींद्रनाथ टैगोर**

श्रद्धा

यदि श्रद्धा और विश्वास न रहे तो क्षण भर में प्रलय हो जाए।

—महात्मा गांधी

- जिनमें श्रद्धा होती है, उनके कंधों से सभी चिंताओं का भार उतर जाता है।

  —महात्मा गांधी

• श्रद्धा का अर्थ है आत्मविश्वास और आत्मविश्वास का अर्थ है ईश्वर पर विश्वास। **—महात्मा गांधी**

• जहाँ बड़े-बड़े बुद्धिमानों की बुद्धि काम नहीं करती, वहाँ एक श्रद्धा काम कर जाती है। **—महात्मा गांधी**

• श्रद्धा की कसौटी यह है कि अपना फर्ज अदा करने के बाद जो कुछ भी भला या बुरा नतीजा हो, इनसान उसे मान ले। **—महात्मा गांधी**

संकल्प

• अच्छे काम का संकल्प कर लेना भी कठिन है, उसके साधन जुटाने के मार्ग में भी इतनी बाधाएँ होंगी। **—रवींद्रनाथ टैगोर**

संगति

• हीन लोगों की संगति से अपनी भी बुद्धि हीन हो जाती है, समान लोगों के साथ रहने से समान बनी रहती है और विशिष्ट लोगों की संगति से विशिष्ट हो जाती है। **—महाभारत**

• एकता से कार्य सिद्ध होते हैं। **—पंचतंत्र**

• अच्छे मित्रों को पाना कठिन, वियोग कष्टकारी और भूलना असंभव होता है। **—रैनडाल्फ**

संतोष

• संतोष मनुष्य का महत् गुण है। **—रवींद्रनाथ टैगोर**

संदेह

• बड़ी चीज को छोटा करके देखने से ही संदेह उत्पन्न होता है।

—रवींद्रनाथ टैगोर

संप्रदाय

• संप्रदाय ऐसी चीज है कि लोगों को यह जो सबसे सीधी बात है कि इनसान इनसान है, यही भुला देता है। **—रवींद्रनाथ टैगोर**

संयम

- संयम सौष्ठवता का एक मुख्य लक्षण है। **—रवींद्रनाथ टैगोर**
- सब संयमी बनकर सेवा-भाव से अपने-अपने काम करने लग जाएँ तो वर्णाश्रम का पुनरुद्धार अशक्य नहीं है। **—महात्मा गांधी**
- अधिक-से-अधिक कर्मशील मनुष्य ज्यादा-से-ज्यादा संयमी होगा। **—महात्मा गांधी**
- संयमहीन स्त्री या पुरुष को तो गया-बीता समझिए। इंद्रियों को निरंकुश छोड़ देनेवाले का जीवन कर्णधारहीन नाव के समान है, जो निश्चय ही पहली ही चट्टान से टकराकर चूर-चूर हो जाएगी। **—महात्मा गांधी**
- संयम की कोई मर्यादा नहीं, इसलिए अहिंसा की भी कोई मर्यादा नहीं। **—महात्मा गांधी**
- संयम जीवन का स्वर्णिम सूत्र है। **—महात्मा गांधी**
- संयमशील का जीवन सदा सुखी रहता है। **—महात्मा गांधी**

संसार

- हमारे भीतर संपूर्ण नियमों का जो एक व्यतिक्रम देखा जाता है, संसार में उसका कोई मूल आदर्श नहीं। **—रवींद्रनाथ टैगोर**
- बड़ा दुःख है, बड़ी व्यथा है, सामने यह कष्टों का संसार है। हाय, यहाँ तो बड़ी दरिद्रता है, शून्यता है, बड़ी क्षुद्रता है, बड़ा अंधकार है। **—रवींद्रनाथ टैगोर**

संस्कार

- ऐसे अनेक रीति-रिवाज और संस्कार हैं, जो देश को एक नहीं होने देते। **—रवींद्रनाथ टैगोर**
- असल बात संस्कार की होती है, दलील तो केवल उपलक्ष्य हो जाती है। **—रवींद्रनाथ टैगोर**

संस्कार पूरा न हो तो प्रेम विदा नहीं होता। **—रवींद्रनाथ टैगोर**

संस्कृत

- इसकी पुरातत्त्वता जो भी हो, संस्कृत भाषा एक आश्चर्यजनक संरचनावाली भाषा है, यह ग्रीक से अधिक परिपूर्ण है और लैटिन से अधिक शब्दबहुल है तथा दोनों से अधिक सूक्ष्मतापूर्वक दोषरहित की हुई है।

  —सर विलियम जोंस

- सभ्यता के इतिहास में पुनर्जागरण के बाद, अठारहवीं शताब्दी के उत्तरार्ध में संस्कृत साहित्य की खोज से बढ़कर कोई विश्वव्यापी महत्त्व की दूसरी घटना नहीं घटी है। **—आर्थर एंथोनी मैक्डोनेल**

- कंप्यूटर को प्रोग्राम करने के लिए संस्कृत सबसे सुविधाजनक भाषा है।

  —फोर्ब्स पत्रिका

- यह लेख प्रतिपादित करता है कि एक प्रांतिक भाषा (संस्कृत) एक कृत्रिम भाषा के रूप में भी कार्य कर सकती है और कृत्रिम बुद्धि के क्षेत्र में किया गया अधिकांश काम हजारों वर्ष पुराने पहिए (संस्कृत) को खोजने जैसा ही रहा है। **—रिक् ब्रिग्स**

संस्कृति

- आधुनिकता की सबसे बड़ी समस्या यह है कि हमारी संस्कृति विज्ञान जितनी प्रगति नहीं कर पाई है। **—अंतोनियोनी**

- आदमी या औरत की संस्कृति का पता इस बात से लगता है कि व्यक्ति झगड़े के समय कैसा आचरण करता है। **—जॉर्ज बर्नार्ड शॉ**

- आस्तिक भावना और ईश्वर में विश्वास भारतीय संस्कृति का मुख्य अंग है।

  —प्रकाशवीर शास्त्री

- हिंदू संस्कृति आध्यात्मिकता की अमर आधारशिला पर आधारित है।

  —स्वामी विवेकानंद

- भारत की एकता का मुख्य आधार है एक संस्कृति, जिसका उत्साह कभी नहीं टूटा। यही इसकी विशेषता है। भारतीय संस्कृति अक्षुण्ण है, क्योंकि भारतीय संस्कृति की धारा निरंतर बहती रही है और बहेगी।

—महामना मदनमोहन मालवीय

- कोई भी संस्कृति जीवित नहीं रह सकती, यदि वह अपने को अन्य से पृथक् रखने का प्रयास करे। **—महात्मा गांधी**

संस्था

- व्यक्तियों से राष्ट्र नहीं बनता, संस्थाओं से राष्ट्र बनता है। **—डिजरायली**

सच

- जैसे सोना बनाया नहीं जा सकता, वैसे ही सच बातें भी बनाई नहीं जा सकती। **—रवींद्रनाथ टैगोर**

सच्चाई

- जो सच्चाई है, उसमें सहज मित्रता की भी कोई बाधा उचित नहीं है।

—रवींद्रनाथ टैगोर

- समाज में मिथ्या आचरण के लिए जगह है और सच्चाई के लिए नहीं है?

—रवींद्रनाथ टैगोर

- विरोध और बाधा के बिना तो सच्चाई की परीक्षा हो ही नहीं सकती''हर युग के सामने बाधाओं और विरोधों के बीच से सत्य को नया होकर प्रकट होना होगा। **—रवींद्रनाथ टैगोर**

सज्जन

- बुरे आदमी के साथ भी भलाई करनी चाहिए, कुत्ते को रोटी का एक टुकड़ा डालकर उसका मुँह बंद करना ही अच्छा है। **—शेख सादी**

सत्य

- आप इसे मोड़ और मरोड़ सकते हैं। आप इसका बुरा और गलत प्रयोग कर

सकते हैं, लेकिन ईश्वर भी सत्य को बदल नहीं सकते हैं।

—माइकल लेवी

- कठोर सत्य भले ही शिष्ट और विनम्र ढंग से कहा जाए, लेकिन उसे कहने के लिए प्रयुक्त शब्द, संबंधित व्यक्ति को कटु ही लगेंगे। अगर हम सत्यवादी बनना चाहते हैं, तो झूठे को झूठा कहना पड़ेगा। 'झूठ' शब्द शायद कठोर है, लेकिन उसका प्रयोग इस प्रसंग में अनिवार्य है। **—महात्मा गांधी**
- सत्य के आभास मात्र को जब देखता हूँ, तब भी मुक्ति की हवा देह को शीतल कर जाती है। **—रवींद्रनाथ टैगोर**
- सत्य के लिए मरकर मनुष्य अमर हो जाता है। कोई भी जाति, जो सत्य के लिए मरती है, मनुष्य के इतिहास में अमर हो जाती है।

  —रवींद्रनाथ टैगोर
- कर्तव्य का बोध सदा दीपक के प्रकाश की भाँति स्पष्ट नहीं होता। सत्य के पुजारी को बहुत बार गोते खाने पड़ते हैं। **—महात्मा गांधी**
- व्यक्ति जब सत्य को जीता है, तब उसकी बोलने की, शाब्दिक अभिव्यक्ति की इच्छा नहीं होती। सत्य कम-से-कम शब्दों की अपेक्षा रखता है। इसलिए जीवन में अधिक सच्चा या दूसरा कोई धर्म-प्रचार का रास्ता है ही नहीं।

  —महात्मा गांधी
- अनेक लोगों के निकट प्रमाणित हुए बिना सत्य की प्रतिष्ठा नहीं होती।

  —रवींद्रनाथ टैगोर
- सत्य की कठोर तपस्या की परीक्षा करने के लिए सत्य देवता का ही यह काम है। **—रवींद्रनाथ टैगोर**
- सत्य ईश्वर है। **—महात्मा गांधी**
- जो व्यक्ति पूर्ण सत्यमय होता है, उसके लिए निराशा जैसी कोई चीज नहीं।

  —महात्मा गांधी

- जो चिरकाल के सत्य हैं, वही अकेले चहुँ ओर छाए हुए हैं, दूसरा न कोई, दूसरा न कोई। **—रवींद्रनाथ टैगोर**
- सत्य का सबसे खतरनाक दुश्मन अंधा विश्वास होता है, झूठ या असत्य नहीं। **—फ्रेडरिक नीत्शे**
- देवताओं के नाम चाहे अलग-अलग हों, सत्य एक है। **—रवींद्रनाथ टैगोर**
- अगर हमारे जीवन में सच्चाई है, तो उसका असर अपने आप लोगों पर पड़ेगा। **—महात्मा गांधी**
- सत्य आलोक की तरह है, उसकी शिखा जलते ही हम देख पाते हैं कि माया का अस्तित्व वास्तविक नहीं है। **—रवींद्रनाथ टैगोर**
- सत्य सर्वांश में ही व्यक्ति निरपेक्ष है, शुभ्र निरंजन है। **—रवींद्रनाथ टैगोर**
- जो अपने भीतर सर्वभूत को और सर्वभूतों में अपने को जानते हैं, वे ही सत्य को जानते हैं। **—रवींद्रनाथ टैगोर**
- बहुमत या तलवार के जोर से मिली हुई ताकत सच्ची ताकत नहीं है। दरअसल सच्चाई ही सच्ची ताकत है। **—महात्मा गांधी**
- सत्य और अहिंसा के बीच चुनाव करना पड़े, तो मैं अहिंसा को छोड़कर सत्य रखने में आगा-पीछा नहीं करूँगा। **—महात्मा गांधी**
- हर युग के सामने बाधाओं और विरोधियों के बीच से सत्य को नया होकर प्रकट होना होगा। **—रवींद्रनाथ टैगोर**
- सत्य को सूचक ही नहीं, प्रेरक भी होना चाहिए। **—रवींद्रनाथ टैगोर**
- सत्य की सरिता अपनी भूलों की वाहिकाओं से होकर बहती है। **—रवींद्रनाथ टैगोर**
- दुनिया के तमाम सच मिलकर एक बड़े झूठ में इजाफा करते हैं। **—बॉब डिलन**
- पृथ्वी सत्य पर टिकी हुई है। **—महात्मा गांधी**

- सत्य एक विशाल वृक्ष है। उसकी ज्यों-ज्यों सेवा की जाती है, त्यों-त्यों उसमें अनेक फल आते हुए दिखाई देते हैं। **—महात्मा गांधी**
- अगर आप सच बोलते हैं, तो आपको ज्यादा कुछ याद रखने की जरूरत नहीं है। **—मार्क ट्वेन**
- सत्य की उपलब्धि हो जाए तो उसके आगे आत्म-समर्पण करना ही होगा। **—रवींद्रनाथ टैगोर**
- सत्य को कह देना ही मेरा मजाक करने का तरीका है। संसार में यह सबसे विचित्र मजाक है। **—जॉर्ज बर्नार्ड शॉ**
- जहाँ सत्य नहीं है, वहाँ शुद्ध ज्ञान नहीं हो सकता। **—महात्मा गांधी**
- सत्य बोलना श्रेष्ठ है, लेकिन सत्य क्या है, यही जानना कठिन है। जो प्राणिमात्र के लिए अत्यंत हितकर हो, मैं इसी को सत्य कहता हूँ। **—वेद व्यास**
- जिन्हें सत्य की शक्ति पर विश्वास है, वे अपनी जबरदस्ती को संयत रखते हैं। **—रवींद्रनाथ टैगोर**
- सत्य स्वयंसिद्ध नहीं है, उसे सिद्ध करना पड़ता है।
- वस्तुगत यथार्थ वास्तव में स्वप्न के भीतर एक और स्वप्न की तरह है। **—एडगर एलन पो**
- सत्य के सिवा और किसी चीज की हस्ती है ही नहीं। **—महात्मा गांधी**
- अपने आपको जान लेना सत्य को पहचानना है। **—महात्मा गांधी**
- सत्य के वाहकों के मन, वचन और कर्म में एक सहज, सरल शांति रहनी चाहिए। **—रवींद्रनाथ टैगोर**
- सत्य को यथार्थ सत्य मानकर ग्रहण कर रहा है या नहीं, इसकी परीक्षा तो मनुष्य को देनी ही होगी। **—रवींद्रनाथ टैगोर**

- सत्य का व्यापार ऐसा शौकिया व्यापार नहीं है कि रत्न भी मिल जाए और दाम भी न चुकाना पड़े। **—रवींद्रनाथ टैगोर**
- जब तक सत्य से प्यार नहीं किया जाएगा, तब तक उसे ग्रहण ही नहीं किया जा सकता। **—रवींद्रनाथ टैगोर**
- डरपोक प्राणियों में सत्य भी गूँगा हो जाता है। **—प्रेमचंद**
- असत् का अस्तित्व नहीं है और सत् का नाश नहीं है।

  —योगीराज श्रीकृष्ण

सत्याग्रह

- आजकल हथियारबंद या दूसरी तरह के किसी भी विरोध को सत्याग्रह का नाम देना एक फैशन सा हो गया है। इससे समाज को नुकसान होता है। इसलिए अगर आप लोग सत्याग्रह के पूरे अर्थ को समझ लें और यह जान लें कि सत्य और प्रेम के रूप में जीता-जागता भगवान् सत्याग्रही के साथ रहता है, तो आपको यह मानने में कोई हिचकिचाहट नहीं होगी कि सत्याग्रह पर कोई विजय नहीं पा सकता। **—महात्मा गांधी**
- सत्य का आग्रह रखने की कला हस्तगत होते ही अन्याय का सामना करने की शक्ति आ ही जाती है, किंतु सत्य का आग्रह तो प्रतिदिन निरालस भाव से कोई विशुद्ध पारमार्थिक कार्य—निस्स्वार्थ, मोहरहित सेवा अर्थात् विशुद्ध यज्ञ करने से ही उत्पन्न होता है।

  —महात्मा गांधी
- सत्याग्रह का अर्थ है—सत्य का आग्रह। यह आग्रह रखनेवाले मनुष्य में अतुल बल आ जाता है। इस बल को हम सत्याग्रह के नाम से पहचानते हैं। अगर सत्य का आग्रह सच्चा हो, तो माता-पिता, स्त्री-पुरुष-पुत्रादि के विरुद्ध, राजा-प्रजा के विरुद्ध और आखिरकार सारे जगत् के विरुद्ध उसका प्रयोग किया जा सकता है। **—महात्मा गांधी**
- सत्याग्रह का मतलब है सत्य पर आग्रह रखना। जब कोई आदमी सत्य पर

आग्रह करता है, तो उसे उससे बल मिलता है। अगर उसके सही बोध के बिना कोई उसका प्रयोग करता है, तो मानना चाहिए कि वह सत्याग्रह का नाम व्यर्थ ही ले रहा है। **—महात्मा गांधी**

- सत्याग्रह लोकमत को शिक्षा देने की एक ऐसी प्रक्रिया है, जो समाज के समस्त तत्त्वों को प्रभावित करके अंत में अजेय बन जाती है। हिंसा से उस प्रक्रिया में बाधा पड़ती है और सारे समाज की सच्ची क्रांति में विलंब होता है। **—महात्मा गांधी**

- एक सत्याग्रही डर नाम की वस्तु को भूल जाता है, इसलिए अपने विरोधी का विश्वास करने में वह कभी नहीं डरता, उसका विरोधी भले ही उसे बीस बार धोखा दे, सत्याग्रही इक्कीसवीं बार भी उस पर विश्वास करने में तत्पर रहेगा, क्योंकि मानव-प्रकृति पर चरम आस्था उसका अखंड विश्वास है! **—महात्मा गांधी**

- सत्याग्रही अपने हर कर्म में कृत्रिमता से दूर हो, हर कार्य स्वाभाविक रूप से करता है एवं स्वत: प्रेरित होकर करता है।

- सत्याग्रही का अविनयी होना तो दूध में छाहर पड़ने के समान समझना चाहिए। **—महात्मा गांधी**

सदाचार

- मेरे लिए तो सदाचार, नैतिक नियम और धर्म एक ही बात है। आदमी अगर पूरी तरह से सदाचारी हो, परंतु धार्मिक न हो, तो उसका जीवन बालू पर खड़ी की गई इमारत की तरह समझिए। इसी तरह सदाचारहीन धर्म भी दूसरों को दिखाने भर के लिए होता है और आपस में सिर-फुटौवल का कारण बनता है। **—महात्मा गांधी**

सर्वधर्म समभाव

- मुझे जितनी आस्था 'गीता' पर है, उतनी ही 'बाइबिल' पर है। मैं मानता हूँ कि दुनिया के सारे महान् धर्म उतने ही सच्चे हैं, जितना कि मेरा धर्म। **—महात्मा गांधी**

- सभी धर्म एक ही जगह पर ले जानेवाले अलग-अलग मार्गों की तरह हैं। अगर वे हमें अपने लक्ष्य पर पहुँचा देते हों, तो फिर उनके अलग-अलग होने से अंतर क्या पड़ता है ? वस्तुतः तो जितने व्यक्ति, उतने ही धर्म भी हैं···जब तक अलग-अलग धर्म विद्यमान हैं, तब तक प्रत्येक धर्म के लिए किसी विशेष बाह्य प्रतीक की आवश्यकता भले ही हो, परंतु जब वह बाह्य प्रतीक आडंबर मात्र रह जाए और दूसरों के धर्म से अपने धर्म को श्रेष्ठ बताने के लिए उसका प्रयोग किया जाने लगे तो वह त्याज्य हो जाता है।

- हम सब जाने या अनजाने, पृथ्वी पर शांति और मानव-जाति में परस्पर सद्भाव स्थापित करने को लालायित हैं और उसके लिए प्रयत्न करते हैं। मेरा दृढ़ विश्वास है कि हम विभिन्न धर्मों के अनुयायियों की कलह और वाद-विवाद द्वारा दुनिया में न शांति स्थापित कर सकते हैं, न सद्भाव। तुच्छ-से-तुच्छ मनुष्य के पास भी जब हम मन में प्रार्थना का भाव लेकर जाएँगे, तभी हमें सत्य, शांति और सद्भाव की प्राप्ति हो सकेगी। **—महात्मा गांधी**

सपने

- हमारे कई सपने शुरू में असंभव लगते हैं, फिर असंभाव्य और फिर जब हममें संकल्पशक्ति आती है तो ये सपने अवश्यंभावी हो जाते हैं।

  —क्रिस्टोफर रीव

- सपने देखना बेहद जरूरी है, लेकिन केवल सपने देखकर ही मंजिल को हासिल नहीं किया जा सकता, सबसे ज्यादा जरूरी है जिंदगी में खुद के लिए कोई लक्ष्य तय करना। **—डॉ. अब्दुल कलाम**

- स्वप्नद्रष्टा और यथार्थ के सृष्टा बनिए। **—अज्ञात**

- अभिलाषा तभी फलदायक होती है, जब वह दृढ़ निश्चय में परिणत कर दी जाती है। **—स्वेट मार्डेन**

सफल

- सफल व्यक्ति बैठकर घटनाओं का इंतजार नहीं करते अपितु आगे बढ़ते हैं और कार्य को अंजाम देते हैं। **—बिल गेट्स**

• सफल व्यक्ति वही है, जो सुबह उठकर पहले यह तय करता है कि आज उसे क्या-क्या काम करने हैं और रात तक वह उन सारे कामों को कई परेशानियों के बाद भी पूरा कर लेता है।

—बिल गेट्स

• सफल होने के लिए आपको असफलता का स्वाद अवश्य चखना चाहिए, ताकि आपको यह पता चल सके कि अगली बार क्या नहीं करना है।

—बिल गेट्स

सफलता

• सफलता बहुत अच्छी होती है, लेकिन हमें ध्यान रखना चाहिए कि हम एक सफलता को बार-बार दोहराएँ नहीं।

—जैक निकलसन

• सफलता एक घटिया शिक्षक है, यह लोगों में यह सोच विकसित कर देती है कि वे असफल नहीं हो सकते। **—बिल गेट्स**

• अपने सकारात्मक विचारों को ईमानदारी और बिना थके हुए कार्यों में लगाएँ और आपको सफलता के लिए प्रयास नहीं करना पड़ेगा, अपितु अपरिमित सफलता आपके कदमों में होगी। **—बिल गेट्स**

• हमारी सफलता इस बात पर निर्भर करती है कि हम अपने जीवन का प्रतिक्षण, प्रतिघंटा और प्रतिदिन कैसे बिताते हैं। **—बिल गेट्स**

• मेरा मानना है कि सफलता का कोई नियम नहीं है, लेकिन आप असफलता से बहुत कुछ सीख सकते हैं। **—बिल गेट्स**

• सफलता की खुशी मानना अच्छा है, पर उससे जरूरी है, अपनी असफलता से सीख लेना। **—बिल गेट्स**

• अगर आप सफल होना चाहते हैं, तो आपको सफलता के घिसे-पिटे रास्तों पर चलने के बजाय नए रास्ते बनाने चाहिए। **—बिल गेट्स**

- समस्याओं में रहने से सफलता कठिन है। **—बिल गेट्स**
- सफलता एक ऐसा शिक्षक है, जो कुशाग्र बुद्धि संपन्न लोगों को यह सोचने के लिए प्रेरित करता है कि वे पराजित नहीं हो सकते। **—बिल गेट्स**
- हमें अधिकांश सफलताएँ तब मिलती हैं, जब हमारे प्रतिद्वंद्वी अपने कार्यों को सही तरीके से नहीं करते और यही मेरे लिए सौभाग्य बन जाता है, किंतु मैं विश्वास करता हूँ कि आपको किसी ऐसी नीति पर कार्य नहीं करना चाहिए, जो दूसरों की गलतियों पर आधारित हो, यद्यपि उन्होंने निश्चित रूप से अनेक त्रुटियाँ की होंगी। **—बिल गेट्स**
- समस्त सफलताएँ कर्म की नींव पर आधारित होती हैं। **—एंथनी रॉबिंस**
- सफलता पाने हेतु हर हाल में स्वयं के आसरे ही आगे बढ़ना होता है। **—बिल गेट्स**
- सफल हमें अपने बल पर होना होता है, भाग्य या भगवान् का आसरा नहीं खोजना चाहिए। **—बिल गेट्स**
- अपनी सफलता अथवा असफलता की, संभावनाओं के आकलन में समय नष्ट न करें, केवल अपना लक्ष्य, निर्धारित करें और काम शुरू कर दें। **—बिल गेट्स**
- प्रतिदिन की छोटी-छोटी उपलब्धियों से ही मिलकर सफलता बनती है। **—बिल गेट्स**
- सफलता अपने सामर्थ्य को साकार करना है। **—बिल गेट्स**
- जिसने अपने को वश में कर लिया है, उसकी जीत को देवता भी हार में नहीं बदल सकते। **—महात्मा बुद्ध**
- सफलता का कोई रहस्य नहीं है, वह केवल अत्यधिक परिश्रम चाहती है। **—बिल गेट्स**

• सफलता की कामना करनेवाले व्यक्ति को शीर्ष पर पहुँचने की प्रक्रिया के एक हिस्से के रूप में असफलता को एक अपरिहार्य हिस्सा मानना चाहिए।

—बिल गेट्स

• सफलता की गिनती यह नहीं कि आप खुद कितने ऊँचे तक उठे हैं, बल्कि इसमें है कि आप अपने साथ कितने लोगों को लाए हैं।

—बिल गेट्स

• सफलता की सभी कथाएँ बड़ी-बड़ी असफलताओं की कहानी हैं।

—बिल गेट्स

• सफलता के मार्ग में कठिनाइयों का आना स्वभाविक है। **—बिल गेट्स**

• सफलता के लिए किसी सफाई की जरूरत नहीं होती और असफलता की कोई सफाई नहीं होती। **—बिल गेट्स**

• जो अकले चलते हैं, वे शीघ्रता से बढ़ते हैं। **—नेपोलियन**

• सफलता के लिए कोई लिफ्ट नहीं जाती, इसलिए सीढ़ियों से ही जाना पड़ेगा। **—बिल गेट्स**

• सफलता सार्वजनिक उत्सव है, जबकि असफलता व्यक्तिगत शोक।

—बिल गेट्स

• विफल होना मंजूर किया जा सकता है, लेकिन सफल होने के लिए प्रयास न करना मंजूर नहीं किया जा सकता। **—माइकल**

सभ्यता

• हमारी सभ्यता तो आध्यात्मिक सभ्यता है। **—रवींद्रनाथ टैगोर**

• मनुष्यत्व को प्राप्त करने के लिए बड़े झूठ की अपेक्षा छोटा सत्य अधिक मूल्यवान है। **—रवींद्रनाथ टैगोर**

• हिंदू सभ्यता के मूल में समाज है और यूरोपीय सभ्यता के मूल में राष्ट्रनीति है। **—रवींद्रनाथ टैगोर**

समझ

- ईश्वर ने समझ की कोई सीमा नहीं रखी है। **—बेकन**
- संघर्ष और उथल-पुथल के बिना जीवन बिल्कुल नीरस हो जाता है। इसलिए जीवन में आनेवाली विषमताओं को सह लेना ही समझदारी है। **—विनोबा भावे**
- समझ मस्तिष्क का प्रकाश है। **—विल्स**

समय

- समय पर कार्य नहीं करने से व्यक्ति लाभ और उन्नति से कोसों दूर हो जाता है। **—बाबा फरीद**
- भविष्य वर्तमान के द्वारा क्रय किया जाता है। **—जॉनसन**
- आपका समय एक बहुमूल्य संसाधन है। **—बिल गेट्स**
- अस्त-व्यस्त रीति से समय गँवाना अपने ही पैरों पर कुल्हाड़ी मारना है। **—बिल गेट्स**
- जो समय बचाते हैं, वे धन बचाते हैं और बचाया हुआ धन, कमाएँ हुए धन के बराबर है। **—महात्मा गांधी**
- जो समय का ज्यादा दुरुपयोग करते हैं, वे ही समय की कमी की सबसे ज्यादा शिकायत करते हैं। **—ब्रुयर**
- जिसके द्वारा समय व्यर्थ नष्ट किया जाता है, ऐसे नर-पशु को नमस्कार।
- समय को व्यर्थ नष्ट मत करो, क्योंकि यही वह चीज है, जिससे जीवन का निर्माण हुआ है। **—बेंजामिन फ्रैंकलिन**
- आप बच्चों के साथ कितना समय बिताते हैं, वह इतना महत्त्वपूर्ण नहीं है, जितना यह कि कैसे बिताते हैं। **—बिल गेट्स**
- आपके पास जितना समय अभी है, उससे अधिक समय कभी नहीं होगा। **—बिल गेट्स**

- काल्ह करै सो आज कर, आज करै सो अब।
पल में परलय होएगी, बहुरि करेगो कब॥ **—कबीरदास**

- समयनिष्ठ होने पर समस्या यह हो जाती है कि इसका आनंद अकसर आपको अकेले लेना पड़ता है। **—एनॉन**

- समय पर किया हुआ थोड़ा सा भी कार्य उपकारी होता है। **—योगवसिष्ठ**

- बिता हुआ समय और मुख से निकले शब्द कदापि वापस नहीं आते। **—कहावत**

- आप समय को नष्ट करेंगे तो समय भी आपको नष्ट कर देगा। **—बिल गेट्स**

- कभी न लौटनेवाला समय जा रहा है। **—बिल गेट्स**

- आप अतीत को तो बदल नहीं सकते, लेकिन आप वर्तमान को भविष्य की चिंता में नष्ट जरूर कर सकते हैं। **—अज्ञात**

- हर दिन मेरा सर्वश्रेष्ठ दिन है, यह मेरी जिंदगी है। मेरे पास यह क्षण दोबारा नहीं होगा। **—बर्नी सीगल**

- दूरदर्शिता, जो दूसरे नहीं देख पाएँ, उसे देख पाने की कला है। **—जोनाथन स्विफ्ट**

- हम सीमित हैं, हमारी क्षमताओं से नहीं, लेकिन हमारी दूरदर्शिता से। **—अज्ञात**

- व्यस्त रहना काफी नहीं है, व्यस्त तो चींटियाँ भी रहती हैं। सवाल यह है कि हम किसलिए व्यस्त हैं। **—हेनरी डेविड थौरु**

- किसी भी काम के लिए आपको कभी भी समय नहीं मिलेगा। यदि आप समय पाना चाहते हैं तो आपको इसे बनाना पड़ेगा।

- सभी महान् उपलब्धियाँ समय माँगती हैं। **—बिल गेट्स**
- समय की रेत पर कदमों के निशान बैठकर नहीं बनाए जा सकते। **—बिल गेट्स**
- जो अपने समय का सबसे ज्यादा दुरुपयोग करते हैं, वे ही समय की कमी की सबसे ज्यादा शिकायत करते हैं। **—ब्रुयर**
- जीवन छोटा ही क्यों न हो, समय की बरबादी से वह और भी छोटा हो जाता है। **—जॉनसन**
- वर्तमान परिस्थिति में हम क्या करते, सोचते और विश्वास करते हैं, उसी से हमारा भविष्य तय होता है।
- समय पर कार्य नहीं करने से व्यक्ति लाभ और उन्नति से कोसों दूर हो जाता है। **—बिल गेट्स**
- समय सबसे कम पाया जानेवाला संसाधन है और जब तक इसका अच्छा प्रबंधन नहीं किया जाता है, तो बाकी किसी चीज का प्रबंधन नहीं किया जा सकता। **—बिल गेट्स**
- समय हमेशा कड़ी मेहनत करनेवालों का मित्र रहा है। **—बिल गेट्स**
- सिर्फ अतीत की जुगाली करने से कोई लाभ नहीं है। **—अज्ञात**
- सोने का प्रत्येक धागा मूल्यवान होता है, इसी प्रकार समय का प्रत्येक क्षण भी मूल्यवान होता है। **—मैसन**
- समय किसी की प्रतीक्षा नहीं करता। **—अज्ञात**
- बीता हुआ समय और कहे हुए शब्द कदापि वापस नहीं आ सकते। **—कहावत**
- प्रकृति के सब काम धीरे-धीरे होते हैं। **—अज्ञात**
- समय का उचित उपयोग करना समय को बचाना है। **—बेकन**

• समय महान् चिकित्सक है। **—अज्ञात**

• एक युग विशाल नगरों का निर्माण करता है, एक क्षण उसका ध्वंस कर देता है। **—सेनेका**

• हर दिन वर्ष का सर्वोत्तम दिन है।

• राजा—कुछ ऐसा लिखो, जिसे पढ़कर खुशी में गम हो और गम में पढ़ो तो खुशी हो। वजीर—यह समय बीत जाएगा। **—अज्ञात**

• दौड़ना काफी नहीं है, समय पर चल पड़ना चाहिए। **—फ्रांसीसी कहावत**

• समय पर थोड़ा सा प्रयत्न भी आगे की बहुत से परेशानियों को बचाता है। **—कहावत**

• बुद्धिमान लोग अतीत की घटनाओं पर नहीं पछताते, वे भविष्य की चिंता नहीं करते, केवल वर्तमान जगत् मैं पूर्णतया कर्म करते हैं। **—अज्ञात**

• सही काम करने के लिए समय हर वक्त ही ठीक होता है। **—मार्टिन लूथर किंग जूनियर**

• जैसे नदी बह जाती है और लौटकर नहीं आती, उसी प्रकार रात और दिन मनुष्य की आयु लेकर चले जाते हैं, फिर नहीं आते। **—महाभारत**

• मैंने समय को नष्ट किया है। अब समय मुझको नष्ट कर रहा है। **—शेक्सपियर**

• समय फिरने पर मित्र भी शत्रु हो जाते हैं। **—गोस्वामी तुलसीदास**

• हर संत का एक अतीत होता है और हर पापी का एक भविष्य। **—ऑस्कर वाइल्ड**

• सही टाइमिंग पर लगभग हर बात सकारात्मक तरीके से कही जा सकती है।

• हम आज अच्छे हैं, यह भी एक किस्म का पागलपन है। **—एडवर्ड यंग**

• वक्त को बरबाद न करो, क्योंकि जिंदगी इसी से बनी है। **—फ्रेंकलिन**

समस्या

- जिस प्रकार से श्रम करने से शरीर मजबूत होता है, उसी प्रकार से कठिनाइयों से मस्तिष्क सुदृढ़ होता है। **—सेनेका**
- दुनिया की बहुत सारी समस्याएँ खत्म हो जाएँ, अगर लोग दूसरों के बारे में बात करने की बजाय दूसरों से बात करना शुरू कर दें। **—अज्ञात**
- विपत्ति मनुष्य को विचित्र साथियों से मिलाती है। **—अज्ञात**
- मैं अति प्रतिभाशाली व्यक्ति नहीं हूँ, लेकिन मैं निश्चित तौर पर अधिक जिज्ञासु हूँ और किसी भी समस्या को सुलझाने में अधिक देर तक लगा रहता हूँ। **—अल्बर्ट आइंस्टीन**
- आपत्तियाँ हमें आत्म-ज्ञान कराती हैं, ये हमें दिखा देती हैं कि हम किस मिट्‍टी के बने हैं। **—जवाहरलाल नेहरू**
- आपदा ही एक ऐसी स्थिति है, जो हमारे जीवन की गहराइयों में अंतर्दृष्टि पैदा करती है। **—स्वामी विवेकानंद**
- हम अपनी समस्याओं को उसी सोच के साथ नहीं सुलझा सकते, जिस सोच के साथ हमने उनका निर्माण किया था। **—अल्बर्ट आइंस्टीन**
- हमारी अधिकतर बाधाएँ पिघल जाएँगी, अगर उनके सामने दुबकने की बजाय हम उनसे निडरतापूर्वक निपटने का मानस बनाएँ। **—ओरिसन स्वेट मार्डन**
- इस दुनिया की असली समस्या यह है कि मूर्ख और अड़ियल लोग तो अपने बारे में हमेशा पक्के होते हैं कि वे सही हैं, किंतु बुद्धिमान लोग हमेशा संदेह में रहते हैं कि मैं गलत तो नहीं हूँ। **—अज्ञात**
- विकट परिस्थितियाँ ही महापुरुषों का विद्यालय है। **—अरस्तू**
- आनंद विनोद के सामने कठिनाइयाँ पिघल जाती हैं। **—स्वेट मार्डेन**

- आपात स्थिति में, मन को डाँवाँडोल नहीं होने देना चाहिए।
  —महावीर स्वामी

- मुसीबतों से दु:खी न हों, क्योंकि दु:खी होना मूर्खों का काम है।
  —हजरत अली

- विपत्ति से बढ़कर अनुभव सिखानेवाला कोई विद्यालय आज तक नहीं खुला। **—मुंशी प्रेमचंद**

- जब सपने और इच्छाएँ पर्याप्त बड़े होते हैं, परिस्थितियों से कोई फर्क नहीं पड़ता है। **—अज्ञात**

- बेहतर विकल्प के लिए समस्याओं से मुकाबला करना चाहिए। तभी आप में 'स्किल' आती है। परेशानियों से डरकर किसी दूसरे का सहारा लेने की आदत न पालें तो बेहतर है। **—अज्ञात**

समाज

- हमारा समाज हमारे धर्म-विश्वास पर ही प्रतिष्ठित है। **—रवींद्रनाथ टैगोर**

- समाज के लिए मनुष्य को संकुचित होकर रहना पड़े, यह कभी ठीक नहीं हो सकता, समाज को ही मनुष्य के लिए अपने को बराबर प्रशस्त करते चलना होगा। **—रवींद्रनाथ टैगोर**

- समाज अगर समय की गति में बाधा दे तो उसे चोट सहनी ही होगी।
  —रवींद्रनाथ टैगोर

- समाज को सुंदर, परिमार्जित शृंखलित बनाना हम सभी का फर्ज है।
  —रवींद्रनाथ टैगोर

- समाज जितनी ही उन्नति करता जाता है, उसके दायित्व और कर्तव्य की जटिलता स्वभावत: उतनी ही बढ़ती जाती है। **—रवींद्रनाथ टैगोर**

समाजवाद

- समाजवाद सुंदर शब्द है, क्योंकि इसके अनुसार समाज के सभी सदस्य बराबर हैं, न कोई ऊँच है, न नीच। **—महात्मा गांधी**

• समाजवाद के सिद्धांतानुसार राजा और किसान, धनाढ्य और गरीब, मालिक और नौकर, सब समान स्तर के हैं। **—महात्मा गांधी**

• सच्चा समाजवाद वही हो, जिसमें वाद न हो।

—महात्मा गांधी

• मैं तो अपने आपको समाजवादी ही कहता हूँ। मुझे यह शब्द ही पसंद है, पर मेरा समाजवाद वह नहीं है, जिसका समाजवादी उपदेश करते फिरते हैं।

—महात्मा गांधी

• समाजवाद के बारे में मेरा यह विचार है कि हम सब बराबर या समान रूप में पैदा हुए हैं और हमें समान अवसर प्राप्त होने का अवसर मिलना चाहिए, परंतु मैं इतना तो कहूँगा कि सभी व्यक्तियों में समान क्षमता नहीं होती।

—महात्मा गांधी

• समाजवाद राजनीतिक जगत् में एक प्रगतिपूर्ण सुधार का कदम है।

—महात्मा गांधी

• यदि वाद के चक्कर में न पड़कर केवल समाज के हित के लिए काम किया जाए, तो वह सर्वोत्तम समाजवाद है। **—महात्मा गांधी**

सम्मान

• जब तुम खुद का सम्मान करोगे, तभी दूसरे भी तुम्हारा सम्मान करेंगे।

—कन्फ्यूशियस

• आत्मसम्मान की रक्षा हमारा सबसे पहला धर्म है। **—प्रेमचंद**

• यदि सम्मान खोकर आय बढ़ती हो, तो उससे निर्धनता श्रेयस्कर है।

—शेख सादी

• दूसरों का सम्मान करो, लोग तुम्हारा भी सम्मान करेंगे।

—कन्फ्यूशियस

सलाह

- इनसान जितनी सहजता से सलाह देता है, उतनी सहजता से कुछ और नहीं देता। **—रोचेफोकोल्ड**
- बिना माँगे किसी को हरगिज नसीहत मत दो। **—जर्मन कहावत**
- जब हम किसी नई परियोजना पर विचार करते हैं तो बड़े गौर से उसका अध्ययन करते हैं, महज सतही तौर पर नहीं, बल्कि उसके हर एक पहलू का।

  —वाल्ट डिज्नी

संविधान

- मुझे लगता है संविधान व्यावहारिक है, यह शांतिकाल और युद्धकाल दोनों ही समय देश को बाँधे रखने के लिए लचीला है और मजबूत भी। वास्तव में मैं कह सकता हूँ कि यदि नए संविधान के अंतर्गत कुछ गलत होता है, तो उसका कारण यह नहीं होगा कि हमारा संविधान खराब है, हमें यह कहना होगा कि यह मनुष्य की नीचता थी। **—बी.आर. आंबेडकर**
- मुझे उन लोगों से समस्या है, जो संविधान को हल्के में लेते हैं और बाइबिल को हकीकत में। **—बिल मेहर**
- संविधान में किसी चीज के साथ हस्तक्षेप नहीं कीजिए, उसे बनाए रखा जाना चाहिए, क्योंकि हमारी स्वतंत्रता का यही एक रक्षक है।

  —अब्राहम लिंकन

साधना

- साधना हमें ईश्वर तक पहुँचाती है, तपस्या ब्रह्म तक। **—रवींद्रनाथ टैगोर**
- पाने की उत्कृष्ट प्रणाली साधना है, तपस्या है। **—रवींद्रनाथ टैगोर**
- महामानव की अभ्यर्थना तो वही मानव कर सकता है, जिसने मनुष्यत्व की साधना की है, पूर्णता की साधना की है। **—रवींद्रनाथ टैगोर**

- जो सबसे अधिक असाध्य है, उसकी साधना कौन करेगा, वह जब आता है, अपने आप सहज में ही चला आता है। **—रवींद्रनाथ टैगोर**

साहस

- बिना निराश हुए ही हार को सह लेना पृथ्वी पर साहस की सबसे बड़ी परीक्षा है। **—आर.जी. इंगरसोल**

- मुट्ठी भर संकल्पवान लोग, जिनकी अपने लक्ष्य में दृढ़ आस्था है, इतिहास की धारा को बदल सकते हैं। **—महात्मा गांधी**

- किसी की करुणा व पीड़ा को देखकर मोम की तरह दयार्द्र हो पिघलनेवाला हृदय तो रखो, परंतु विपत्ति की आँच आने पर कष्टो-प्रतिकूलताओं के थपेड़े खाते रहने की स्थिति में चट्टान की तरह दृढ़ व ठोस भी बने रहो। **—द्रोणाचार्य**

- यह सच है कि पानी में तैरनेवाले ही डूबते हैं, किनारे पर खड़े रहनेवाले नहीं, मगर ऐसे लोग कभी तैरना भी नहीं सीख पाते। **—वल्लभभाई पटेल**

- दिलेरी डर की गैर-मौजूदगी नहीं, बल्कि यह फैसला है कि डर से भी जरूरी कुछ है। **—मेग काबोट**

- डर से डरो नहीं। वह तुम्हें डराने के लिए नहीं हैं। वह तुम्हें ये बताने के लिए है कि कुछ ऐसा है, जो इस लायक है। **—सी. जॉयबेल सी**

- साहस आगे बढ़ने की शक्ति होना नहीं है, यह शक्ति न होने पर भी आगे बढ़ते जाना है। **—नेपोलियन बोनापार्ट**

- किसी के द्वारा प्रगाढ़ता से प्रेम किया जाना आपको शक्ति देता है और किसी से प्रगाढ़ता से प्रेम करना आपको साहस देता है। **—लाओत्से**

- सफलता कभी अंतिम नहीं होती, विफलता कभी घातक नहीं होती। जो मायने रखता है, वह है साहस। **—विंस्टन चर्चिल**

- जो आप सचमुच हैं, वह बनने के लिए साहस चाहिए होता है।
—ई.ई. कमिंग्स

- खड़े होकर बोलने के लिए साहस चाहिए होता है, बैठकर सुनने के लिए भी साहस चाहिए होता है। **—विंस्टन चर्चिल**

- हर चीज से बढ़कर अपने जीवन की नायिका बनिए, शिकार नहीं।
—नोरा एफ्रान

- साहस सभी गुणों में सबसे महत्त्वपूर्ण है, क्योंकि बिना साहस के आप किसी और गुण का निरंतरता के साथ अभ्यास नहीं कर सकते। **—माया एंजिलो**

- यकीन करो कि तुम कर सकते हो और तुमने आधा रास्ता तय कर लिया है।
—थियोडोर रूजवेल्ट

- बिना भय के साहस नहीं हो सकता। **—क्रिस्टोफर पाओलीनी**

- अपना सपना दूसरों को दिखाने के लिए बहुत साहस चाहिए होता है।
—एरमा बोंबेक

- सच स्वीकारने के लिए शक्ति और साहस चाहिए होता है।
—रिक रिओरडैन

- यदि हमारे अंदर कोई भी प्रयास करने का साहस नहीं होता तो जिंदगी कैसी होती? **—विन्सेंट वेन गोह**

- कुछ लोगों में दिमाग से अधिक साहस होता है। **—जॉन ग्रीशैम**

- जीवन किसी के साहस के अनुपात में सिमटता या विस्तृत होता है।
—एनेस निन

- स्वतंत्रता निर्भीक होने में निहित है। **—रॉबर्ट फ्रोस्ट**

- प्यार पर एक और बार और हमेशा एक और बार यकीन करने का साहस रखिए। **—माया एंजिलो**

• तुम जो भी करो, तुम्हें साहस की जरूरत पड़ेगी। तुम जो भी रास्ता चुनो, हमेशा कोई-न-कोई यह बतानेवाला मिल जाएगा कि तुम गलत हो।

—राल्फ वाल्डो एमर्सन

• जब हमें सबसे कम उम्मीद होती है, जिंदगी हमारे साहस और बदलने की इच्छा का परिक्षण करने के लिए एक चुनौती देती है, ऐसे समय में, ऐसा दिखावा करना कि कुछ नहीं हुआ या यह कहने में कि हम अभी तैयार नहीं हैं, का कोई मतलब नहीं है। चुनौती इंतजार नहीं करेगी। जिंदगी पीछे नहीं देखती। एक हफ्ते का समय आवश्यकता से अधिक समय है, यह तय करने के लिए कि हमें अपनी नियति स्वीकार है या नहीं। **—पाउलो कोएलो**

• आध्यात्मिक मार्ग पर दो सबसे कठिन परीक्षण हैं, सही समय की प्रतीक्षा करने का धैर्य और जो सामने आए, उससे निराश न होने का साहस।

—पाउलो कोएलो

• साहस दबाव में अनुग्रह है। **—अर्नेस्ट हेमिंग्वे**

• साहस ऐसी जगह पाया जाता है, जहाँ उसकी संभावना कम हो।

—जे.आर.आर. टोकन

• प्रसन्नता का राज स्वतंत्रता है, स्वतंत्रता का राज साहस है। **—कैरी जोंस**

• मैंने यह जाना है कि डर का न होना साहस नहीं है, बल्कि डर पर विजय पाना साहस है। बहादुर वह नहीं है, जो भयभीत नहीं होता, बल्कि वह है, जो इस भय को परास्त करता है। **—नेल्सन मंडेला**

• यह ध्यान रखिए कि बहुत से लोग अपनी धारणा के चलते जान दे चुके हैं, वास्तव में यह बहुत आम है। सच्चा साहस उस चीज के लिए जीने और कष्ट सहने में है, जिसमें आप यकीन करते हैं। **—क्रिस्टोफर पाओलीनी**

• वस्तुतः अच्छा समाज वह नहीं है, जिसके अधिकांश सदस्य अच्छे हैं, बल्कि वह है, जो अपने बुरे सदस्यों को प्रेम के साथ अच्छा बनाने में सतत प्रयत्नशील है।

—डब्ल्यू.एच. आडेन

- शोक मनाने के लिए नैतिक साहस चाहिए और आनंद मनाने के लिए धार्मिक साहस। अनिष्ट की आशंका करना भी साहस का काम है, शुभ की आशा करना भी साहस का काम, परंतु दोनों में आकाश–पाताल का अंतर है। पहला गर्वीला साहस है, दूसरा विनीत साहस। **—किर्केगार्द**
- किसी दूसरे को अपना स्वप्न बताने के लिए लोहे का जिगर चाहिए होता है। **—एरमा बॉम्बेक**
- अपने प्रयोजन में दृढ़ विश्वास रखनेवाला एक कृशकाय शरीर भी इतिहास के रुख को बदल सकता है। **—महात्मा गांधी**
- निराश हुए बिना पराजय को सह लेना, पृथ्वी पर साहस की सबसे बड़ी मिसाल है। **—इंगरसोल**
- हमारी सुरक्षा, हमारी अर्थव्यवस्था और हमारे ग्रह के लिए बदलाव लाने का हममें साहस और प्रतिबद्धता होनी चाहिए। **—बराक ओबामा**
- मानव के सभी गुणों में साहस पहला गुण है, क्योंकि यह सभी गुणों की जिम्मेदारी लेता है। **—चर्चिल**
- प्रेरणा की हर अभिव्यक्ति में पुरुषार्थ और पराक्रम की आवश्यकता है। **—जैनेंद्र कुमार**
- यह संकल्प कर लें कि यह जोखिम लेने योग्य है, तो आपको तत्काल कर्म करने का साहस जुटा लेना चाहिए। **—अज्ञात**
- सच्चा साहसी वह है, जो बड़ी–से–बड़ी विपत्ति को बुद्धिमत्तापूर्वक सह सकता है। **—शेक्सपियर**
- हर परिस्थिति मैं शांत रहनेवाला निश्चित ही शिखर को छूता है। **—अज्ञात**
- साहस का अर्थ होता है, यह पता होना कि किस बात से डरना नहीं चाहिए। **—प्लेटो**

साहित्य

- साहित्य'''परिवर्तनशील मानव-जगत् का चंचल प्रतिबिंब है।

—रवींद्रनाथ टैगोर

- साहित्य का विषय ही पुराना है, पर वह शक्ल धारण कर नया हो जाया करता है। **—रवींद्रनाथ टैगोर**

- साहित्य का विषय मानव-हृदय एवं मानव-चरित्र है। **—रवींद्रनाथ टैगोर**

- सच्चे साहित्य का निर्माण एकांत चिंतन और एकांत साधना में होता है।

—अनंत गोपाल शेवड़े

- साहित्य व्यक्ति विशेष का नहीं होता, वह रचयिता का नहीं होता, वह देववाणी है। **—रवींद्रनाथ टैगोर**

- साहित्य का प्रधान अवलंबन ज्ञान का विषय नहीं है, भाव का विषय है।

—रवींद्रनाथ टैगोर

- सर्व-साधारण की वस्तु को विशेष भाव से अपना बनाकर, उसी उपाय से उसे फिर विशेष भाव से सर्व साधारण का बना देना ही साहित्य का काम है।

—रवींद्रनाथ टैगोर

- साहित्य का कर्तव्य केवल ज्ञान देना नहीं है, परंतु एक नया वातावरण देना भी है। **—डॉ. सर्वपल्ली राधाकृष्णन**

- साहित्य में जो दिखता है, वह प्राकृतिक होने पर भी प्रत्यक्ष नहीं है।

—रवींद्रनाथ टैगोर

- मन जिसे बनाता है, वह अपनी आवश्यकता के लिए, साहित्य जिसे बनाता है, वह सबके आनंद के लिए है। **—रवींद्रनाथ टैगोर**

- साहित्य का आदिम सत्य होता है, प्रकाशमात्र, परंतु उसका परिणाम सत्य होता है, इंद्रिय, मन एवं आत्मा के समष्टिगत मनुष्य का प्रकाश।

—रवींद्रनाथ टैगोर

- यथार्थ साहित्य जिस तरह यथार्थ राष्ट्रीय एकता का फल है, उसी तरह राष्ट्रीय ऐक्य साधन का प्रधानतम उपाय साहित्य है।

—रवींद्रनाथ टैगोर

- साहित्य समाज का दर्पण होता है। **—अज्ञात**

- साहित्य की मूल नीति चिरंतन है अर्थात् रस-संभोग का जो नियम है, वह मनुष्य के नित्य स्वभाव के अंतर्गत है। **—रवींद्रनाथ टैगोर**

- साहित्य में विषय-वस्तु निश्चेष्ट हो जाती है, यदि उसकी सजीवता न रहे।

—रवींद्रनाथ टैगोर

- साहित्य में जहाँ पर सच्चा रूप जग उठता है, वहाँ भय नहीं है।

—रवींद्रनाथ टैगोर

- सृष्टि के साथ साहित्य की तुलना होती है, यह असीम सृष्टि-कार्य असीम अवसर के भीतर निमग्न है। **—रवींद्रनाथ टैगोर**

- साहित्य के बारे में यदि कोई बात हो तो संक्षेप में समाप्त करो और भी संक्षेप में पूरी करो। **—रवींद्रनाथ टैगोर**

- साहित्य का सार-संकलन नहीं किया जा सकता। इतिहास, दर्शन, विज्ञान का सार-संकलन किया जा सकता है।

—रवींद्रनाथ टैगोर

- जिन सब खबरों को सभी लोग जानते हैं, अधिकांश साहित्य उन्हीं को लेकर रचा जाता है। **—रवींद्रनाथ टैगोर**

- साहित्य जीवन का स्वाभाविक प्रकाश होता है, वह प्रयोजन का प्रकाश नहीं है। **—रवींद्रनाथ टैगोर**

- हृदय का जगत् स्वयं को व्यक्त करने के लिए व्याकुल रहता है। इसीलिए सदैव मनुष्य के भीतर साहित्य का आवेग रहता है।

—रवींद्रनाथ टैगोर

- चित्र एवं संगीत ही साहित्य के प्रधान उपकरण हैं। चित्र भाव को आकार देता है एवं संगीत भाव को गति प्रदान करता है। चित्र देह एवं संगीत प्राण हैं।

—रवींद्रनाथ टैगोर

- साहित्य व्यवसायी को अपने अंदर से तरह-तरह के भाव और पात्र बाहर निकालने पड़ते हैं। वह उन भावों को स्वतंत्र और संपूर्ण रूप में प्रकट करता है, वह ज्यों ही उन्हें साफ-साफ प्रकट करता है, वे अमर हो जाते हैं।

—रवींद्रनाथ टैगोर

- जो साहित्य चर्चा करते हैं, उनकी रसज्ञता की शक्ति केवल मस्तिष्क में ही नहीं, रसना में भी खूब प्रबल रहती है। **—रवींद्रनाथ टैगोर**

साहित्यकार

- जगत् के साथ मन का जो संबंध है, मन के साथ साहित्यकार की प्रतिभा का वही संबंध है। **—रवींद्रनाथ टैगोर**
- साहित्यकार की मानवता ही सृजनकर्ता है। **—रवींद्रनाथ टैगोर**
- साहित्य, संगीत और कला से हीन पुरुष साक्षात् पशु ही है, जिसकी पूँछ और सींग नहीं हैं। **—भर्तृहरि**

सीखना

- व्यथा और वेदना की पाठशाला में जो पाठ सीखे जाते हैं, वे पुस्तकों तथा विश्वविद्यालयों में नहीं मिलते। **—अज्ञात**
- विष से भी अमृत तथा बालक से भी सुभाषित ग्रहण करें। **—मनु**
- यदि मनुष्य सीखना चाहे, तो उसकी हर भूल उसे कुछ शिक्षा दे सकती है।

—महात्मा गांधी

- नई चीज सीखने की जिसने आशा छोड़ दी, वह बूढ़ा है। **—विनोबा भावे**
- मनुष्य सफलता से कुछ नहीं सीखता, विफलता से बहुत कुछ सीखता है।

—अरबी लोकोक्ति

सुख

- सुख की न तो कोई परिभाषा है और न कोई सीमा है।

—रवींद्रनाथ टैगोर

- किसी वस्तु में सुख नहीं है। हिंसा में सुख नहीं, आधिपत्य में सुख नहीं, तुमने जिस पथ का अवलंब किया है, एक मात्र उसी में सुख है।

—रवींद्रनाथ टैगोर

- सुख जब तुम्हारी मुट्ठी में हो तो उसे इस तरह से भोगो कि औरों को ईर्ष्या न हो। **—रवींद्रनाथ टैगोर**

- सहज सुख सहज नहीं है। जिसे मूल्य देकर खरीदना नहीं पड़ता, वह यदि अपने हाथ के पास न मिले तो उसे किसी प्रकार से कहीं भी खोजकर पाना संभव नहीं है। **—रवींद्रनाथ टैगोर**

- सुख सर्वत्र मौजूद है, उसका स्रोत हमारे हृदयों में है। **—रस्किन**

- सुख का रहस्य त्याग में है। **—एंड्रयू कारनेगी**

- सुख बाहर से मिलने की चीज नहीं, मगर अहंकार छोड़े बगैर इसकी प्राप्ति भी होनेवाली नहीं। **—महात्मा गांधी**

- जीवन का वास्तविक सुख, दूसरों को सुख देने में हैं, उनका सुख लूटने में नहीं। **—मुंशी प्रेमचंद**

- जीवन के प्रति जिस व्यक्ति की कम-से-कम शिकायतें हैं, वही इस जगत् में अधिक-से-अधिक सुखी है।

सुख-दुःख

- संसार में सबसे अधिक दुःखी प्राणी कौन है ? बेचारी मछलियाँ, क्योंकि दुःख के कारण उनकी आँखों में आनेवाले आँसू पानी में घुल जाते हैं, किसी को दिखते नहीं। अतः वे सारी सहानुभूति और स्नेह से वंचित रह जाती हैं। सहानुभूति के अभाव में तो कणमात्र दुःख भी पर्वत हो जाता है।

—खलील जिब्रान

- सुखी होना चाहते हैं, तो सब बातों को मन में मत रख। दूसरे को दोषी बनाने का जो सुख है, मन में दोष रखने का दुःख उससे कहीं बड़ा है।

—रवींद्रनाथ टैगोर

- संसार में प्रायः सभी जन सुखी एवं धनशाली मनुष्यों के शुभेच्छु हुआ करते हैं। विपत्ति में पड़े मनुष्यों के प्रियकारी दुर्लभ होते हैं। **—मृच्छकटिकम्**
- व्याधि शत्रु से भी अधिक हानिकारक होती है। **—चाणक्य सूत्र**
- विपत्ति में पड़े हुए का साथ बिरला ही कोई देता है। **—रावणार्जुनीयम्**
- हम इन सब सुखों-दुःखों को संसार के साथ, शास्त्र के साथ मिलकर उसे भला-बुरा एक नाम देकर परे कर देते हैं।

—रवींद्रनाथ टैगोर

- मनुष्य के जीवन में दो तरह के दुःख होते हैं—एक यह कि उसके जीवन की अभिलाषा पूरी नहीं हुई और दूसरा यह कि उसके जीवन की अभिलाषा पूरी हो गई। **—बर्नार्ड शॉ**
- मेरी हार्दिक इच्छा है कि मेरे पास जो भी थोड़ा-बहुत धन शेष है, वह सार्वजनिक हित के कामों में यथाशीघ्र खर्च हो जाए। मेरे अंतिम समय में एक पाई भी न बचे, मेरे लिए सबसे बड़ा सुख यही होगा।

—पुरुषोत्तमदास टंडन

- मानव जीवन में दो और दो चार का नियम सदा लागू होता है। उसमें कभी दो और दो पाँच हो जाते हैं। कभी गण तीन भी और कई बार तो सवाल पूरे होने के पहले ही स्लेट गिरकर टूट जाती है।

—सर विंस्टन चर्चिल

- स्वयं के समीप सुख-दुःख को प्रमाणित करने की आवश्यकता नहीं होती, दूसरों के समीप उसे प्रमाणित करना होता है। **—रवींद्रनाथ टैगोर**
- तपाया और जलाया जाता हुआ लौहपिंड दूसरे से जुड़ जाता है, वैसे ही दुःख से तपते मन आपस में निकट आकर जुड़ जाते हैं। **—लहरीदशक**

• चाहे राजा हो या किसान, वह सबसे ज्यादा सुखी है, जिसको अपने घर में शांति प्राप्त होती है। —गेटे

सुधार

• अपना सुधार संसार की सबसे बड़ी सेवा है। —बिल गेट्स

• अपने आपको सुधार लेने पर संसार की हर बुराई सुधर सकती है। —बिल गेट्स

सुनना

• सुनना एक कला है। इस कला के लिए कान और ध्यान दोनों चाहिए। —अज्ञात

• व्यर्थ की बातों से खुद को बचाना भी एक कला है। —अज्ञात

• वाणी चाँदी है तो मौन सोना है। —अज्ञात

• बीती बातों को भूलने का सर्वोत्तम तरीका है, हमेशा नई और रचनात्मक बातें सुनना व उनको रमण करना। —अज्ञात

• मौन से मतलब वाणीविहीन बनना नहीं है। सही समय पर सही बात कहना है। —अज्ञात

सुंदर

• सुंदर को हम तब तक नहीं देख पाते, जब तक हम उसे छोड़ नहीं देते। —रवींद्रनाथ टैगोर

• सुंदर का जवाब सुंदर ही पाता है। असुंदर जब जवाब छीन लेना चाहता है तो वीणा के तार नहीं बजते, टूट जाते हैं। —रवींद्रनाथ टैगोर

सुंदरता

• सुंदरता बिना शृंगार के मन मोहती है। —सादी

• वास्तविक सौंदर्य ह्रदय की पवित्रता में है। —महात्मा गांधी

- सुंदर वही हो सकता है, जो कल्याणकारी हो।

—भगवतीचरण वर्मा

- सौंदर्य आकार और सममिति पर निर्भर होता है। चाहे कोई जीव छोटा हो या बेहद बड़ा, वह खूबसूरती को परिभाषित नहीं करता, क्योंकि उसको एक दृष्टि मात्र में देखने पर उसकी स्थिति स्पष्ट नहीं होती है, इसलिए वे परिपूर्ण की श्रेणी में नहीं आते। **—अरस्तू**

- मेरी नजर में मेरा करीबी दोस्त कभी भी वृद्ध नहीं हो सकता, वह वैसा ही रहेगा, जैसा मैंने उसे पहली बार देखा था, उसकी सुंदरता अनुभव करने के लिए सुंदर चीज की जरूरत नहीं होती। **—रवींद्रनाथ टैगोर**

- खूबसूरती वैसी ही दिखेगी, जैसी मैंने पहली नजर में देखी थी।

—विलियम शेक्सपियर

- अतिशय सुंदरता कभी–कभी हमें भयानक रूप से ठेस भी पहुँचा सकती है।

—एदुआर्दो गैलियानो

- खूबसूरती एक अनुभव है, इसके सिवा कुछ भी नहीं। इसे बयाँ करने के लिए स्थापित मानक नहीं है, न ही नाक–नक्श का वर्णन करना काफी है।

—डी.एच. लॉरेंस

- खूबसूरती चेहरे पर नहीं होती, यह तो दिल की रोशनी है, बहुत ध्यान से देखनी पड़ती है। **—खलील जिब्रान**

- जो सुंदरता आँखों द्वारा देखी जाती है, वह कुछ ही पल की होती है, यह जरूरी भी नहीं कि हमारे भीतर से भी वही खूबसूरती दिखाई दे।

—जॉर्ज सेंड

- दुनिया की सबसे अच्छी और खूबसूरत चीजें कभी देखी या छुई नहीं गईं, वे बस दिल के साथ घुल–मिल गईं। **—हेलेन कलर**

- सुंदर चीजों पर यकीन बनाए रखिए, याद रहे—सूरज डूब गया तो वसंत भी नहीं आएगा। **—गिल्सन**

• एक शख्स हर दिन संगीत सुने, थोड़ी सी कविता पढ़े और अपने जीवन की सुंदर तसवीर रोज देखे, उसे सुंदरता की परिभाषा तलाशने की जरूरत ही नहीं, क्योंकि भगवान् ने सासरे संसार का सौंदर्य उसकी झोली में डाल रखा है।

—गोयथे

• खूबसूरती में मानव खुद को पूर्णता के स्तर पर देखता है, कुछ परिस्थितियों में वह खुद की पूजा करता है, मनुष्य यह मान लेता है कि यह पूरा विश्व खूबसूरती से भरा हुआ है, यह भूल जाता है कि जो सुंदरता वह देख रहा है, वह उसके द्वारा बनाई हुई है। **—अज्ञात**

• मानव ने अकेले ही इस जहान को खूबसूरती अर्पित की है।

—फ्रेडरिक नीत्शे

• सुंदरता जब आपको आकर्षित कर रही होती है, व्यक्तित्व तब तक आपके दिल पर कब्जा कर चुका होता है। **—अज्ञात**

• हम सारी दुनिया घूमते और खूबसूरती तलाशते रहते हैं। कभी मुड़के भी नहीं देखते, अपने पास ही छुपी हुई खूबसूरती की ओर। **—एमर्सन**

• कभी भी कुछ सुंदर देखने का मौका मत छोड़ो, सच तो यह है कि खूबसूरती भगवान् की लिखावट है। हर चेहरे पर, धुले-धुले आसमान में, हर फूल में उसकी लिखावट नजर आएगी और हे भगवान्, इस सौंदर्य के लिए हम आपके आभारी हैं।

—राल्फ वाल्डो एमर्सन

• सुंदरता सबको चाहिए, इसके लिए आओ, बाहर आओ। पूजाघर में और खेल के मैदानों में सौंदर्य बिखरा पड़ा है। उससे अपना तन और मन भर लो। **—जॉन मुइर**

सेवा

• त्याग के लिए त्याग करना मुश्किल होता है, परंतु सेवा के निमित्त आसान हो जाता है। **—महात्मा गांधी**

- अपंग की सेवा एक धर्म है। भगवान् हमें अपंग के रूप में हमेशा दर्शन देते हैं। **—महात्मा गांधी**
- मानव-सेवा के काम में राजनीतिक मतभेदों और संघर्षों के बावजूद सबको एक होना चाहिए। **—महात्मा गांधी**
- शून्यवत् होकर रहने का मतलब है, सबकी सेवा करना और दुःख में दूसरों की टहल करना। **—महात्मा गांधी**
- सेवा का भी मोह हो सकता है। मोह भाव छोड़ने से ही सच्ची सेवा हो सकती है। **—महात्मा गांधी**
- सेवा मानव-वृत्तियों में सबसे ऊँची और महान् वृत्ति है। **—महात्मा गांधी**
- सेवा से बढ़कर व्यक्ति को द्रवित करनेवाली और कोई चीज संसार में नहीं है। **—महात्मा गांधी**
- सेवा तो मूक ही होनी चाहिए, जिसने अपनी सेवा का ढिंढोरा पीटा, वह मानो अपने आपको समाप्त कर चुका। **—महात्मा गांधी**

सौंदर्य

- बाहरी सौंदर्य न हो तो पुरुषों की आँखें देवी को देख नहीं पातीं। **—रवींद्रनाथ टैगोर**
- सौंदर्य आत्मा और जड़ के भीतर एक पुल के समान है। पदार्थ केवल पिंड है। **—रवींद्रनाथ टैगोर**
- भाषा मनुष्य की सृष्टि है, परंतु सौंदर्य को पैदा करनेवाला संपूर्ण संसार का सृष्टिकर्ता ही है। **—रवींद्रनाथ टैगोर**

सौभाग्य

- सौभाग्य, जो अचानक हमारे दरवाजे पर आकर हमें पुकार जाता है, वह केवल यह दिखाने के लिए कि उसे ग्रहण करने की शक्ति हममें नहीं है। **—रवींद्रनाथ टैगोर**

स्त्री

- यदि स्त्रियों में आत्मविश्वास आ जाए, उनकी श्रद्धा दृढ़ हो जाए, तो स्त्रियाँ खुद ही जान जाएँगी कि उनके मन में जो भय था, वैसा भय रखने का कोई कारण ही नहीं है। मनुष्य-मात्र में राम और रावण रहते हैं। यदि स्त्रियाँ अपने हृदय में निवास करनेवाले राम की सहायता से काम करें, तो मनुष्यों में रहनेवाला रावण सिर नहीं उठा सकता। स्त्रियों की अपेक्षा पुरुषों में राम देर से जागता है। जिसे राम राखे, उसे कौन चाखे और जिससे राम रूठे, उसे कौन राखे? **—महात्मा गांधी**

- जीवन की कला को अपने हाथों से साकार कर नारी ने सभ्यता और संस्कृति का रूप निखारा है, नारी का अस्तित्व ही सुंदर जीवन का आधार है।

- इसे भूलने से काम नहीं चलेगा कि स्त्रियाँ ही पुरुषों में प्रेरणा जुटाती हैं। **—रवींद्रनाथ टैगोर**

- स्त्री की उन्नति या अवनति पर ही राष्ट्र की उन्नति निर्भर है। **—अरस्तू**

- सुयोग्य स्त्री परिवार की शोभा तथा गृह की लक्ष्मी है। **—मनु**

- स्त्रियाँ तो त्याग, दया और अहिंसा की मूर्ति हैं। जहाँ अहिंसा-धर्म को केवल बुद्धि से ही समझते हैं, वहाँ स्त्रियों के लिए वह एक ऐसी वस्तु है, जिसे वे जन्म से ही जानती हैं। पुरुष तो बहुत थोड़ी जिम्मेदारी उठाकर ही अपने को कृतकार्य मान लेता है, किंतु बहनों को तो पति की, बालकों की तथा परिवार के अन्य सदस्यों की सेवा करनी पड़ती है। **—महात्मा गांधी**

- स्त्रियों की मान-हानि साक्षात् लक्ष्मी और सरस्वती की मानहानि है। **—सूर्यकांत त्रिपाठी 'निराला'**

- आप एक आदमी को शिक्षित करते हैं, तो आप एक आदमी को शिक्षित करते हैं, आप एक औरत को शिक्षित करते हैं, तो आप एक पीढ़ी को शिक्षित करते हैं। **—ब्रिघैम यंग**

- स्त्रियों को अबला जाति कहना उनका अपमान है, ऐसा कहकर पुरुष स्त्रियों

के प्रति अन्याय ही करते हैं। बल का अर्थ पशुबल किया जाए, तो सचमुच स्त्री पुरुष की अपेक्षा कम पशु है, परंतु बल का अर्थ नैतिक बल हो, तो उसमें पुरुष से स्त्री कहीं श्रेष्ठ है।

- स्त्रियों के हाथों ही जो पलते हैं, उनके दूध के दाँत कभी भी नहीं टूटते।

—रवींद्रनाथ टैगोर

- किसी स्त्री के सलाह लीजिए और जो कुछ भी वह कहे, उसका उल्टा कीजिए निश्चित रूप से आप बुद्धिमान बन जाएँगे।

—टॉमस मूर

- औरत के बाल आमतौर पर लंबे होते हैं, पर उसकी जुबान और भी ज्यादा लंबी होती है। **—शेक्सपियर**

- हर स्त्री का मन एक साँचे में ढला होता है। **—रवींद्रनाथ टैगोर**

- स्त्री में यदि विनाश की शक्ति है तो कल्याण की भी शक्ति उसके अंदर छिपी हुई है। मेरी यही कामना है कि वह अपनी उस कल्याणकारी शक्ति को पहचाने। यदि वह ऐसा सोचना बंद कर दे कि वह कमजोर और पुरुषों के खेलने की गुड़िया बनने के ही योग्य है, तो वह अपने लिए और पुरुष के लिए भी, चाहे पुरुष उसका पिता हो या पुत्र अथवा पति, संसार को अधिक सुखमय बना सकती है।

—महात्मा गांधी

- जब लड़की शरमाना बंद कर देती है तो वह अपनी सुंदरता का सबसे शक्तिशाली आकर्षण खो देती है। **—ग्रेगरी**

- एक आकर्षक स्त्री रत्नजड़ित आभूषण है एवं एक अच्छी स्त्री कोषाध्यक्ष।

—अज्ञात

- स्त्री एवं संगीत को कभी समय से संबंधित नहीं करना चाहिए। **—अज्ञात**

- मैं देखता हूँ, जब मर्द औरत से प्यार करता है, वह अपनी जिंदगी का बहुत

छोटा हिस्सा देता है, पर जब औरत प्यार करती है, वह सबकुछ दे देती है।

—आस्कर वाइल्ड

- स्त्रियाँ ही तो समाज की शोभा होती हैं। **—रवींद्रनाथ टैगोर**
- मेरा विचार है कि अच्छी औरतों का प्रभाव सभ्यता को मापने के लिए पर्याप्त है। **—राल्फ वाल्डो एमर्सन**
- महिलाएँ पुरुषों से अधिक बुद्धिमान होती हैं, क्योंकि वे जानती कम हैं और समझती ज्यादा हैं। **—जेम्स थर्बर**
- स्त्रियाँ तो देवी हैं। **—रवींद्रनाथ टैगोर**
- पारिवारिक बंधन का मूल्य स्त्रियों के लिए बहुत अधिक होता है। **—रवींद्रनाथ टैगोर**

स्त्री-पुरुष

- स्त्री और पुरुष का एक-दूसरे पर समान अधिकार होता है, इसीलिए उनके बीच समान प्रेम का संबंध होता है। **—रवींद्रनाथ टैगोर**
- स्त्रियों को ईश्वर ने अपने मानस से सिरजा और और पुरुषों को उन्होंने अपने हाथों से, हथौड़ी से पीट-पीटकर बनाया है। **—रवींद्रनाथ टैगोर**

स्पर्धा

स्पर्धा और प्रतिस्पर्धा से वातावरण दीप्त और उद्दीप्त रहता है।

—जैनेंद्र कुमार

स्मृति

- स्मृति एक अद्भुत उपकरण है, वह अमिट नहीं है, लेकिन वह क्षणभंगुर भी नहीं है। **—प्राइमो लेवी**

स्वतंत्र चिंतन

- कोई व्यक्ति कितना ही महान् क्यों न हो, आँखें मूँदकर उसके पीछे न चलिए।

यदि ईश्वर की ऐसी ही मंशा होती तो वह हर प्राणी को आँख, नाक, कान, मुँह, मस्तिष्क आदि क्यों देता?

—स्वामी विवेकानंद

- मानवी चेतना का परावलंबन, अंत:स्फुरणा का मूर्च्छाग्रस्त होना, आज की सबसे बड़ी समस्या है। लोग स्वतंत्र चिंतन करके परमार्थ का प्रकाशन नहीं करते, बल्कि दूसरों का ऊटपटाँग अनुकरण करके ही रुक जाते हैं।

—श्रीराम शर्मा आचार्य

- बिना वैचारिक-स्वतंत्रता के, बुद्धि जैसी कोई चीज हो ही नहीं सकती और बोलने की स्वतंत्रता के बिना जनता की स्वतंत्रता नहीं हो सकती।

—बेंजामिन फ्रेंकलिन

- प्रत्येक व्यक्ति के लिए उसके विचार ही सब तालों की चाबी हैं।

—एमर्सन

- शारीरिक गुलामी से बौद्धिक गुलामी अधिक भयंकर है।

—श्रीराम शर्मा आचार्य

- ग्रंथ, पंथ हो अथवा व्यक्ति, नहीं किसी की अंधी भक्ति।

—श्रीराम शर्मा आचार्य

- सर्वोत्तम मानव मस्तिष्क की पहचान है, किन्हीं दो पूर्णत: विपरीत विचारधाराओं को साथ-साथ ध्यान में रखते हुए भी स्वतंत्र रूप से कार्य करने की क्षमता का होना।

—स्कॉट फिट्जेराल्ड

- अपना दीपक स्वयं बनो। **—गौतम बुद्ध**

स्वतंत्रता

- किसी भी कीमत पर स्वतंत्रता का मोल नहीं किया जा सकता, वह जीवन है। भला जीने के लिए कोई क्या मोल नहीं चुकाएगा?

—महात्मा गांधी

• जब तक गलती करने की स्वतंत्रता न हो, तब तक स्वतंत्रता का कोई अर्थ नहीं है। **—महात्मा गांधी**

• हिंसक तरीकों से हिंसक स्वतंत्रता मिलेगी, यह दुनिया के लिए और खुद भारत के लिए एक गंभीर खतरा होगा।

—महात्मा गांधी

• आततायी कभी स्वेच्छा से आजादी नहीं देता, पीड़ितों द्वारा इसकी माँग की जानी चाहिए।

—मार्टिन लूथर किंग जूनियर

• स्वतंत्रता की कीमत हमेशा अधिक होती है, लेकिन अमरीकियों ने हमेशा यह कीमत चुकाई है और हमें एक मार्ग कभी नहीं चुनना चाहिए और वह मार्ग है समर्पण और हार मानने का।

—जॉन एफ. केनेडी

• विकास के लिए सबसे अच्छा मार्ग आजादी का मार्ग है।

—जॉन एफ. केनेडी

• हीरो वह होता है, जो स्वतंत्रता के साथ आई जिम्मेदारियों को समझता है।

—बॉब डाइलेन

• तुम मुझे खून दो, मैं तुम्हें आजादी दूँगा। **—सुभाष चंद्र बोस**

• ईश्वर की कृपा से हमारे देश में तीन बेहद कीमती चीजें उपलब्ध हैं, भाषण की स्वतंत्रता, अंतरात्मा की स्वतंत्रता और इनमें से किसी का भी प्रयोग न करने का विवेक। **—मार्क ट्वैन**

• सभी महान् चीजें बड़ी सरल होती हैं और कइयों को हम बस एक शब्द में व्यक्त कर सकते हैं—स्वतंत्रता, न्याय, सम्मान, कर्तव्य, दया, आशा।

—विंस्टन चर्चिल

• जो लोग दूसरों को आजादी नहीं देते, उन्हें खुद भी इसका हक नहीं होता।

—अब्राहम लिंकन

स्वदेश

- वह हृदय नहीं है पत्थर है, जिसमें स्वदेश का प्यार नहीं।

—मैथिलीशरण गुप्त

स्वाधीन

- मनुष्य जहाँ स्वभाव से स्वाधीन है, धर्म से स्वाधीन है, वहाँ उसके खाने-सोने-बैठने को भी समाज ने बिल्कुल निरर्थक बंधनों में बाँध रखा है।

—रवींद्रनाथ टैगोर

- अगर समाज को लाँघना चाहते हो तो तुम्हें समाज से बड़ा बनना होगा।

—रवींद्रनाथ टैगोर

स्वाधीनता

- पराधीन सपनेहु सुख नाहीं। **—गोस्वामी तुलसीदास**

- आजादी मतलब जिम्मेदारी, तभी तो लोग उससे घबराते हैं।

—जॉर्ज बर्नार्ड शॉ

स्वामी

- जो मनुष्य सदा बाहरी आचार से ही चालित होता है, उसकी पंगुता वैसी ही होती है, जैसी कि प्रत्येक विषय में दास पर निर्भर रहनेवाले मालिक की। आंतरिक मनुष्य ही स्वामी है, जब वह बाह्य प्रथा पर पूर्णतया अवलंबित होता है तथा उसकी दुर्गति का कोई अंत नहीं होता। **—रवींद्रनाथ टैगोर**

स्वार्थ

- मनुष्य के स्वार्थ का कोई अंत नहीं। **—रवींद्रनाथ टैगोर**

- स्वार्थ-बुद्धि के कारण सहोदर भाइयों में भी झगड़े होने लगते हैं और आगे बढ़कर ये झगड़े मृत्यु तक के कारण बन जाते हैं। **—रवींद्रनाथ टैगोर**

स्वावलंबन

- स्वावलंबन सफलता की पहली सीढ़ी है। **—महात्मा गांधी**

- स्वावलंबन व्यक्ति के लिए भी उतना ही वांछनीय है, जितना समाज और राष्ट्र के लिए। **—महात्मा गांधी**

- देश के हर बालक को पहले स्वावलंबी बनने का पाठ पढ़ाना चाहिए। हमें यह गुण पाश्चात्य देशवासियों से सीखना चाहिए।
—महात्मा गांधी

- संसार के बहुतेरे महान् पुरुष स्वावलंबी और अध्यवसायी रहे हैं।
—महात्मा गांधी

स्वास्थ्य

- हमारा कर्तव्य है कि हम अपने शरीर को स्वस्थ रखें अन्यथा हम अपने मन को सक्षम और शुद्ध नहीं रख पाएँगे। **—गौतम बुद्ध**

- शरीर में ही सबकुछ है। जो इसमें नहीं है, वह जगत् में भी नहीं है।
—महात्मा गांधी

- शीघ्र सोने और प्रातःकाल जल्दी उठनेवाला मानव आरोग्यवान, भाग्यवान और ज्ञानवान होता है। **—जयशंकर प्रसाद**

- जहाँ तक हो सके निरंतर हँसते रहो, यह सस्ती दवा है। **—अज्ञात**

- केवल वही मनुष्य स्वस्थ है, जिसका स्वस्थ दिमाग तंदुरुस्त शरीर में है।
—महात्मा गांधी

- अच्छा स्वास्थ्य एवं अच्छी समझ जीवन के दो सर्वोत्तम वरदान हैं।
—साइरस

- स्वास्थ्य अच्छा रखने के लिए ब्रह्मचर्य का पालन बहुत ही जरूरी है।
—महात्मा गांधी

- स्वास्थ्य केवल शारीरिक या मानसिक दुरुस्ती को नहीं कहते, जब तक दोनों का संतुलन न हो, मनुष्य स्वस्थ नहीं कहा जा सकता।
—महात्मा गांधी

- शरीर और मन के बीच इतना घनिष्ठ संबंध है कि दो में से किसी को क्षति पहुँचे, तो सारे शरीर को कष्ट सहन करना पड़ता है। इससे यह सिद्ध होता है कि शुद्ध चरित्र ही स्वास्थ्य की कुंजी है और हम कह सकते हैं कि इससे भिन्न विचार और बुरी वासनाएँ तरह-तरह की बीमारियाँ हैं।

—महात्मा गांधी

- यदि तन और मन दोनों स्वस्थ हुए तभी मनुष्य स्वस्थ कहा जा सकता है।

—महात्मा गांधी

- प्रतिदिन एक सेब खाने से डॉक्टर की आवश्यकता नहीं होती।

—अंग्रेजी कहावत

- स्वास्थ्य परिश्रम में है और श्रम के अलावा वहाँ तक पहुँचने का कोई दूसरा राजमार्ग नहीं। **—वेंडेल फिलप्स**

- शरीर के स्वस्थ होने का यह भी मतलब है कि मनुष्य की इंद्रियाँ और मन भी स्वस्थ हैं। **—महात्मा गांधी**

- शरीर को हवा, पानी, खुराक नियमित रूप में मिलती रहे और वह बिना आलस्य के ठीक तौर से काम करता रहे, तो अस्वस्थ होने का कोई कारण नहीं हो सकता। **—महात्मा गांधी**

- अच्छा मजाक आत्मा का स्वास्थ्य है, चिंता उसका विष। **—स्टैनली**

हँसी

- जब मैं स्वयं पर हँसता हूँ तो मेरे मन का बोझ हल्का हो जाता है।

—रवींद्रनाथ टैगोर

- देवता की हँसी सूर्य का प्रकाश है, उससे बर्फ तो पिघल जाती है, किंतु पत्थर नहीं गलता। **—रवींद्रनाथ टैगोर**

हरिजन

- केवल जन्म के कारण कोई मनुष्य अछूत नहीं माना जा सकता।

—महात्मा गांधी

- अछूतपन को दूर किए बिना अस्पृश्यों में सुधार या प्रचार नहीं हो सकता।

—महात्मा गांधी

- मनुष्य के प्राथमिक हकों के बारे में कानून की नजरों में तो वही होना चाहिए, जिस तरह कि जात-पाँत और वर्ण का लिहाज रखे बिना हम लोगों में भूख-प्यास इत्यादि सर्वमान्य हैं।

—महात्मा गांधी

- इस सीधे-सादे सिद्धांत को मानने में कि जन्म के कारण कोई मनुष्य अछूत नहीं माना जा सकता, कोई उच्च दार्शनिक सिद्धांत बीच में नहीं आता।

—महात्मा गांधी

- मैं स्वेच्छा से हरिजन बन गया हूँ और मेरा विश्वास है कि यदि मैंने निस्स्वार्थ भाव से हरिजनों की सेवा की होगी, तो अंत में वे उसे स्वीकार करेंगे।

—महात्मा गांधी

- उन्नति-मार्ग में बाधक अस्पृश्यता का कृत्रिम अड़ंगा दूर होते ही उसी क्षण हरिजनों की आर्थिक, नैतिक, सामाजिक तथा राजनीतिक अवस्था उन्नत हो जाएगी।

—महात्मा गांधी

- मैं हरिजनों के लिए भीख माँगना अपना कर्तव्य समझता हूँ।

—महात्मा गांधी

हिंदी

- हिंदी हमारे राष्ट्र की अभिव्यक्ति का सरलतम स्रोत है। **—सुमित्रानंदन पंत**
- राष्ट्रीय व्यवहार में हिंदी को काम में लाना देश की उन्नति के लिए आवश्यक है। **—महात्मा गांधी**
- हिंदी ज्ञान मेरे लिए अमृतपान है, जितनी बार उसे पीता हूँ, उतनी बार लगता है पुनः जीता हूँ। **—डॉ. ओदेलेन स्मैकल**
- राष्ट्रभाषा के बिना आजादी बेकार है। **—अवनींद्रकुमार विद्यालंकार**

- हिंदी का काम देश का काम है, समूचे राष्ट्रनिर्माण का प्रश्न है।
—बाबूराम सक्सेना

- समस्त भारतीय भाषाओं के लिए यदि कोई एक लिपि आवश्यक हो तो वह देवनागरी ही हो सकती है। **—स्वामी अय्यर**

- हिंदी का पौधा दक्षिणवालों ने त्याग से सींचा है। **—शंकरराव कप्पीकेरी**

- अकबर से लेकर औरंगजेब तक मुगलों ने जिस देशभाषा का स्वागत किया, वह ब्रजभाषा थी, न कि उर्दू। **—रामचंद्र शुक्ल**

- राष्ट्रभाषा हिंदी का किसी क्षेत्रीय भाषा से कोई संघर्ष नहीं है।
—अनंत गोपाल शेवड़े

- दक्षिण की हिंदी विरोधी नीति वास्तव में दक्षिण की नहीं, बल्कि कुछ अंग्रेजी भक्तों की नीति है। **—के.सी. सारंगमठ**

- हिंदी ही भारत की राष्ट्रभाषा हो सकती है। **—वी. कृष्णस्वामी अय्यर**

- राष्ट्रीय एकता की कड़ी हिंदी ही जोड़ सकती है।
—बालकृष्ण शर्मा नवीन

- विदेशी भाषा का किसी स्वतंत्र राष्ट्र के राजकाज और शिक्षा की भाषा होना सांस्कृतिक दासता है। **—वाल्टर चेनिंग**

- हिंदी को तुरंत शिक्षा का माध्यम बनाइए। **—बेरिस कल्यएव**

- अंग्रेजी सिर पर ढोना डूब मरने के बराबर है। **—संपूर्णानंद**

- देश को एक सूत्र में बाँधे रखने के लिए एक भाषा की आवश्यकता है।
—सेठ गोविंददास

- इस विशाल प्रदेश के हर भाग में शिक्षित-अशिक्षित, नागरिक और ग्रामीण सभी हिंदी को समझते हैं। **—राहुल सांकृत्यायन**

- समस्त आर्यावर्त या ठेठ हिंदुस्तान की राष्ट्र तथा शिष्ट भाषा हिंदी या हिंदुस्तानी है। **—सर जॉर्ज ग्रियर्सन**

- भारत की परंपरागत राष्ट्रभाषा हिंदी है। **—नलिनविलोचन शर्मा**
- जबसे हमने अपनी भाषा का समादर करना छोड़ा, तभी से हमारा अपमान और अवनति होने लगी।

  —राधिकारमण प्रसाद सिंह
- यदि पक्षपात की दृष्टि से न देखा जाए तो उर्दू भी हिंदी का ही एक रूप है।

  —शिवनंदन सहाय
- प्रत्येक नगर प्रत्येक मोहल्ले में और प्रत्येक गाँव में एक पुस्तकालय होने की आवश्यकता है। **—कीर्तयानंद सिंह**
- अपनी सरलता के कारण हिंदी प्रवासी भाइयों की स्वत: राष्ट्रभाषा हो गई।

  —भवानीदयाल संन्यासी
- यह कैसे संभव हो सकता है कि अंग्रेजी भाषा समस्त भारत की मातृभाषा के समान हो जाए? **—चंद्रशेखर मिश्र**
- साहित्य की उन्नति के लिए सभाओं और पुस्तकालयों की अत्यंत आवश्यकता है। **—महामहो. पं. सकलनारायण शर्मा**
- जो साहित्य केवल स्वप्नलोक की ओर ले जाए, वास्तविक जीवन को उन्नत करने में असमर्थ हो, वह नितांत महत्त्वहीन है।

  —काशीप्रसाद जायसवाल
- भारतीय एकता के लक्ष्य का साधन हिंदी भाषा का प्रचार है।

  —टी. माधवराव
- हिंदी हिंद की, हिंदियों की भाषा है। **—र.रा. दिवाकर**
- यह संदेह निर्मूल है कि हिंदीवाले उर्दू का नाश चाहते हैं। **—राजेंद्र प्रसाद**
- समाज और राष्ट्र की भावनाओं को परिमार्जित करनेवाला साहित्य ही सच्चा साहित्य है।

  —जनार्दनप्रसाद झा द्विज

- मजहब को यह मौका न मिलना चाहिए कि वह हमारे साहित्यिक, सामाजिक, सभी क्षेत्रों में टाँग अड़ाए। **—राहुल सांकृत्यायन**
- शिक्षा के प्रसार के लिए नागरी लिपि का सर्वत्र प्रचार आवश्यक है। **—शिवप्रसाद सितारेहिंद**
- हमारी हिंदी भाषा का साहित्य किसी भी दूसरी भारतीय भाषा से किसी अंश में कम नहीं है। **—रामरणविजय सिंह**
- वही भाषा जीवित और जाग्रत् रह सकती है, जो जनता का ठीक-ठीक प्रतिनिधित्व कर सके। **—पीर मुहम्मद मूनिस**
- भारतेंदु और द्विवेदीजी ने हिंदी की जड़ पाताल तक पहुँचा दी है, उसे उखाड़ने का जो दुस्साहस करेगा, वह निश्चय ही भूकंपध्वस्त होगा। **—शिवपूजन सहाय**
- यह निर्विवाद है कि हिंदुओं को उर्दू भाषा से कभी द्वेष नहीं रहा। **—ब्रजनंदन दास**
- देहात का विरला ही कोई मुसलमान प्रचलित उर्दू भाषा के दस प्रतिशत शब्दों को समझ पाता है। **—सांवलिया बिहारीलाल वर्मा**
- हिंदी भाषा अपनी अनेक धाराओं के साथ प्रशस्त क्षेत्र में प्रखर गति से प्रकाशित हो रही है। **—छविनाथ पांडेय**
- देवनागरी ध्वनिशास्त्र की दृष्टि से अत्यंत वैज्ञानिक लिपि है। **—रविशंकर शुक्ल**
- हमारी नागरी दुनिया की सबसे अधिक वैज्ञानिक लिपि है। **—राहुल सांकृत्यायन**
- नागरी प्रचार देश उन्नति का द्वार है। **—गोपाललाल खत्री**
- साहित्य का स्रोत जनता का जीवन है। **—गणेशशंकर विद्यार्थी**
- अंग्रेजी से भारत की रक्षा नहीं हो सकती। **—पं. पिल्लयार**

- उसी दिन मेरा जीवन सफल होगा, जिस दिन में सारे भारतवासियों के साथ शुद्ध हिंदी में वार्त्तालाप करूँगा। **—शारदाचरण मित्र**
- हिंदी के ऊपर आघात पहुँचाना हमारे प्राणधर्म पर आघात पहुँचाना है। **—जगन्नाथप्रसाद मिश्र**
- हिंदी जाननेवाला व्यक्ति देश के किसी कोने में जाकर अपना काम चला लेता है। **—देवव्रत शास्त्री**
- हिंदी और नागरी का प्रचार तथा विकास कोई भी रोक नहीं सकता। **—गोविंदवल्लभ पंत**
- भारत की सारी प्रांतीय भाषाओं का दर्जा समान है। **—रविशंकर शुक्ल**
- किसी साहित्य की नकल पर कोई साहित्य तैयार नहीं होता। **—सूर्यकांत त्रिपाठी 'निराला'**
- भाषा ही से हृदयभाव जाना जाता है। शून्य, किंतु प्रत्यक्ष हुआ सा दिखलाता है। **—माधव शुक्ल**
- संस्कृत माँ, हिंदी गृहिणी और अंग्रेजी नौकरानी है। **—डॉ. फादर कामिल बुल्के**
- भाषा विचार की पोशाक है। **—डॉ. जॉनसन**
- रामचरितमानस हिंदी साहित्य का कोहिनूर है। **—यशोदानंदन अखौरी**
- साहित्य के हर पथ पर हमारा कारवाँ तेजी से बढ़ता जा रहा है। **—रामवृक्ष बेनीपुरी**
- कवि सम्मेलन हिंदी प्रचार के बहुत उपयोगी साधन है। **—श्रीनारायण चतुर्वेदी**
- हिंदी चिरकाल से ऐसी भाषा रही है, जिसने मात्र विदेशी होने के कारण किसी शब्द का बहिष्कार नहीं किया। **—राजेंद्र प्रसाद**

• देवनागरी अक्षरों का कलात्मक सौंदर्य नष्ट करना कहाँ की बुद्धिमानी है ?

—शिवपूजन सहाय

• जिस देश को अपनी भाषा और अपने साहित्य के गौरव का अनुभव नहीं है, वह उन्नत नहीं हो सकता। **—डॉ. राजेंद्र प्रसाद**

• कविता कामिनि भाल में हिंदी बिंदी रूप, प्रकट अग्रवन में भई ब्रज के निकट अनूप। **—राधाचरण गोस्वामी**

• हिंदी समस्त आर्यावर्त की भाषा है। **—शारदाचरण मित्र**

• हिंदी भारतीय संस्कृति की आत्मा है। **—कमलापति त्रिपाठी**

• मैं उर्दू को हिंदी की एक शैली मात्र मानता हूँ। **—मनोरंजन प्रसाद**

• हिंदी भाषा को भारतीय जनता तथा संपूर्ण मानवता के लिए बहुत बड़ा उत्तरदायित्व सँभालना है। **—सुनीति कुमार चटर्जी**

• राष्ट्रभाषा हिंदी हो जाने पर भी हमारे व्यक्तिगत और सार्वजनिक जीवन पर विदेशी भाषा का प्रभुत्व अत्यंत गर्हित बात है।

—कमलापति त्रिपाठी

• सभ्य संसार के सारे विषय हमारे साहित्य में आ जाने की ओर हमारी सतत चेष्टा रहनी चाहिए। **—श्रीधर पाठक**

• भारतवर्ष के लिए हिंदी भाषा ही सर्वसाधारण की भाषा होने के उपयुक्त है।

—शारदाचरण मित्र

• हिंदी भाषा और साहित्य ने तो जन्म से ही अपने पैरों पर खड़ा होना सीखा है। **—धीरेंद्र वर्मा**

• जब हम अपना जीवन जननी हिंदी, मातृभाषा हिंदी के लिए समर्पण कर दे, तब हम किसी के प्रेमी कहे जा सकते हैं। **—सेठ गोविंददास**

• कविता सुखी और उत्तम मनुष्यों के उत्तम और सुखमय क्षणों का उद्गार है। **—शेली**

• भाषा की समस्या का समाधान सांप्रदायिक दृष्टि से करना गलत है।

—लक्ष्मीनारायण सुधांशु

• भारतीय साहित्य और संस्कृति को हिंदी की देन बड़ी महत्त्वपूर्ण है।

—संपूर्णानंद

• हिंदी के पुराने साहित्य का पुनरुद्धार प्रत्येक साहित्यिक का पुनीत कर्तव्य है।

—पीतांबरदत्त बड़थ्वाल

• परमात्मा से प्रार्थना है कि हिंदी का मार्ग निष्कंटक करें।

—हरगोविंद सिंह

• अहिंदी भाषा-भाषी प्रांतों के लोग भी सरलता से टूटी-फूटी हिंदी बोलकर अपना काम चला लेते हैं। **—अनंतशयनम् अयंगार**

• वह हृदय नहीं है पत्थर है, जिसमें स्वदेश का प्यार नहीं।

—मैथिलीशरण गुप्त

• दाहिनी हो पूर्ण करती है अभिलाषा, पूज्य हिंदी भाषा हंसवाहिनी का अवतार है। **—अज्ञात**

• हिंदुस्तान की भाषा हिंदी है और उसका दृश्यरूप या उसकी लिपि सर्वगुणकारी नागरी ही है। **—गोपाललाल खत्री**

• कविता मानवता की उच्चतम अनुभूति की अभिव्यक्ति है।

—हजारी प्रसाद द्विवेदी

• हिंदी ही के द्वारा अखिल भारत का राष्ट्रनैतिक ऐक्य सुदृढ़ हो सकता है।

—भूदेव मुखर्जी

• हिंदी का शिक्षण भारत में अनिवार्य ही होगा।

—सुनीति कुमार चटर्जी

• हिंदी, नागरी और राष्ट्रीयता अन्योन्याश्रित हैं। **—नंददुलारे वाजपेयी**

- देशभाषा की उन्नति से ही देशोन्नति होती है। **—सुधाकर द्विवेदी**
- हिंदी साहित्य धर्म-अर्थ-काम-मोक्ष इस चतु:पुरुषार्थ का साधक, अतएव जनोपयोगी। **—डॉ. भगवानदास**
- हिंदी उन सभी गुणों से अलंकृत है, जिनके बल पर वह विश्व की साहित्यिक भाषाओं की अगली श्रेणी में सभासीन हो सकती है।

  —मैथिलीशरण गुप्त
- वाणी, सभ्यता और देश की रक्षा करना सच्चा धर्म यज्ञ है।

  —ठाकुरदत्त शर्मा
- निष्काम कर्म ही सर्वोत्तम कार्य है, जो तृप्ति प्रदाता है और व्यक्ति और समाज की शक्ति बढ़ाता है। **—पंडित सुधाकर पांडेय**
- अब हिंदी ही माँ भारती हो गई है—वह सबकी आराध्या है, सबकी संपत्ति है। **—रविशंकर शुक्ल**
- बच्चों को विदेशी लिपि की शिक्षा देना उनको राष्ट्र के सच्चे प्रेम से वंचित करना है। **—भवानीदयाल संन्यासी**
- भाषा और राष्ट्र में बड़ा घनिष्ठ संबंध है।

  —(राजा) राधिकारमण प्रसाद सिंह
- अगर उर्दूवालों की नीति हिंदी के बहिष्कार की न होती तो आज लिपि के सिवा दोनों में कोई भेद न पाया जाता।

  —डॉ. राजेंद्र प्रसाद
- हिंदी भाषा की उन्नति का अर्थ है राष्ट्र और जाति की उन्नति।

  —रामवृक्ष बेनीपुरी
- बाजारवाली बोली विश्वविद्यालयों में काम नहीं दे सकती। **—संपूर्णानंद**
- भारतेंदु का साहित्य मातृमंदिर की अर्चना का साहित्य है।

  —बदरीनाथ शर्मा

- तलवार के बल से न कोई भाषा चलाई जा सकती है, न मिटाई।

—शिवपूजन सहाय

- अखिल भारत के परस्पर व्यवहार के लिए ऐसी भाषा की आवश्यकता है, जिसे जनता का अधिकतम भाग पहले से ही जानता-समझता है।

—महात्मा गांधी

- हिंदी को राजभाषा करने के बाद पूरे पंद्रह वर्ष तक अंग्रेजी का प्रयोग करना पीछे कदम हटाना है। **—राजर्षि पुरुषोत्तमदास टंडन**

- भाषा राष्ट्रीय शरीर की आत्मा है। **—स्वामी भवानीदयाल संन्यासी**

- हिंदी के राष्ट्रभाषा होने से जहाँ हमें हर्षोल्लास है, वहीं हमारा उत्तरदायित्व भी बहुत बढ़ गया है। **—मथुरा प्रसाद दीक्षित**

- भारतवर्ष में सभी विद्याएँ सम्मिलित परिवार के समान पारस्परिक सद्भाव लेकर रहती आई हैं। **—रवींद्रनाथ ठाकुर**

- इतिहास को देखते हुए किसी को यह कहने का अधिकारी नहीं कि हिंदी का साहित्य जायसी के पहले का नहीं मिलता।

—डॉ. काशीप्रसाद जायसवाल

- संप्रति जितनी भाषाएँ भारत में प्रचलित हैं, उनमें से हिंदी भाषा प्राय: सर्वत्र व्यवहृत होती है। **—केशवचंद्र सेन**

- हिंदी ने राष्ट्रभाषा के पद पर सिंहासनारूढ़ होने पर अपने ऊपर एक गौरवमय एवं गुरुतर उत्तरदायित्व लिया है। **—गोविंदवल्लभ पंत**

- हिंदी जिस दिन राजभाषा स्वीकृत की गई, उसी दिन से सारा राजकाज हिंदी में चल सकता था। **—सेठ गोविंददास**

- हिंदीभाषी प्रदेश की जनता से वोट लेना और उनकी भाषा तथा साहित्य को गालियाँ देना कुछ नेताओं का दैनिक व्यवसाय है।

—डॉ. रामविलास शर्मा

- जब एक बार यह निश्चय कर लिया गया कि सन् 1965 से सब काम हिंदी

में होगा, तब उसे अवश्य कार्यान्वित करना चाहिए। **—सेठ गोविंददास**

- जिसका मन चाहे, वह हिंदी भाषा से हमारा दूर का संबंध बताए, मगर हम बिहारी तो हिंदी को ही अपनी भाषा, मातृभाषा मानते आए हैं।

  —शिवनंदन सहाय

- उर्दू का ढाँचा हिंदी है, लेकिन सत्तर-पचहत्तर फीसदी उधार के शब्दों से उर्दू दाँ तक तंग आ गए हैं। **—राहुल सांकृत्यायन**

- मानस भवन में आर्यजन जिसकी उतारें आरती। भगवान् भारतवर्ष में गूँजे हमारी भारती। **—मैथिलीशरण गुप्त**

- गद्य जीवनसंग्राम की भाषा है। इसमें बहुत कार्य करना है, समय थोड़ा है।

  —सूर्यकांत त्रिपाठी 'निराला'

- अंग्रेजी हमें गूँगा और कूपमंडूक बना रही है। **—ब्रजभूषण पांडेय**

- लाखों की संख्या में छात्रों की उस पलटन से क्या लाभ, जिनमें अंग्रेजी में एक प्रार्थना-पत्र लिखने की भी क्षमता नहीं है। **—कंक**

- मैं राष्ट्र का प्रेम, राष्ट्र के भिन्न-भिन्न लोगों का प्रेम और राष्ट्रभाषा का प्रेम, इसमें कुछ भी फर्क नहीं देखता। **—र.रा. दिवाकर**

- देवनागरी लिपि की वैज्ञानिकता स्वयंसिद्ध है।

  —महावीर प्रसाद द्विवेदी

- हिमालय से सतपुड़ा और अंबाला से पूर्णिया तक फैला हुआ प्रदेश हिंदी का प्रांत है। **—राहुल सांकृत्यायन**

- किसी राष्ट्र की राजभाषा वही भाषा हो सकती है, जिसे उसके अधिकाधिक निवासी समझ सकें।

  —आचार्य चतुरसेन शास्त्री

- साहित्य के इतिहास में काल विभाजन के लिए तत्कालीन प्रवृत्तियों को ही मानना न्यायसंगत है। **—अंबाप्रसाद सुमन**

• हिंदी भाषा हमारे लिए किसने बनाई—प्रकृति ने, हमारे लिए हिंदी प्रतिसिद्ध है। **—पं. गिरिधर शर्मा**

• हिंदी भाषा उस समुद्र जलराशि की तरह है, जिसमें अनेक नदियाँ मिली हों। **—वासुदेवशरण अग्रवाल**

• भाषा देश की एकता का प्रधान साधन है। **—आचार्य चतुरसेन शास्त्री**

• क्रांतदर्शी होने के कारण ऋषि दयानंद ने देशोन्नति के लिए हिंदी भाषा को अपनाया था। **—विष्णुदेव पोद्दार**

• सच्चा राष्ट्रीय साहित्य राष्ट्रभाषा से उत्पन्न होता है। **—वाल्टर चेनिंग**

• हिंदी के पौधे को हिंदू-मुसलमान दोनों ने सींचकर बड़ा किया है। **—जहूरबख्श**

• अंग्रेजी का पद चिरस्थायी करना देश के लिए लज्जा की बात है। **—संपूर्णानंद**

• हिंदी राष्ट्रभाषा है, इसलिए प्रत्येक व्यक्ति को, प्रत्येक भारतवासी को इसे सीखना चाहिए। **—रविशंकर शुक्ल**

• हिंदी प्रांतीय भाषा नहीं, बल्कि वह अंत:प्रांतीय राष्ट्रीय भाषा है। **—छविनाथ पांडेय**

• विश्व की कोई भी लिपि अपने वर्तमान रूप में नागरी लिपि के समान नहीं। **—चंद्रबली पांडेय**

• भाषा की एकता जाति की एकता को कायम रखती है। **—राहुल सांकृत्यायन**

• जिस राष्ट्र की जो भाषा है, उसे हटाकर दूसरे देश की भाषा को सारी जनता पर नहीं थोपा जा सकता। **—वासुदेवशरण अग्रवाल**

• पराधीनता की विजय से स्वाधीनता की पराजय सहस्र गुना अच्छी है। **—अज्ञात**

• समाज के अभाव में आदमी की आदमीयत की कल्पना नहीं की जा सकती। **—पं. सुधाकर पांडेय**

• तुलसी, कबीर, नानक ने जो लिखा है, उसे मैं पढ़ता हूँ तो कोई मुश्किल नहीं आती। **—मौलाना मुहम्मद अली**

• भाषा का निर्माण सेक्रेटेरियट में नहीं होता, भाषा गढ़ी जाती है जनता की जिह्वा पर। **—रामवृक्ष बेनीपुरी**

• हिंदी भाषा ही एक ऐसी भाषा है, जो सभी प्रांतों की भाषा हो सकती है।

—रंगनाथ पिल्लयार

• जब हम हिंदी की चर्चा करते हैं तो वह हिंदी संस्कृति का एक प्रतीक होती है। **—शांतानंद नाथ**

• भारतीय धर्म की है घोषणा घमंड भरी, हिंदी नहीं जाने, उसे हिंदू नहीं जानिए।

—नाथूराम शंकर शर्मा

• राजनीति के चिंतापूर्ण आवेग में साहित्य की प्रेरणा शिथिल नहीं होनी चाहिए। **—राजकुमार वर्मा**

• हिंदी में जो गुण है, उनमें से एक यह है कि हिंदी मर्दानी जबान है।

—सुनीति कुमार चटर्जी

• स्पर्धा ही जीवन है, उसमें पीछे रहना जीवन की प्रगति खोना है। **—निराला**

• कविता हमारे परिपूर्ण क्षणों की वाणी है। **—सुमित्रानंदन पंत**

• बिना मातृभाषा की उन्नति के देश का गौरव कदापि वृद्धि को प्राप्त नहीं हो सकता। **—गोविंद शास्त्री दुगवेकर**

• उर्दू लिपि की अनुपयोगिता, भ्रामकता और कठोरता प्रमाणित हो चुकी है।

—रामरणविजय सिंह

• राष्ट्रभाषा राष्ट्रीयता का मुख्य अंश है। **—श्रीमती सौ.चि. रमणम्मा देव**

- बानी हिंदी भाषन की महरानी। चंद्र, सूर, तुलसी से जामैं भए सुकवि लासानी। **—पं. जगन्नाथ चतुर्वेदी**

- जय-जय राष्ट्रभाषा जननि। जयति जय-जय गुण उजागर राष्ट्रमंगलकरनि। **—देवी प्रसाद गुप्त**

- हिंदी हमारी हिंदू संस्कृति की वाणी ही तो है। **—शांतानंद नाथ**

- आज का लेखक विचारों और भावों के इतिहास की वह कड़ी है, जिसके पीछे शताब्दियों की कड़ियाँ जुड़ी हैं। **—माखनलाल चतुर्वेदी**

- विज्ञान के बहुत से अंगों का मूल हमारे पुरातन साहित्य में निहित है। **—सूर्यनारायण व्यास**

- कोई कौम अपनी जबान के बगैर अच्छी तालीम नहीं हासिल कर सकती। **—सैयद अमीर अली मीर**

- हिंदी और उर्दू में झगड़ने की बात ही नहीं है। **—ब्रजनंदन सहाय**

- कविता हृदय की मुक्त दशा का शाब्दिक विधान है। **—रामचंद्र शुक्ल**

- हमारी राष्ट्रभाषा का मुख्य उद्देश्य राष्ट्रीयता का दृढ़ निर्माण है। **—चंद्रबली पांडेय**

- जिस शिक्षा से स्वाभिमान की वृत्ति जाग्रत् नहीं होती, वह शिक्षा किसी काम की नहीं। **—माधवराव सप्रे**

- कालोपयोगी कार्य न कर सकने पर महापुरुष बन सकना संभव नहीं है। **—सू.च. धर**

- मैं दुनिया की सब भाषाओं की इज्जत करता हूँ, परंतु मेरे देश में हिंदी की इज्जत न हो, यह मैं नहीं सह सकता। **—विनोबा भावे**

- आज का आविष्कार कल का साहित्य है। **—माखनलाल चतुर्वेदी**

- भाषा के सवाल में मजहब को दखल देने का कोई हक नहीं।

—राहुल सांकृत्यायन

- जब तक संघ शक्ति उत्पन्न न होगी, तब तक प्रार्थना में कुछ जान नहीं हो सकती। **—माधव राव सप्रे**

- हिंदी विश्व की महान् भाषा है। **—राहुल सांकृत्यायन**

- राष्ट्रीय एकता के लिए एक भाषा से कहीं बढ़कर आवश्यक एक लिपि का प्रचार होना है।

—ब्रजनंदन सहाय

- जो ज्ञान तुमने संपादित किया है, उसे वितरित करते रहो और सबको ज्ञानवान बनाकर छोड़ो। **—संत रामदास**

- पाँच मत उधर और पाँच मत इधर रहने से श्रेष्ठता नहीं आती।

—माखनलाल चतुर्वेदी

- मैं मानती हूँ कि हिंदी प्रचार से राष्ट्र का ऐक्य जितना बढ़ सकता है, वैसा बहुत कम चीजों से बढ़ सकेगा। **—लीलावती मुंशी**

- हिंदी-उर्दू के नाम को दूर कीजिए एक भाषा बनाइए। सबको इसके लिए तैयार कीजिए। **—देवी प्रसाद गुप्त**

- साहित्यकार विश्वकर्मा की अपेक्षा कहीं अधिक सामर्थ्यशाली है।

—पं. वागीश्वरजी

- हिंदी भाषा और हिंदी साहित्य को सर्वांगसुंदर बनाना हमारा कर्तव्य है।

—डॉ. राजेंद्र प्रसाद

- हिंदी साहित्य की नकल पर कोई साहित्य तैयार नहीं होता।

—सूर्यकांत त्रिपाठी 'निराला'

- भाषा के उत्थान में एक भाषा का होना आवश्यक है। इसलिए हिंदी सबकी साझा भाषा है। **—रंगनाथ पिल्लयार**

• हिंदी हमारे देश और भाषा की प्रभावशाली विरासत है।

—माखनलाल चतुर्वेदी

• यदि आप मुझे कुछ देना चाहती हों तो इस पाठशाला की शिक्षा का माध्यम हमारी मातृभाषा कर दें। **—एक फ्रांसीसी बालिका**

• निर्मल चरित्र ही मनुष्य का श्रृंगार है। **—पंडित सुधाकर पांडेय**

• हिंदुस्तान को छोड़कर दूसरे मध्य देशों में ऐसा कोई अन्य देश नहीं है, जहाँ कोई राष्ट्रभाषा नहीं हो। **—सैयद अमीर अली मीर**

• इतिहास में जो सत्य है, वही अच्छा है और जो असत्य है, वही बुरा है।

—जयचंद्र विद्यालंकार

• सरलता, बोधगम्यता और शैली की दृष्टि से विश्व की भाषाओं में हिंदी महान्तम स्थान रखती है।

—अमरनाथ झा

• हिंदी सरल भाषा है। इसे अनायास सीखकर लोग अपना काम निकाल लेते हैं। **—जगन्नाथ प्रसाद चतुर्वेदी**

• एक भाषा का प्रचार रहने पर केवल इसी के सहारे, यदि लिपिगत भिन्नता न हो तो अन्यान्य राष्ट्र गठन के उपकरण आ जाने संभव हो सकते हैं।

—अयोध्याप्रसाद वर्मा

• किसी भाषा की उन्नति का पता उसमें प्रकाशित हुई पुस्तकों की संख्या तथा उनके विषय के महत्त्व से जाना जा सकता है। **—गंगाप्रसाद अग्निहोत्री**

• जीवन के छोटे-से-छोटे क्षेत्र में हिंदी अपना दायित्व निभाने में समर्थ है।

—पुरुषोत्तमदास टंडन

• बिहार में ऐसा एक भी गाँव नहीं है, जहाँ केवल रामायण पढ़ने के लिए दस-बीस मनुष्यों ने हिंदी न सीखी हो।

—सकलनारायण पांडेय

• संस्कृत की इशाअत (प्रचार) का एक बड़ा फायदा यह होगा कि हमारी मुल्की जबान (देशभाषा) वसीअत (व्यापक) हो जाएगी।

—मौलवी महमूद अली

• संसार में देश के नाम से भाषा को नाम दिया जाता है और वही भाषा वहाँ की राष्ट्रभाषा कहलाती है। **—ताराचंद्र दुबे**

• सर्वसाधारण पर जितना पद्य का प्रभाव पड़ता है, उतना गद्य का नहीं।

—राजा कृत्यानंद सिंह

• जो गुण साहित्य की जीवनी-शक्ति के प्रधान सहायक होते हैं, उनमें लेखकों की विचारशीलता प्रधान है। **—नरोत्तम व्यास**

• भाषा और भाव का परिवर्तन समाज की अवस्था और आचार-विचार से अधिक संबंध रखता है। **—बदरीनाथ भट्ट**

• साहित्य पढ़ने से मुख्य दो बातें तो अवश्य प्राप्त होती हैं, अर्थात् मन की शक्तियों को विकास और ज्ञान पाने की लालसा। **—बिहारीलाल चौबे**

• देवनागरी और बँगला लिपियों को साथ मिलाकर देखना है।

—मन्नन द्विवेदी

• है भव्य भारत ही हमारी मातृभूमि हरी-भरी।
हिंदी हमारी राष्ट्रभाषा और लिपि है नागरी॥ **—मैथिलीशरण गुप्त**

• संस्कृत की विरासत हिंदी को तो जन्म से ही मिली है।

—राहुल सांकृत्यायन

• कैसे निज सोए भाग को कोई सकता है जगा,
जो निज भाषा-अनुराग का अंकुर नहिं उर में उगा॥ **—हरिऔध**

• हिंदी में हम लिखें-पढ़ें, हिंदी ही बोलें।

—पं. जगन्नाथप्रसाद चतुर्वेदी

• जिस वस्तु की उपज अधिक होती है, उसमें से बहुत सा भाग फेंक भी दिया

जाता है। ग्रंथों के लिए भी ऐसा ही हिसाब है। **—गिरजाकुमार घोष**

- यह जो है कुरबान खुदा का, हिंदी करे बयान सदा का। **—अज्ञात**
- क्या संसार में कहीं का भी आप एक दृष्टांत उद्धृत कर सकते हैं, जहाँ बालकों की शिक्षा विदेशी भाषाओं द्वारा होती हो। **—डॉ. श्यामसुंदर दास**
- बँगला वर्णमाला की जाँच से मालूम होता है कि देवनागरी लिपि से निकली है और इसी का सीधा-सादा रूप है। **—रमेशचंद्र दत्त**
- वास्तव में वेश, भाषा आदि के बदलने का परिणाम यह होता है कि आत्मगौरव नष्ट हो जाता है, जिससे देश का जातित्व गुण मिट जाता है।

  —सैयद अमीर अली मीर
- दूसरों की बोली की नकल करना भाषा के बदलने का एक कारण है।

  —गिरींद्रमोहन मित्र
- समालोचना ही साहित्य मार्ग की सुंदर सड़क है।

  —गिरधर शर्मा चतुर्वेदी
- नागरी वर्णमाला के समान सर्वांगपूर्ण और वैज्ञानिक कोई दूसरी वर्णमाला नहीं है। **—बाबू राव विष्णु पराड़कर**
- अन्य देश की भाषा ने हमारे देश के आचार-व्यवहार पर कैसा बुरा प्रभाव डाला है। **—अनादिधन बंद्योपाध्याय**
- व्याकरण चाहे जितना विशाल बने, परंतु भाषा का पूरा-पूरा समाधान उसमें नहीं हो सकता। **—अनंतराम त्रिपाठी**
- स्वदेशप्रेम, स्वधर्मभक्ति और स्वावलंबन आदि ऐसे गुण हैं, जो प्रत्येक मनुष्य में होने चाहिए।

  —रामजी लाल शर्मा
- गुणवान खानखाना सदृश्य प्रेमी हो गए, रसखान और रसलीन से हिंदीप्रेमी हो गए। **—राय देवीप्रसाद**

• वैज्ञानिक विचारों के पारिभाषिक शब्दों के लिए, किसी विषय के उच्च भावों के लिए, संस्कृत साहित्य की सहायता लेना कोई शर्म की बात नहीं है।

—गणपति जानकीराम दुबे

• हिंदुस्तान के लिए देवनागरी लिपि का ही व्यवहार होना चाहिए, रोमन लिपि का व्यवहार यहाँ हो ही नहीं सकता। **—महात्मा गांधी**

• हिंदी किसी के मिटाने से मिट नहीं सकती। **—चंद्रबली पांडेय**

• भाषा की उन्नति का पता मुद्रणालयों से भी लग सकता है।

—गंगाप्रसाद अग्निहोत्री

• हमारी भारत-भारती की शैशवावस्था का रूप ब्राह्मी या देववाणी है, उसकी किशोरावस्था वैदिक भाषा और संस्कृति उसकी यौवनावस्था की सुंदर मनोहर छटा है। **—बदरीनारायण चौधरी प्रेमघन**

• निज भाषा उन्नति अहै, सब उन्नति को मूल। **—भारतेंदु हरिश्चंद्र**

• आर्यों की सबसे प्राचीन भाषा हिंदी ही है और इसमें तद्‍भव शब्द सभी भाषाओं से अधिक हैं। **—वीम्स साहब**

• राष्ट्रभाषा के बिना राष्ट्र गूँगा है। **—महात्मा गांधी**

• भारतवर्ष के लिए देवनागरी साधारण लिपि हो सकती है और हिंदी भाषा ही सर्वसाधारण की भाषा होने के उपयुक्त है। **—शारदाचरण मित्र**

• भारत के एक सिरे से दूसरे सिरे तक हिंदी भाषा कुछ-न-कुछ सर्वत्र समझी जाती है। **—रंगनाथ पिल्लयार**

• जापानियों ने जिस ढंग से विदेशी भाषाएँ सीखकर अपनी मातृभाषा को उन्नति के शिखर पर पहुँचाया है, उसी प्रकार हमें भी मातृभाषा का भक्त होना चाहिए। **—श्यामसुंदर दास**

• विचारों का परिपक्व होना भी उसी समय संभव होता है, जब शिक्षा का माध्यम प्रकृतिसिद्ध मातृभाषा हो। **—पं. गिरधर शर्मा**

- यह महात्मा गांधी का प्रताप है, जिनकी मातृभाषा गुजराती है, पर हिंदी को राष्ट्रभाषा जानकर जो उसे अपने प्रेम से सींच रहे हैं।

—लक्ष्मण नारायण गर्दे

- हिंदी भाषा के लिए मेरा प्रेम सब हिंदी प्रेमी जानते हैं। **—महात्मा गांधी**
- किसी देश में ग्रंथ बनने तक वैदेशिक भाषा में शिक्षा नहीं होती थी। देश भाषाओं में शिक्षा होने के कारण स्वयं ग्रंथ बनते गए हैं।

—साहित्याचार्य रामावतार शर्मा

- जो भाषा सामयिक दूसरी भाषाओं से सहायता नहीं लेती, वह बहुत काल तक जीवित नहीं रह सकती। **—पांडेय रामवतार शर्मा**
- जितना और जैसा ज्ञान विद्यार्थियों को उनकी मातृभाषा में शिक्षा देने से अल्पकाल में हो सकता है, उतना और वैसा पराई भाषा में सुदीर्घ काल में भी होना संभव नहीं है। **—घनश्याम सिंह**
- विदेशी भाषा में शिक्षा होने के कारण हमारी बुद्धि भी विदेशी हो गई है।

—माधवराव सप्रे

- मैं महाराष्ट्री हूँ, परंतु हिंदी के विषय में मुझे उतना ही अभिमान है, जितना किसी हिंदीभाषी को हो सकता है। **—माधवराव सप्रे**
- मनुष्य सदा अपनी मातृभाषा में ही विचार करता है। इसलिए अपनी भाषा सीखने में जो सुगमता होती है, दूसरी भाषा में हमको वह सुगमता नहीं हो सकती। **—डॉ. मुकुंदस्वरूप वर्मा**
- हिंदी भाषा का प्रश्न स्वराज्य का प्रश्न है। **—महात्मा गांधी**
- राष्ट्रीयता का भाषा और साहित्य के साथ बहुत ही घनिष्ठ और गहरा संबंध है। **—डॉ. राजेंद्र प्रसाद**
- यदि हम अंग्रेजी दूसरी भाषा के समान पढ़ें तो हमारे ज्ञान की अधिक वृद्धि हो सकती है। **—जगन्नाथप्रसाद चतुर्वेदी**

• हिंदी पर न मारो ताना, सभा बतावे हिंदी माना। **—नूर मुहम्मद**

• आप जिस तरह बोलते हैं, बातचीत करते हैं, उसी तरह लिखा भी कीजिए। भाषा बनावटी न होनी चाहिए। **—महावीर प्रसाद द्विवेदी**

• हिंदी भाषा की उन्नति के बिना हमारी उन्नति असंभव है। **—गिरधर शर्मा**

• भाषा ही राष्ट्र का जीवन है। **—पुरुषोत्तमदास टंडन**

• देह प्राण का ज्यों घनिष्ठ संबंध अधिकतर है, उससे भी अधिक देशभाषा का गुरुतर। **—माधव शुक्ल**

• जब हम अपना जीवन जननी हिंदी, मातृभाषा हिंदी के लिए समर्पण कर दें, तब हम हिंदी के प्रेमी कहे जा सकते हैं। **—गोविंददास**

• नागरी प्रचार देश उन्नति का द्वार है। **—गोपाललाल खत्री**

• देश तथा जाति का उपकार उसके बालक तभी कर सकते हैं, जब उन्हें उनकी भाषा द्वारा शिक्षा मिली हो।

—पं. गिरधर शर्मा

• राष्ट्रभाषा की साधना कोरी भावुकता नहीं है। **—जगन्नाथप्रसाद मिश्र**

• सिख–गुरुओं ने आपातकाल में हिंदी की रक्षा के लिए ही गुरुमुखी रची थी।

—संतराम शर्मा

• हिंदी जैसी सरल भाषा दूसरी नहीं है। **—मौलाना हसरत मोहानी**

• ऐसे आदमी आज भी हमारे देश में मौजूद हैं, जो समझते हैं कि शिक्षा को मातृभाषा के आसन पर बिठा देने से उसकी कीमत ही घट जाएगी।

—रवींद्रनाथ ठाकुर

• हमारे साहित्य को कामधेनु बनाना है। **—चंद्रबली पांडेय**

• भारत के विभिन्न प्रदेशों के बीच हिंदी प्रचार द्वारा एकता स्थापित करनेवाले सच्चे भारत बंधु हैं। **—अरविंद**

- मेरा आग्रहपूर्वक कथन है कि अपनी सारी मानसिक शक्ति हिंदी के अध्ययन में लगाएँ। **—विनोबा भावे**
- साहित्यिक इस बात को कभी न भूलें कि एक खयाल ही क्रिया का स्वामी है, उसे बढ़ाने, घटाने या ठुकरा देनेवाला।
- एशिया के कितने ही राष्ट्र आज यूरोपीय राष्ट्रों के चंगुल से छूट गए हैं, पर उनकी आर्थिक दासता आज भी टिकी हुई है। **—वी.सी. जोशी**
- हिंदी द्वारा सारे भारत को एक सूत्र में पिरोया जा सकता है। **—स्वामी दयानंद**
- जैसे-जैसे हमारे देश में राष्ट्रीयता का भाव बढ़ता जाएगा, वैसे-ही-वैसे हिंदी की राष्ट्रीय सत्ता भी बढ़ेगी। **—श्रीमती लोकसुंदरी रामन**
- राष्ट्रीय व्यवहार में हिंदी को काम में लाना देश की शीघ्र उन्नति के लिए आवश्यक है। **—महात्मा गांधी**
- शिक्षा का प्रचार और विद्या की उन्नति इसलिए अपेक्षित है कि जिससे हमारे स्वत्व का रक्षण हो। **—माधवराव सप्रे**
- जीवित भाषा बहती नदी है, जिसकी धारा नित्य एक ही मार्ग से प्रवाहित नहीं होती। **—बाबूराव विष्णु पराड़कर**
- हिंदी उन सभी गुणों से अलंकृत है, जिनके बल पर वह विश्व की साहित्यिक भाषाओं की अगली श्रेणी में सभासीन हो सकती है। **—मैथिलीशरण गुप्त**
- हिंदी भाषा और साहित्य ने तो जन्म से ही अपने पैरों पर खड़ा होना सीखा है। **—धीरेंद्र वर्मा**
- बिना मातृभाषा की उन्नति के देश का गौरव कदापि वृद्धि को प्राप्त नहीं हो सकता। **—गोविंद शास्त्री दुगवेकर**
- अंग्रेजी को भारतीय भाषा बनाने का यह अभिप्राय है कि हम अपने भारतीय अस्तित्व को बिल्कुल मिटा दें। **—रंगनाथ पिल्लयार**

- अंग्रेजी का मुखापेक्षी रहना भारतीयों को किसी प्रकार से शोभा नहीं देता है।

—भास्कर गोविंद धाणेकर

- यह हमारा दुर्भाग्य है कि हमारी शिक्षा विदेशी भाषा में होती है और मातृभाषा में नहीं होती। **—माधवराव सप्रे**

- भाषा ही राष्ट्र का जीवन है। **—पुरुषोत्तमदास टंडन**

- हिंदी स्वयं अपनी ताकत से बढ़ेगी। **—पं. नेहरू**

- भाषा विचार की पोशाक है। **—डॉ. जॉनसन**

- हमारी देवनागरी इस देश की ही नहीं, समस्त संसार की लिपियों में सबसे अधिक वैज्ञानिक है। **—सेठ गोविंददास**

- अंग्रेजी के माया-मोह से हमारा आत्मविश्वास ही नष्ट नहीं हुआ है, बल्कि हमारा राष्ट्रीय स्वाभिमान भी पददलित हुआ है।

—लक्ष्मीनारायण सिंह सुधांशु

- आइए हम-आप एकमत हो कोई ऐसा उपाय करें, जिससे राष्ट्रभाषा का प्रचार घर-घर हो जाए और राष्ट्र का कोई भी कोना अछूता न रहे।

—चंद्रबली पांडेय

- जैसे जन्मभूमि जगदंबा का स्वरूप है, वैसे ही मातृभाषा भी जगदंबा का स्वरूप है। **—गोविंद शास्त्री दुगवेकर**

- हिंदी और उर्दू की जड़ एक है, रूपरेखा एक है और दोनों को अगर हम चाहें तो एक बना सकते हैं। **—डॉ. राजेंद्र प्रसाद**

- हिंदी आज साहित्य के विचार से रूढ़ियों से बहुत आगे है। विश्वसाहित्य में ही जानेवाली रचनाएँ उसमें हैं। **—सूर्यकांत त्रिपाठी निराला**

- भारत की रक्षा तभी हो सकती है, जब इसके साहित्य, इसकी सभ्यता तथा इसके आदर्शों की रक्षा हो। **—रंगनाथ पिल्लयार**

- हिंदी संस्कृत की बेटियों में सबसे अच्छी और शिरोमणि है। **—ग्रियर्सन**
- मैं नहीं समझता, सात समुंदर पार की अंग्रेजी का इतना अधिकार यहाँ कैसे हो गया। **—महात्मा गांधी**
- मेरे लिए हिंदी का प्रश्न स्वराज्य का प्रश्न है।

  —राजर्षि पुरुषोत्तमदास टंडन
- संस्कृत को छोड़कर आज भी किसी भी भारतीय भाषा का वाङ्मय विस्तार या मौलिकता में हिंदी के आगे नहीं जाता। **—डॉ. संपूर्णानंद**
- उर्दू और हिंदी दोनों को मिला दो। अलग-अलग नाम नहीं होना चाहिए।

  —मौलाना मुहम्मद अली
- राष्ट्रभाषा के विषय में यह बात ध्यान में रखनी होगी कि यह राष्ट्र के सब प्रांतों की समान और स्वाभाविक राष्ट्रभाषा है। **—लक्ष्मण नारायण गर्दे**
- विदेशी भाषा के शब्द, उसके भाव तथा दृष्टांत हमारे हृदय पर वह प्रभाव नहीं डाल सकते, जो मातृभाषा के चिर-परिचित तथा हृदयग्राही वाक्य।

  —मन्नन द्विवेदी
- जातीय भाव हमारी अपनी भाषा की ओर झुकता है। **—शारदाचरण मित्र**
- हिंदी अपनी भूमि की अधिष्ठात्री है। **—राहुल सांकृत्यायन**
- सारा शरीर अपना, रोम-रोम अपने, रंग और रक्त अपना, अंग-प्रत्यंग अपने, किंतु जुबान दूसरे की, यह कहाँ की सभ्यता और कहाँ की मनुष्यता है। **—रणवीर सिंहजी**
- वाणी, सभ्यता और देश की रक्षा करना सच्चा यज्ञ है। **—ठाकुरदत्त शर्मा**
- हिंदी व्यापकता में अद्वितीय है। **—अंबिका प्रसाद वाजपेयी**
- हमारी राष्ट्रभाषा की पावन गंगा में देशी और विदेशी सभी प्रकार के शब्द मिल-जुलकर एक हो जाएँगे। **—डॉ. राजेंद्र प्रसाद**

- नागरी की वर्णमाला है विशुद्ध महान।
  सरल सुंदर सीखने में सुगम अति सुखदान॥ **—मिश्रबंधु**

- मनुष्य सदा अपनी भातृभाषा में ही विचार करता है। **—मुकुंदस्वरूप वर्मा**

- बिना भाषा की जाति नहीं शोभा पाती है और देश की मार्यादा भी घट जाती है। **—माधव शुक्ल**

- हिंदी और उर्दू एक ही भाषा के दो रूप हैं और दोनों रूपों में बहुत साहित्य है। **—अंबिका प्रसाद वाजपेयी**

- हम हिंदीवालों के हृदय में किसी संप्रदाय या किसी भाषा से रंचमात्र भी ईर्ष्या, द्वेष या घृणा नहीं है। **—शिवपूजन सहाय**

- भारत के विभिन्न प्रदेशों के बीच हिंदी प्रचार द्वारा एकता स्थापित करनेवाले सच्चे भारत बंधु हैं। **—अरविंद**

- राष्ट्रीय एकता के लिए हमें प्रांतीयता की भावना त्यागकर सभी प्रांतीय भाषाओं के लिए एक लिपि देवनागरी अपना लेनी चाहिए।

  —शारदाचरण मित्र

- समूचे राष्ट्र को एकताबद्ध और दृढ़ करने के लिए हिंद भाषी जाति की एकता आवश्यक है। **—रामविलास शर्मा**

- हिंदी को राष्ट्रभाषा बनने के हेतु हुए अनुष्ठान को मैं संस्कृति का राजसूय यज्ञ समझता हूँ। **—आचार्य क्षितिमोहन सेन**

- हिंदी का भविष्य उज्ज्वल है, इसमें कोई संदेह नहीं।

  —अनंत गोपाल शेवड़े

- अरबी लिपि भारतीय लिपि होने योग्य नहीं। **—सैयद अली बिलग्रामी**

- हिंदी को ही राजभाषा का आसन देना चाहिए। **—शचींद्रनाथ बख्शी**

- अंतरप्रांतीय व्यवहार में हमें हिंदी का प्रयोग तुरंत शुरू कर देना चाहिए। **—र.रा. दिवाकर**

- हिंदी का शासकीय प्रशासकीय क्षेत्रों से प्रचार न किया गया तो भविष्य अंधकारमय हो सकता है। **—विनयमोहन शर्मा**
- अंग्रेजी इस देश के लिए अभिशाप है, यह हर साल हमारे सामने प्रकट होता है, फिर भी उसे हम पूतना न मानकर चामुंडमर्दिनी दुर्गा मान रहे हैं।

—अवनींद्र कुमार विद्यालंकार

- हिंदी को राष्ट्रभाषा बनाने में प्रांतीय भाषाओं को हानि नहीं वरन् लाभ होगा।

—अनंतशयनम् आयंगार

- संस्कृत के अपरिमित कोश से हिंदी शब्दों की सब कठिनाइयाँ सरलता से हल कर लेगी। **—राजर्षि पुरुषोत्तम दास टंडन**
- हिंदी हमारे राष्ट्र की अभिव्यक्ति का सरलतम स्रोत है। **—सुमित्रानंदन पंत**
- कलकत्ता से लेकर लाहौर तक, कुमाऊँ के पहाड़ों से लेकर नर्मदा नदी तक, भारत (तब अविभाजित) के जिस हिस्से में भी मुझे काम करना पड़ा, मैंने उसी भाषा का आम व्यवहार देखा। मैं कन्याकुमारी से लेकर कश्मीर तक या जावा से सिंधु तक इस विश्वास के साथ यात्रा की हिम्मत कर सकता हूँ कि मुझे हर जगह ऐसे लोग मिल जाएँगे, जो हिंदुस्तानी बोल सकते होंगे।

—सी.टी. मैटकाफ

- राष्ट्रीय व्यवहार में हिंदी को काम में लाना देश की उन्नति के लिए आवश्यक है। **—महात्मा गांधी**
- हिंदी उन सभी गुणों से अलंकृत हैं, जिनके बल पर वह विश्व की साहित्यिक भाषाओं की अगली श्रेणी में आसीन हो सकती है।

—मैथिलीशरण गुप्त

- प्रांतीय ईर्ष्या-द्वेष को दूर करने में जितनी सहायता हिंदी के प्रचार-प्रसार से मिलेगी, उतनी दूसरी किसी चीज से नहीं मिल सकती। अपनी प्रांतीय भाषाओं की भरपूर उन्नति कीजिए, उसमें कोई बाधा नहीं डालना चाहता और न हम किसी की बाधा को सहन ही कर सकते हैं, पर सारे प्रांतों की सार्वजनिक

भाषा का पद हिंदी या हिंदुस्तानी को ही मिला है।

—सुभाषचंद्र बोस

हिंदुत्व

- मैं हिंदुत्व के प्रति वही भावना रखता हूँ, जो अपनी पत्नी के प्रति। उसके दोष जानकर भी मैं उससे अलग नहीं हो सकता।

—महात्मा गांधी

- हिंदुत्व एक विशाल वृक्ष के समान है, जिसने अपनी अगणित शाखाएँ फैला रखी हैं। **—महात्मा गांधी**
- मैं पूरा सुधारक हूँ, पर मैं हिंदुत्व की महत्त्वपूर्ण बातों को मानने से इनकार नहीं कर सकता। **—महात्मा गांधी**
- मैं हिंदू शब्द को, चाहे उसका कुछ भी अर्थ हो, बदलने के खिलाफ हूँ।

—महात्मा गांधी

हिंदू

- हिंदू तो एक जाति है, यह जाति इतनी बड़ी है कि इसका जातित्व किसमें है, यह किसी परिभाषा में बाँधा ही नहीं जा सकता।

—रवींद्रनाथ टैगोर

- हिंदू एकाएक नहीं हुआ जा सकता, उसके लिए जन्म-जन्मांतर का पुण्य चाहिए। **—रवींद्रनाथ टैगोर**

हिंदू धर्म

- जिस धर्म ने रामकृष्ण, चैतन्य, शंकर और विवेकानंद को पैदा किया है, वह धर्म केवल अंधविश्वासों का ढेर नहीं हो सकता। आप यह जानते होंगे और न जानते हों तो आपको मैं बता देना चाहता हूँ कि मेरी अपनी मान्यता तो ऐसी है कि संसार के सभी धर्म न केवल सच्चे हैं, बल्कि वे सब समान भी हैं।

—महात्मा गांधी

- हिंदू धर्म माँ की तरह अनेक मत-विश्वासों के लोगों को अपनी गोद में लेने का यत्न करता रहा है। **—रवींद्रनाथ टैगोर**

- बचपन से ही मैंने हिंदू धर्म का अभ्यास करने का प्रयत्न किया है। बचपन से मुझे जो शिक्षा मिली, उसके अनुसार आचरण करने की भी कोशिश की है और यथाशक्ति हिंदू शास्त्रों का अध्ययन किया है।

  —महात्मा गांधी

- दुनिया में केवल हिंदू धर्म ने मनुष्य को मनुष्य कहकर जाना है।

  —रवींद्रनाथ टैगोर

- सत्य से ही धर्म बढ़ता है और यह बात तो मैंने हिंदू धर्म से ही सीखी है—'सत्यान्नास्ति परो धर्म' और 'अहिंसा परमो धर्म' भी हिंदू धर्म ने सिखाया है। भगवान् पतंजलि हैं, जिन्होंने अहिंसा, अपरिग्रह, अस्तेय, ब्रह्मचर्य आदि पाँच व्रतों को हिंदू धर्म में विज्ञान का स्थान दिया और धर्मों में भी ये बातें हैं, लेकिन इनका विज्ञान हिंदू धर्म ने ही रचा है। **—महात्मा गांधी**

- हिंदू-धर्म में एक बड़ी बात यह है कि उसकी सच्ची आस्था है कि समस्त जीव (मनुष्य ही नहीं, समस्त जीवधारी प्राणी) एक ही हैं, अर्थात् सारे जीवों की उत्पत्ति एक ही स्रोत से हुई है, चाहे आप उसे अल्लाह कहिए या गॉड या परमेश्वर...जीव की यह एकता हिंदू-धर्म की अपनी विशेषता है, इसके अनुसार मुक्ति प्राप्त करना मानव तक ही सीमित नहीं है, बल्कि ईश्वर के रचे सभी प्राणियों के लिए संभव है। **—महात्मा गांधी**

- हिंदू धर्म मूढ़ को भी मानता है, ज्ञानी को भी मानता है और ज्ञान की भी केवल एक मूर्ति को नहीं मानता, उसके अनेक प्रकार के विकास को मानता है।

  —रवींद्रनाथ टैगोर

हिंदू-शास्त्र

- हिंदू-शास्त्र बड़ी गहरी चीज है। ऋषि लोग जो धर्म स्थापित कर गए हैं, उसकी गहराई को समझना, जिसका-तिसका काम नहीं है; बिना समझे-बूझे,

उसे लेकर न उलझना ही अच्छा है। **—रवींद्रनाथ टैगोर**

हिंसा

- दुनिया में जितनी तरह की हिंसा होती है, मनुष्य के प्रति मनुष्य का दुरात्म भाव उससे भी कितना अधिक भयानक है, उसके पीछे समाज की और राजा की शक्ति दलबद्ध खड़ी होकर उसे और भी चंड बना देती है।

  —रवींद्रनाथ टैगोर

हीनता

- हीनता को हीनता कहकर तदनुरूप अनुभव करना ही अच्छा है, किंतु बुद्धिबल से निर्जीवता को साधुता और असमर्थता को सर्वश्रेष्ठता कहकर तद्वत प्रमाणित करने से सद्गति के मार्ग को चारों ओर से बंद ही कर देना होता है।

  —रवींद्रनाथ टैगोर

हीरा

- हीरे की चमक हीरे में खुद प्रकाशित होती है, उसे जाहिर करने के लिए हीरे को तोड़कर उसमें से चमक बाहर नहीं निकालनी होती।

  —रवींद्रनाथ टैगोर

क्षमता

- देवता नई सृष्टि तो कर सकते हैं, किंतु क्या उनमें भी इतनी क्षमता है कि किसी टूटे हुए हृदय को दोबारा जोड़ सकें? **—रवींद्रनाथ टैगोर**

- मानव की क्षमता बहुत स्वल्प है, फिर भी ईश्वर ने उसे भिखारी नहीं बनाया।

  —रवींद्रनाथ टैगोर

- जिसमें क्षमता नहीं होती, वह सोचता है कि सुयोग के अभाव से ही अक्षम है, लेकिन जब अवसर मिलता है तो वह देखता है कि इच्छाशक्ति की कमजोरी ही उसकी अक्षमता का कारण है। **—रवींद्रनाथ टैगोर**

क्षमा

- क्षमा ब्रह्म है, क्षमा सत्य है, क्षमा भूत है, क्षमा भविष्य है, क्षमा तप है, क्षमा पवित्रता है, क्षमा ने ही संपूर्ण जगत् को धारण कर रखा है। **—वेदव्यास**
- वृक्ष अपने काटनेवाले को भी छाया देता है। **—चैतन्य**
- क्षमा कर देना दुश्मन पर विजय पा लेना है। **—हजरत अली**
- दूसरे का अपराध सहनकर अपराधी पर उपकार करना, यह क्षमा का गुण पृथ्वी से सीखना और पृथ्वी पर सदा परोपकाररत रहनेवाले पर्वत और वृक्षों से परोपकार की दक्षता लेना। **—कृष्ण**
- माँगने से पूर्व अपने आप गले पड़कर क्षमा करने का मतलब है मनुष्य का अपमान करना। **—शरतचंद्र**

□□□